土地资产调查核算技术方法体系设计与实践

Design and Practice of Land Asset Survey and Accounting Method System

赵松 王锟 李超 / 著

中国财经出版传媒集团
经济科学出版社
Economic Science Press

图书在版编目（CIP）数据

土地资产调查核算技术方法体系设计与实践/赵松，王锟，李超著．—北京：经济科学出版社，2019.4
ISBN 978－7－5218－0296－2

Ⅰ.①土… Ⅱ.①赵…②王…③李… Ⅲ.①国有土地－国有资产－经济核算－研究－中国 Ⅳ.①F321.1

中国版本图书馆CIP数据核字（2019）第034866号

责任编辑：周国强
责任校对：刘　昕
责任印制：邱　天

土地资产调查核算技术方法体系设计与实践
赵　松　王　锟　李　超　著
经济科学出版社出版、发行　新华书店经销
社址：北京市海淀区阜成路甲28号　邮编：100142
总编部电话：010－88191217　发行部电话：010－88191522
网址：www.esp.com.cn
电子邮件：esp@esp.com.cn
天猫网店：经济科学出版社旗舰店
网址：http://jjkxcbs.tmall.com
北京时捷印刷有限公司印装
710×1000　16开　15.75印张　260000字
2019年4月第1版　2019年4月第1次印刷
ISBN 978－7－5218－0296－2　定价：78.00元
（图书出现印装问题，本社负责调换。电话：010－88191510）
（版权所有　侵权必究　打击盗版　举报热线：010－88191661
QQ：2242791300　营销中心电话：010－88191537
电子邮箱：dbts@esp.com.cn）

前　　言

中共十八大以来，自然资源资产管理体制改革快速推进，编制自然资源资产负债表、建立全新的自然资源资产调查统计制度、实施国务院关于国有资产管理情况年度报告制度等目标的提出，进一步明确了该领域的改革方向。土地资产作为自然资源资产的重要组成部分，对其实物量和价值量的调查核算已成为落实新时期自然资源资产管理目标的迫切需求和明确工作。

长期以来，在土地有偿使用制度的建立和深化进程中，我国土地资产核算的研究与实践不断丰富。微观层面，宗地价格的评估体系，以及会计体系中的企业土地资产核算已运行多年；宏观层面，市、省，乃至全国尺度上的土地资产核算亦有研究性成果。适应新时期改革方向，现阶段的土地资产核算工作亟需从微观个体推广到宏观批量，从临时性个案性需求提升为持续性制度化需要，从研究探索转化为全国统筹、整体部署、规模化工程化实施的专项工作。

基于此定位，"十三五"开局之年，国土资源部[①]在《国土资源"十三五"规划纲要》中，明确提出开展"土地资产动态核算监管工程"。中国土地勘测规划院项目组承担此专项研究，并在前期预研和全国建设用地资产量调查概算工程实施的基础上，深化技术方法体系研究，初步提出适应新时期

[①] 本项目由原国土资源部立项。2018年3月，根据中共十九届三中全会审议通过的《中共中央关于深化党和国家机构改革的决定》《深化党和国家机构改革方案》以及第十三届全国人民代表大会第一次会议批准的《国务院机构改革方案》，批准成立中华人民共和国自然资源部，原国土资源部的相关职责划入自然资源部。本书所述提及"国土资源部"指自然资源部成立前的原国土资源部。

管理需求，适用于规模化实施的土地资产价值量核算技术体系与工作方案。

土地资产核算的实施兼具理论方法研究与工程技术推进双重特征，为保证方法研究与工程化实施的衔接，提升研究成果的现实可操作、可验证性，项目组设计了基础研究与试点实验同期推进的技术路线。通过工作的整体部署，2016~2018年，先后在上海、西安、株洲三市及山东、四川、广东、湖南、甘肃等省开展了核算试点工作，旨在完善不同条件、不同尺度的土地资产核算方法技术体系，研究评估在更大规模上进行工程化实施推进的适宜模式。

本书为阶段性成果的梳理总结，包括土地资产核算的基础技术研究、实施的总体方案设计、不同区域及不同尺度下的核算试点实践情况及信息化建设等主要内容。从现阶段工程化实施的可操作性及成果的可靠性出发，本阶段研究侧重于土地资产的经济价值量核算，暂未涉及生态价值等更广泛的范畴。

土地资产核算仅是自然资源资产核算中的一个部分，但是，作为矿产、森林、草原、湿地、水等各类自然资源的空间载体，土地的重要基础性地位是显见的。其他自然资源与土地资源间的实体依存性、产权竞合关系，以及作用和价值的交互影响特征等，均要求新定位下的自然资源资产核算需要建立全新的整体性、系统性框架和共融互通的理念、方法。国务院机构改革深入实施，原国土资源部基础上组建的自然资源部统一行使全民所有自然资源资产所有者职责，必将加速这一整合过程的推进，也提出了这一领域的全新研究题目。

对照改革的方向与目标，现有阶段性研究成果显然是初步的、不完善的，但也不失为一项有价值的基础工作，我们将其整理、分享，旨在同行交流、共同探讨。本书由"土地资产调查核算监管"项目组主要研究人员共同执笔完成，由于水平有限，或存在纰漏之处，敬请指正。

赵松
2018年10月

目 录

第一章	**土地资产核算基础技术研究** / 1
第一节	已有研究成果综述 / 1
第二节	土地资产价值量核算的基本方法 / 26
第三节	基于规模化实施的土地资产量核算方法研究 / 40
第四节	土地资产核算结果应用分析方法初探 / 70

第二章	**土地资产调查核算总体方案设计** / 91
第一节	土地资产调查核算监管体系建设总体方案 / 91
第二节	土地资产调查核算监管中的信息化建设方案 / 122

第三章	**国有建设用地资产量核算实践探索** / 148
第一节	概况 / 148
第二节	上海市土地资产量核算试点成果简介 / 149
第三节	西安市土地资产量核算试点情况简介 / 165
第四节	株洲市土地资产量核算试点情况简介 / 183
第五节	山东省土地资产量核算试点成果简介 / 202

第六节　四川省土地资产量核算试点成果简介 / 210

| 第四章 | **土地资产基础数据库及应用分析平台建设** / 216
第一节　系统概况 / 216
第二节　系统功能 / 222

参考文献 / 236

第一章
土地资产核算基础技术研究

第一节 已有研究成果综述

一、基本概念

(一) 土地资产

资产是由某一特定经济主体所获得或控制的未来经济利益。[①] 从财会管理和企业运营管理的视角而言,资产是对组织有潜在价值或者实际价值的物品、事物或实体[②];是某一主体所拥有和控制的能带来一定收益的各种财产和权益的总称[③];是指某一时点或某一特定时期,某一主体由于交易和事项(包括资本投入或退出的产权交易)以及交易虽未执行但在法律上不可更改的契约而取得或控制的能带来未来经济收益的资源。[④] 资产的价值对不同的组织和相关方是不同的,既可以是有形的也可以是无形的,既可以是财务的

[①] 胡代光,高鸿业. 西方经济学大辞典 [M]. 北京:经济科学出版社,2000.
[②] GB/T 33172－2016,资产管理综述、原则和术语 [S].
[③] 贺国英. 土地资源、土地资产和土地资本三个范畴的探讨 [J]. 国土资源科技管理,2005 (5).
[④] 葛家澍. 资产概念的本质、定义与特征 [J]. 经济学动态,2005 (5):8－12.

也可以是非财务的。① 对于市场主体而言，资产是指企业过去的交易或者事项形成的、由企业拥有或者控制的、预期会给企业带来经济利益的资源。② 它可以表现为具体的实物财产，也可以是某项权利，资产所有者可以凭借这种权利获得超额利润。

广义的资产是动态观念上的自然、社会和经济意义上的财产。③ 土地资产是资产的重要组成部分。但土地属于自然资源资产，具有自然、社会、经济、法律等特性，尤其是具有价值增值性、功能永久性、土地利用方向变更的困难性和土地利用后果的外部性和社会性，这使其在管理目标、管理方法上有别于一般资产。④ 关于土地资产的讨论，随着土地有偿使用制度的探索、确立而不断深化，随着领域认知和管理目标的丰富而多元化。迄今为止，关于土地资产概念的定义，虽有一定共识，但仍缺少权威表述。已有研究多侧重于土地资产与其他相关概念的辨析，并未形成较为明晰的狭义与广义上的土地资产定义。

通常而言，把"资产"理解为收益或者财产的一种体现。张月蓉认为"土地资产是指具有社会属性的土地，即作为财产的土地"。⑤ 张月蓉强调土地资产的法律含义，认为"具有法律效力的财产一般来讲都是资产""在论及某单位、某个人的资产时，它与财产是没有什么差别的"。与上述观点类似，朱道林等也将土地资产定义为以土地资源为基本物质形态所形成的财产。⑥ 秦海荣从土地管理工作的角度对土地资源、土地财产和土地资产的联系与区别进行了辨析。她认为，土地资源、土地财产与土地资产三者都为土地的名称，由于人们审视它们的角度不同、强调的问题不同，所以分别冠以了"土地资源""土地资产"的名称。土地资源强调的是土地的自然属性；土地财产强调的是土地的社会属性；土地资产是土地财产的一部分，是用于

---

① GB/T 33172-2016，资产管理综述、原则和术语 [S].
② 中华人民共和国财政部令第76号——财政部关于修改《企业会计准则——基本准则》的决定 [Z]. 2014-07-23.
③ 王德起. 土地资产管理论 [M]. 北京：首都经济贸易大学出版社，2009：9.
④ 施建刚，刘金灿，冯玉冰，杨安琪. 我国城市工业园区土地资源、资产、资本三资一体管理研究——以上海市工业园区为例 [M]. 上海：同济大学出版社，2015：6-7.
⑤ 张月蓉. 土地资产收益流失于管理 [M]. 北京：中国农业科技出版社，1993：5-6.
⑥ 朱道林，赵松，陈庚，等. 国有建设用地资产核算方法研究 [J]. 中国国土资源经济，2015 (9).

获取利益的那部分土地财产。① 秦海荣还指出：关系明确的，未被开发利用的土地或土地所有者自己不是为获利而使用的土地，可不称其为资产而是财产；在权属不发生变化的前提下，土地所有者为获利而投入经济运行的土地方应成为土地资产。② 周诚认为，土地财产是指人们拥有产权的土地，或在产权有所归属的土地；而土地财产中可折算并可用于抵偿债务的部分即土地资产或者可用货币表现、可构成资产负债表中的贷方（收入方）余额的土地财产。例如，划拨土地使用权就不是土地资产，而只是土地财产。③ 周建春认为，土地资产与土地财产在本质上没有区别，都是人们拥有土地产权的土地资源。土地资产主要用于对土地价值的量的确定时使用，而土地财产则主要用于对土地价值归属的质的确定时使用，但在大多数情况下两者可以通用。无论是土地财产还是土地资产，它有两个基本的要件：一是实体性的土地资源，二是附着土地资源之上的土地权利。至于这一土地资源是否能为人们提供经济收益，如荒山，不是决定它是不是土地资产的根本要件。④ 此外，李凌也认为土地资产是投入经济运营并带来收益的土地财产。⑤ 施建刚等认为，土地实物和土地权利是土地产权人（所有者、使用者或他项权利人）实现相应收益，便成为一种财产，即土地资产。⑥ 关于土地资产与土地财产的关系，陆红生进一步指出：土地资产是指土地作为财产具有了经济（价值）和法律（独占权）意义。⑦ 与上述观点类似，王德起认为：土地财产是土地自然和社会属性的耦合。而土地资产是利用过程中土地自然、社会经济特性的集合，土地财产偏好于反映土地上的社会关系，土地资产则侧重于反映土地上的经济关系⑧。

已有研究除了讨论土地资产与土地财产的关系，还对土地资产与土地资本的关系进行了探讨。孙陶生等认为土地资产是归一定经济主体所拥有，经

---

①② 秦海荣. 土地资源、土地财产与土地资产辨析 [M] // 土地市场与土地资源优化配置论文集. 北京：中国农业科技出版社，1994：210.

③ 周诚. 土地经济学原理 [M]. 北京：商务印书馆，2003：12 - 13.

④ 周建春. 耕地估价理论与方法研究 [D]. 南京：南京农业大学，2005.

⑤ 李凌. 土地资产管理 [M]. 北京：北京大学出版社，2011.

⑥ 施建刚，刘金灿，冯玉冰，杨安琪. 我国城市工业园区土地资源、资产、资本三资一体管理研究——以上海市工业园区为例 [M]. 上海：同济大学出版社，2015：6 - 7.

⑦ 陆红生. 土地管理学总论 [M]. 北京：中国农业出版社，2007.

⑧ 王德起. 土地资产管理论 [M]. 北京：首都经济贸易大学出版社，2009：10.

过一定的投资经营方式,能够实现增值的土地。土地资产是土地自然物质与土地投入资本的综合体。即土地资产从属于资源性资产,且凝结了土地资本。①

贺国英认为土地资产是从土地的经济属性方面对土地内涵的一种界定,是指某一主体如企业所拥有的作为生产要素或者生产资料参与生产经营活动、能为拥有者带来收益的土地实物及土地权利。当土地被投入流通,在运动状态中能实现增值,给所有者带来预期收益的时候,就变成了土地资本。土地资本与土地资产最大的区别就在于它的运动性和增值性。②

刘书楷和曲福田认为,所谓土地资产,是国家、社会、企事业单位或个人占用的土地资源作为其财产的权利,并进一步解释,土地资产是由于取得此种资产时是按成本计价的,即在取得土地时须以实际成本支付货币计价,故在现代产权条件下土地资产应是资本物的体现。③

王德起认为土地资产是指土地自然性状及其开发利用程度等因素在经济形态上的综合反映,是投入经济运营,并带来收益的土地财产。④

综合上述观点可以看出,已有的"土地资产"范畴侧重于土地的经济属性,是土地权利和土地实物的统一体。然而,随着生态文明理念的深入人心,在加快推进生态文明建设背景下提出的自然资源资产核算框架内,新时期土地资产核算内涵如何与之相衔接是当前亟须形成共识的领域。我们认为,土地资源兼具与经济、生态、社会等多种属性,对建设用地、农用地、林地、湿地等不同用途的土地而言,其多种属性或功能的占比不同,所能产生的经济、生态、社会等价值、效用亦有区别。新时期自然资源资产化管理的趋势正是要彰显自然资源的资产、财产属性,使生态文明理念与经济发展、社会财富集聚紧密融合。这一理解下,土地资源的生态等其他属性同样可以在广义的土地资产内涵中,通过市场或模拟市场、替代市场上的经济信号予以衡量。因此,我们将土地资产界定为某一主体所拥有的,能够为拥有者带来收

---

① 孙陶生,王耀,魏丹斌,等. 土地资产管理导论 [M]. 北京:经济管理出版社,1997:3-4.
② 贺国英. 土地资源、土地资产和土地资本三个范畴的探讨 [J]. 国土资源科技管理,2005 (5).
③ 刘书楷,曲福田. 土地经济学 [M]. 北京:中国农业出版社,2008:3.
④ 王德起. 土地资产管理论 [M]. 北京:首都经济贸易大学出版社,2009:225.

益的土地实物及土地权利,其中能够纳入量化管理的"土地资产"还应具有可度量性。土地资源是土地资产的基础,从资源转化为资产应具备四个条件:一是具有稀缺性;二是可供开发利用;三是能够产生可量化表征的价值;四是具有明确产权。

(二) 土地资产价值核算

目前,关于土地资产价值核算尚无概念上的明确界定。但与之密切相关的"土地估价"早已作为一项专业技术行为广为人知。《城镇土地估价规程》中将其定义为:土地估价师根据估价目的和待估土地状况,遵循估价原则,按照一定的估价程序,在全面调查和综合分析影响地价因素的基础上,选用适宜的估价方法,对待估土地在估价期日的价格进行估算和判定的行为。由此可见,在微观个体层面上,宗地估价行为也是对宗地资产量的核算。

财会管理和企业运营中关于"土地资产核算"概念的提出与实践较早。1955 年,国务院发布《国营企业决算报告编送办法》,其中第四章(资产估价)第 28 条:"各种固定资产,除土地外,列入资产负债表的价值,为其原价及折旧;原价列入资产方,折旧列入负债方。"同时规定"土地列入资产负债的价值,应依'国营企业资产清理及估价暂行办法'第八条的规定"。即依估价列资产方的"固定资产——土地",并相应列入固定资金。[①] 20 世纪 80 年代国有土地有偿使用改革的开展,使得土地成为企业重要的资产组成部分,由此土地资产核算成为一项重要的企业会计问题,研究重点主要集中在土地资产计量[②③]、土地资产类型界定[④]、土地资产的会计确认[⑤⑥]等。但总起来看,与土地市场运营中广泛开展的宗地价格评估工作类同,财会管理和企业运营中均属于微观经济单元的范畴,分析其核算目标、对象与应用领域,

---

① 国务院. 国营企业决算报告编送办法 [Z]. 1955.
② 肖侠. 上市公司土地资产计量研究——会计信息质量视角 [J]. 同济大学学报(社会科学版), 2013, 24 (1): 117 – 124.
③ 毛洪迅. 对土地资产核算的探讨 [J]. 四川大学学报(社会科学版), 2000 (5): 53 – 54.
④ 熊剑, 黄力平. 资产核算的疑难——土地价值确认问题 [J]. 暨南学报(哲学社会科学版), 2000, 22 (1): 72 – 80.
⑤ 顾德夫. 规范对土地资产的会计核算 [J]. 上海会计, 1999 (1).
⑥ 莫延军. 关于进一步明确规范土地资产核算的思考 [J]. 苏盐科技, 2002 (2): 40 – 41.

与本书主题存在一定差异。土地有偿使用制度建立初期，已有学者提出开展国有资产全面价值核算十分必要，国有土地作为国有自然资产，应对其进行价值核算。[①]

《中国资源科学百科全书》对资源价值核算的定义为，"在对自然资源进行翔实实物量统计和合理估价的基础上，运用账户或比较分析方法，反映一定时空范围内自然资源价值总量及其收支或增减情况。资源价值核算应以资源不变价（或基准价格）为基础，并同时兼顾市场价"。上述定义表明，资源核算中的价值仍然是经济学意义上的价值，或经转化替代后可由经济价值表征的指标。因此，可将土地资产核算描述为，对一定空间和时间内的土地资源，在其真实统计和合理评估的基础上，从实物量和价值量两方面，运用核算账户和比较分析，来反映其总量和结构以及增减平衡状况的经济活动。土地资产核算的本质特征是以明确的量值揭示和表征土地资产的价值和效用。

广义而言，土地资产价值的核算可包括经济价值、生态价值、社会价值等多种内涵下的价值，但从"明确量值、可靠度量"的现实意义上分析，土地经济资产量的核算在今后较长一段时间仍将是自然资源资产核算工作中最具可操作性的领域，这也是本书的重点研究方向。

二、核算体系方法

土地资产核算是对土地资产价值总量的核算，其核心要素包括土地数量、价格和价值。[②] 从资源核算的角度来看，其既包括对一定范围内资源的实物量调查，又包括对资源价值量的估算。实物量可以通过充分调查得到，价值量需要利用合理的价值评估方法估算。[③] 就目前针对土地资产核算研究来看，国外与国内的侧重有所不同。但是，由于土地资源实物量具有客观易量测性，使得土地资产核算的关键技术主要集中在于各类用地价值量的估算环节。

---

① 何光裕. 开展国有资产全面价值核算的探讨 [J]. 财会通讯, 1992, 6 (146): 33-34.
② 王德起. 土地资产管理理论 [M]. 北京: 首都经济贸易大学出版社, 2009: 225.
③ 薛智超, 等. 自然资源资产负债表编制中土地资源核算体系设计与实证 [J]. 资源科学, 2015, 37 (9): 1725-1731.

（一）国外相关研究

国外对土地资产核算相关研究主要是从宏观尺度的土地资源核算角度出发。其目的旨在提供一个连接经济活动和自然资源库内资源利用变化的信息系统，它可以避免一个国家陷入增长假象，即经济繁荣和严重的环境与健康危害相伴随。[①] 就具体的核算方法而言，已有研究多针对如何解决价值核算这一难点问题展开。一般而言，自然资源价值的核算可分为两种，对于直接参与市场交易的自然资源通常采用传统市场法进行估价，其中对于土地类市场发展成熟的自然资源直接用市场交易价格，对于矿产类需进行再加工的资源采用扣除资源开发成本的净价法；对于具有间接使用价值、选择价值和非使用价值的自然资源，由于一般不直接参与交易市场，常常采用替代市场法、维护成本法、意愿评估法等进行估算。[②]

1959年，美国经济学家加兰和戈德史密斯（Garland & Goldsmith）等系统估算了1947~1956年澳大利亚的国民财富，并给出了简单的国家资产负债表，该估算包含了土地价值，但未计入地下资源。[③] 1993年，国民账户体系（System of National Accounts，简称SNA）明示了自然资源作为一种资产纳入国家资产负债表中，包括土地、地下资产、非培育性生物资源和水资源，更进一步，SNA—2008明确定义了非金融非生产资产中的有形资产为自然资源，其明细项较前版本有所调整和扩展。

当前国际上主流的核算体系及指标包括：综合环境与经济核算体系（Integrated Environmental and Economic Accounting，简称SEEA）、挪威的经济和环境核算项目（NOREEA）以及世界银行首次向全球公布的"扩展的财富"作为衡量全球或区域发展的新指标。

SEEA—2003是联合国统计署、欧盟委员会、国际货币基金组织、经济合作与发展组织、世界银行发表的，关于绿色国民经济核算的比较权威的指

---

① Prudham W S, Lonergan S. Natural Resource Accounting （I）: A Review of Existing Frameworks [J]. Canadian Journal of Regional Science, 1993, 16 (3): 363-386.
② Clawson M. Methods for Measuring the Demand for and Value of Outdoor Recreation [M]. Washington: Resources for the Future, 1959.
③ Garland J M, Goldsmith R W. The National Wealth of Australia [J]. Review of Income and Wealth, 1959, 8 (1): 323-364.

导和参考性文件。该框架在1989年、1993年和2000年分别根据实践进行了充实和完善。而最新的SEEA—2012中依据土地利用和土地覆被方式的改变来描述土地实物型账户，对于土壤这一影响土地质量的重要因素，SEEA的核算体系并没有将其作为土地的一部分，而是看作一项单独的资源进行价值核算。①

挪威的经济和环境核算项目（NOREEA）将自然资源划分为物质资源和环境资源两大类，土地资源就是其中一种环境类型的资源。环境资源与物质资源不同之处在于，环境资源在一定条件下具有再生性、不可替代性以及没有准确市场交易价格的特性，环境资源的核算包含某一时期的期初和期末资源状态或资源质量方面的信息。②

世界银行的国家财富核算体系将一个国家的财富具体分成四项内容：生产资本、自然资本、人力资源和社会资本。城市土地属于生产资本，自然资本包括土地肥力、森林、渔业资源、净化能力、石油、煤、臭氧层和生物地球化学循环等。城市土地的价值由实物资本（设备、机械、建筑物等）价值按一定比例求得。对自然资产，目前的测算包括农业用地、牧场、森林（木材和非木材利益）、保护区、金属和矿产以及煤、石油和天然气等方面，其计价方法普遍应用了以世界市场价格为基础的资源经济租金的概念。③ 自然资产核算均采用净现值法（NPV），农业用地价值由土地租金贴现求得（假设产品售价为世界价格）。世界银行选取了九种代表作物，其产出收入的一定比例即为租金率（水稻51%、玉米30%、小麦34%、大豆27%、咖啡8%、香蕉42%、葡萄31%、苹果和橙子各36%）。对于一个国家的农业土地租金，可以由各类作物租金加权平均（播种面积）求得；草地的价值根据产出的固定比例（45%）求得。

---

① United Nations, European Commission, Food and Agriculture Organization, et al. System of Environmental - Economic Accounting 2012: Central Framework [EB/OL]. http://www.unstats.un.org/, 2012; Smith K V. Non - Market Valuation of Environmental Resources: An Interpretive Appraisal [J]. Land Economics, 1993, 69 (1): 1 - 26.

② 孔繁文, 高岚. 挪威的自然资源与环境核算 [J]. 林业经济, 1991 (4): 47 - 51.

③ State Environmental Protection Administration, World Bank. International Experiences with Environmental and Economic Accounting [EB/OL]. http://siteresources.worldbank.org/INTEAPREGTOPENVIRONMENT/Resources/Greenaccountinginternationalexperience Final EN. pdf, 2006.

1. SNA 体系中的土地资产核算

（1）澳大利亚 SNA 中的土地核算。

自 1995 年起，澳大利亚统计局开始尝试将自然资源和环境价值作为非生产性资产纳入国家资产负债表，在收入和生产账户中纳入资源与环境资产损耗的影响，并试图编制独立的土地核算账户。[①] 2009 年，澳大利亚统计局等专门总结了如何在资产负债表上反映土地资源的方法论。[②] 根据土地利用类型不同，资产负债表中涉及住宅用地、商业用地、农村用地及其他用地。不同类型用地的资产核算方法如下：

据估计，在澳大利亚所有的住宅用地中，92% 涉及家庭部门（包括非法人企业和为住户服务的非牟利机构），其余的 8% 涉及非家庭部门。澳大利亚国民账户体系（Australian System of National Accounts，简称 ASNA）对住宅用地的价值估算，采用的是由澳大利亚储备银行公布的按市场价值计算的住宅总存量的估计数（包括房屋和土地，未单独对土地进行估计）[③]，计算方法是将澳大利亚统计局人口和住房普查中的住宅数量[④]与住宅平均市场价值相乘得出。对于没有人口普查数据的年份，住宅数量由住宅竣工量与拆迁的净额反映。商业用地和农村用地的价值由估价师为落实各州税收目的而估价。其他用地指政府拥有的土地，这些土地的价值来源于澳大利亚政府财政统计体系中。

---

① Australian Bureau of Statistics. Land Account: Queensland, Experimental Estimates [EB/OL]. (2013 - 08 - 28) [2015 - 06 - 15]. http://www.abs.gov.au/ausstats/abs@.nsf/lookup/4609.0.55.003Media%20Release12013.

② Cowper C, Comisari P. Recording Land in the National Balance Sheet [C]. Wiesbaden: Information Paper for the London Croup Meeting, 2009.

③ 2005 年，澳大利亚政府监察员出具报告指出，澳大利亚人口最多的新南威尔士州存在系统的土地价值低估问题。报告指出，在过时的销售数据未根据市场趋势进行调整的同时，使用"批量估价"方法，即参照现有销售数据估算周边地区土地价值。要确保该方法的有效性，必须定期更新有关销售数据的信息。为了避免与土地所有者发生纠纷和可能发生的诉讼，土地估价师还采取了保守估值的措施。这就出现了澳大利亚统计局的估值与澳大利亚央行公布的土地隐含价值之间的差异，导致澳大利亚各州和地区土地价值低估。澳大利亚央行通过将住房的平均市场价值与以人口普查为基础的住房存量估计数相乘，避免上述计量问题。因此，澳大利亚统计局也认可并采用了澳大利亚央行住宅用地和住宅合并估值的方法。

④ 澳大利亚住房数量普查数据涵盖范围广泛，包括所有州和领土的所有住房、公寓和单位，包括已占用的和无人居住的住房、公寓和单位。

从澳大利亚统计局公布的土地核算账户来看，澳大利亚将土地账户的编制作为一个用空间位置信息来集成经济、环境和社会数据的实验性项目。具体来说，采用了 SEEA 的框架，认为土地账户集成信息并提供相关的信息来分析研究下列事项：人口定居；可持续生产的产品与服务；了解对于不同土地管理的决定所付出的成本以及带来的收益，包括对碳循环、水供应与水质、物种的分布与数量等影响；了解土地在采矿和农业方面的承受能力；测量环境的健康状况；了解发生在土地上的经济活动对经济、环境和社会产生的成本与收益；公共或私人对于保护环境的投资，如生物多样性的保护。当然只靠土地账户无法提供足够的信息，但是相关的信息可以依靠土地账户而组织起来。

澳大利亚的土地账户核算成果以表格和空间数据形式向公众发布，主要包括以下三方面的内容：一是反映土地利用分类和土地覆盖物分类关系的实物量表；二是反映土地利用分类和土地覆盖物分类关系的价值量表；三是一级统计区①的谷歌地球（Google Earth）数据，这些数据囊括了统计区内的土地面积和价值信息、人口与土地开发信息、土地利用信息以及土地覆被信息。

（2）其他国家 SNA 中的土地资产核算情况。

日本的国家资产负债表是在 SNA—1993 和 SNA—2008 的统计框架的基础上估算了其各年度国民资产负债存量，2010 年数据显示，土地资产共计为 1204863×10^9 亿日元，占非金融资产的 43.3%，占国民总资产的 14.2%。②德国基于 ESA 1995（European System of Accounts，1995）编制了德国总体及各部门资产负债表，2011 年建设土地总资产 2607.8×10^9 欧元，占非金融资产的 23.7%，占全国总资产的 8.9%。加拿大在 1985 年便首次公布了国家资产负债表，1990 年后，国家资产负债表的编制开始以账面和市场价格分别计算，在其 2011 年的国家资产负债表中，土地资产为 2108×10^9 亿加拿大元，占非金融资产的 30.9%，占国家总资产的 9.7%。美国的国家资产负债表的

---

① 澳大利亚的一级统计区（SA1）是一个小的网格区域，用于构建空间信息的基础图层，这个统计区域是人口和住房统计的基础输出单位。它们的面积变化范围较大。既有一个小的城市街区，也有可能是稀疏的农业或者偏远的社区。通常一个统计单元的人口在 200~800 人。

② 李扬，等．中国国家资产负债表 2013——理论、方法与风险评估 [M]．北京：中国社会科学出版社，2015：283，287，295．

编制核算开始较早，戈德史密斯（Goldsmith）等人曾经估算了美国自 20 世纪初至 1980 年以来若干年份的综合与分部门的资产负债表，并详细分析了各构成项目的结构与变化趋势①，但当前并未再有实质性的进展。

2. SEEA 中的土地资产核算

综合环境与经济核算体系（SEEA）作为国民经济核算体系（SNA）的扩展，是由联合国统计署、欧盟委员会、经济合作与发展组织、国际货币基金组织及世界银行基于 SNA 的基本理论共同组织编写的用于绿色国民经济核算的一种标准体系，其以环境估价为核心，以环境调整的宏观总量指标为综合目标，借助卫星账户，对环境资产进行全面核算，以提供系统性的实物型和货币型数据支持。② 近年来，上述组织对 SEEA—1993 做了进一步的修订完善，形成了环境经济核算领域的第一个国际标准——《环境经济核算体系—2012 中心框架》（SEEA—2012），SEEA—2012 为推动各国开展环境经济核算提供了重要的参考工具，成为环境经济核算领域的典型代表。

联合国等五大机构共同编写的 SEEA—2012 由 7 个账户组成，将土地资产与矿产和能源资源资产、土壤资源资产、木材资源资产、水生资源资产、其他生物资源资产、水资源资产并列为七大类环境资产账户，通过建立土地覆被和使用账户，同时采用固定资产账户以及土地资产负债表来进行核算。③ 并明确了土地用途分类具体包括土地④和内陆水域⑤，土地覆被分类为：人工地表（包括城市与相关区域）、草本作物、木本作物等 14 类。⑥ 土地资产账户区分为土地实物资产账户（见表 1-1）和土地货币资产账户（见表 1-2）。

---

① 李扬，等. 中国国家资产负债表 2013——理论、方法与风险评估 [M]. 北京：中国社会科学出版社，2015：274.
② 中国森林资源核算研究项目组. 生态文明制度构建中的中国森林资源核算研究 [M]. 北京：中国林业出版社，2015：3.
③ 张颖. 环境资产核算及资产负债表编制——国际经验与前沿 [M]. 北京：知识产权出版社，2015：138.
④ 土地包括农业、林业、水产养殖业、建筑用地和相关区域、维护和恢复环境功能用地、别处未予分类的其他用途土地和未使用土地。
⑤ 内陆水域包括用作水产养殖或者容留设施的内陆水域、用于维护和恢复环境功能的内陆水域、别处未予分类的其他土地用途内陆水域和未利用的内陆水域。
⑥ 张颖. 环境资产核算及资产负债表编制——国际经验与前沿 [M]. 北京：知识产权出版社，2015：2.

表1-1　　　　　　　　　　土地覆被实物账户　　　　　　　　　单位：公顷

项目	人工地表	作物	树木覆被区	红树林	灌木覆被区	定期淹没区域	天然植被稀少的区域	陆地荒原	永久积雪、冰川和内陆水体	近岸水体和潮间带
期初资源存量										
存量增加										
管理下的扩张										
自然扩张										
向上重估										
存量增加量合计										
存量减少										
管理下的缩减										
自然缩减										
向下重估										
存量减少量合计										
期末存量										

表1-2　　　　　　　　土地的货币资产账户（货币单位）

项目	土地使用类型							合计
	农业	林业	建筑用地和相关区域	保持和恢复环境功能用地	别处未予以分类的其他用途土地	未使用的土地	内陆水域	
期初土地存量价值								
存量增加								
获得土地								
重新分类								
存量增加量合计								
存量减少								
处置土地								
重新分类								

续表

项目	土地使用类型							合计
	农业	林业	建筑用地和相关区域	保持和恢复环境功能用地	别处未予以分类的其他用途土地	未使用的土地	内陆水域	
存量减少量合计								
重计值								
期末土地存量价值								

SEEA 存量价值中的环境资产的价格与 SNA—2008 的评估思路基本一致，均认为应评估资产的市场价格，在市场条件不成熟的情况下，可通过减计重置成本法和利用未来回报的贴现值法计算资产的市场价值。

在 SEEA 标准建立之后，已有多个国家建立起了适应自身情况的环境经济核算体系，如德国的环境经济核算（Germany Environmental Economic Accounting，简称 GEEA）[1] 即遵循 SEEA 的框架，包括了物理流和股票账户，环境支出和税收的模块，主要为国家政策制定和应用服务，尤其看重环境经济核算体系所提供的相关信息和该体系提供的经济活动造成的环境压力的重要信息，以及经济活动与环境压力之间的联系和相互作用的相关信息，但其并未强调宏观经济总量[2]。英国按照 SEEA 框架，由国家统计局（ONS）制定了关于石油、天然气储量及森林和土地覆盖的环境资产账户[3]；法国的环境经济账户中，将土地、底土资源资产，非耕地的生物资源和水资源，例如，其每年的环境经济账户，其现致力于将其自有的环境经济账户与 SEEA—2012 相匹配[4]；俄罗斯统计局也在其国家资产负债表中将土地、底土资源及非耕

---

[1] 张颖. 环境资产核算及资产负债表编制——国际经验及前沿 [M]. 北京：知识产权出版社, 2015：130.
[2] 张颖. 环境资产核算及资产负债表编制——国际经验及前沿 [M]. 北京：知识产权出版社, 2015：133.
[3] 李扬, 等. 中国国家资产负债表2013——理论、方法与风险评估 [M]. 北京：中国社会科学出版社, 2015：165.
[4] 李扬, 等. 中国国家资产负债表2013——理论、方法与风险评估 [M]. 北京：中国社会科学出版社, 2015：168.

地的生物资源和水资源列入了"有形非生产资产"中[①]。我国在 2013 年，基于 SEEA—2012，吸收了联合国粮农组织编写的《森林环境经济核算指南》和欧盟统计局制定的《欧洲森林环境经济核算框架》的内容，开展了全国森林资源的核算研究，其中对于林地的资产价值核算采用年金资本化法（收益还原法），林地的年平均租金采用各省（自治区、直辖市）的调查成果。同时根据野外实测值、相关领域国内外先进科研成果、相关部门指导文件量化了森林的主要生态服务功能，并核算其价值量。[②]

荷兰[③]基于 SNA 和 SEEA 专门编制了土地资产负债表，用于土地有效使用和管理。根据 SNA 和 SEEA 第 1 卷，土地被确认为自然资源，其资产价值通过市场价值进行估价。荷兰的土地资产负债表由机构部门按行业细分，机构部门的分类适用于资产净值的评估，基于所有权按照行业细分，核算土地资产。由于荷兰有所有房屋的课税地价系统，住宅用地的资产价值主要从房产法立法定价值（WOZ–value，即土地与住宅价值的整体价值）[④]中扣减建筑物价值倒算出土地资产（剩余法）；农业用地采用长期监测的农地加权平均价格核算全部农地的资产价值；非住宅类的法定价值采用未来租金的净现值来核算其价值（收益还原法）。2006 年荷兰核算的土地资产为 1006×10^9 欧元，占总非金融资产的 34%。实际上，荷兰的土地资产负债表的覆盖范围仍不完整，正在建设用地和私有土地的游憩价值并不明确，由于大多数的娱乐休闲用地不包括在房产登记册中，因此娱乐用地资产并不在列。但是总体来讲，荷兰的土地资产核算仍是较为全面，值得我们借鉴。

除了以上国家，其他国家[⑤]也基于国情，研究适合自身的环境经济核算体系，如阿根廷、印度、芬兰、美国等对本国的环境经济进行了相应探索。

---

① 李扬，等. 中国国家资产负债表 2013——理论、方法与风险评估 [M]. 北京：中国社会科学出版社，2015：172.
② 中国森林资源核算研究项目组. 生态文明制度构建中的中国森林资源核算研究 [M]. 北京：中国林业出版社，2015：53.
③ 张颖. 环境资产核算及资产负债表编制——国际经验及前沿 [M]. 北京：知识产权出版社，2015：138 – 147.
④ 杨高亮. 荷兰非金融资产负债表核算 [J]. 中国统计，2016（8）：11 – 12.
⑤ 本段所述其他国家情况均出自同一本书不同章节. 张颖. 环境资产核算及资产负债表编制——国际经验及前沿 [M]. 北京：知识产权出版社，2015：123，151，164，169.

（二）国内相关研究

1. 城镇国有建设用地土地资产核算研究

1992年，原国家土地管理局曾部署开展"中国土地资源资产核算研究"。1995年，原国家土地管理局地籍司以推算的土地平均地价和土地利用现状调查成果中的城市和建制镇面积估算了全国城镇土地资产总量（15万亿元），并预估了到2000年的总值（24.6万亿元）。2002年，中国土地勘测规划院全国城镇土地资产总量调查与测算课题组，以城镇等别划分成果为基础，采用分等别抽取典型城市的方法，以250个城市的调查数据推算了以2001年1月1日为基准日的全国城镇建设用地资产总量（27.9万亿元），并区分了商服、住宅和工业三类的可收益资产。2004年，陈改英等提出了与前述相同的测算思路，但由于笔者无法取得全国所有城镇的地类面积和基准地价，未能进行实证测算分析。[1]

2015年，中国土地勘测规划院赵松、王锟等在开展新一轮全国城镇基准地价及新增建设用地取得成本调查的基础上，以基准地价体系为单元，逐级核算了以2014年1月1日为基准日的县、市、省、全国的城镇国有建设用地的土地资产总量[2]，并按照土地用途、经营性与非经营性等进行归类分析。与之前的核算相较，本次核算的基础调查数据覆盖全国2300余个县级行政单元，总体改变了以往全国尺度核算中存在的"以少数单元推算全国"的状况，提高了核算精度，并在过程进一步就各类地价内涵的差异与表征分析、数据不完整单元的处理模型、非经营性用地价值的度量参数等关键技术问题进行了研究，提出解决方案。

在区域层面，周贵荣等以上海浦东区为例探索了城市化地区土地资源核算的基本理论和操作方法，他指出在土地资源核算中，只考虑土地本身的价值，在理论上和在实际操作中都是不恰当的。道路、护堤等基础工程设施，本身并不直接具有产出，但它们都是土地具有产出的必要条件，因此它们也是土地资源的一部分，在进行土地资源核算时，这些设施的价值亦应当纳入

---

[1] 陈改英，等. 中国城市土地资产总量测算方法研究［J］. 城市经济，2004（4）.
[2] 赵松，等. 城镇国有土地资产量调查概算及各业用地比价机制研究课题报告［R］. 全国土地利用变更调查监测与核查项目，2014.

资源总量当中。周贵荣等认为，土地资源核算的内容除了实物量核算与价值量核算外，还包括土地资源实物量与价值量的存量核算和流量核算。并重点对不同利用形式的土地价值量核算方法进行了讨论：对于营利性（生产性）部门使用的土地，应该采取收益还原法计算其价值总量；对于不直接产生收益的基础性用地，应该考虑土地及其某些附着物的价值，用重置成本法进行核算；对于住宅和公共建筑以及机关学校用地，可以用建筑企业在生产时为取得地块而需支付的价格来代替，对于农村住宅用地，采用耕地价格，对于城市住宅用地，采用城市住宅用地基准价格。①

王兴元提出利用城镇土地定级估价成果，对城镇理想土地资产价值、城镇土地实际总价值与城镇潜在总地价进行测算，并以山东省某市城区为例进行了实证分析。其核心思想是对不同级别的商业用地、住宅用地、工业用地的基准地价与面积进行测算，从而计算总资产量。其中城镇理想土地资产价值是按照城市土地最佳利用结构，确定一级土地为商业用地，二级土地为住宅用途，三、四级土地为工业用途。城镇土地实际总价值则根据各级别上各用途的实际土地面积与地价水平测算。城镇潜在总地价为各级别上各用途最佳配置时的理想面积与基准地价的乘积减去拆迁费用。此类方法的难点在于确定不同级别各用途的土地面积，对于全国尺度下的土地资产核算而言，难以进行总体统筹。而且王兴元的方法中不包括对非营利性公共事业、机关、道路等用地的测算。②

朱道林等认为理论上而言，准确意义上的土地资产核算需以宗地为单位，通过考察与估算每宗地的价格及其面积，确定其资产量。但实际的宏观核算工作中难以实现。因此基于现实数据可获取性提出突出地价的区位特征，采取区域平均价格法推算土地资产价值。并以北京、浙江、福建、江西、陕西、云南、新疆 7 个样本省份为研究对象，分别基于基准地价、监测地价、交易地价对上述样本省份的国有土地资产总量进行了测算③，并在分析核算结果差异的基础上讨论了不同方法的适用性。

---

① 周贵荣，等. 城市化地区的土地资源核算 [J]. 自然资源，1997 (5).
② 王兴元. 城镇土地资产总价值测算及其利用效益综合评价 [J]. 中国软科学，2000 (10).
③ 朱道林，赵松，陈庚，等. 国有建设用地资产核算方法研究 [J]. 中国国土资源经济，2015 (9).

此外，在微观宗地价格评估方面的研究成果丰富，虽然微观评估与宏观核算存在差异，但其中关于各种非经营型用地、特殊用地价值的研究亦有助于促进土地资产核算中对部分地类价值量的分析处理。例如，中国土地勘测规划院地价所开展了特殊用地价格评估专题研究，基于估价理论基础，研究特殊用地价值来源、价值特征、影响因素及其作用规律，探讨了估价方法在特殊用地评估中的应用要点，并以十类特殊用地为例，具体评析其评估方法与评估过程。① 赵松在分析特殊用地的利用特征及土地价值的区位性规律的基础上，提出了特殊用地评估中的用途转换原理，即基于评估中的协调性原则和替代原则，以具有高度相关性的其他用途土地价格经过类比修正测算特殊用地价格。② 黄郭城和刘卫东对公益性用地的价格评估方法进行了探索，城市公益性用地是指承载集体福利或者社会公共利益用途的城市各类用地的总称，包括：城市基础设施用地，公共设施用地，国家机关和军事用地，城市公园绿地和自然保护区域，国家重点支持的能源、交通、水利设施用地等。文章在对比分析的基础上，提出价格转移的构想，即将公益性用地及其影响的范围看作一个整体进行分析，将外部分析内部化，得出公益性用地的价格。③

从上述研究可以看出，由于土地有偿使用及建设用地资源的资产化管理在我国各类自然资源管理中起步较早，建设用地领域的资产核算研究与实践亦相对丰富。但是，囿于基础工作——土地价值调查评估与土地资源实物量调查工作在全国的覆盖程度及量、价成果资料的衔接匹配程度、可获取程度，在全国或省级区域尺度上实施的、精度相对较高的建设用地资产量核算工程难度较高，可靠的核算成果稀少。在城市层面则可以借助软件工具、批量评估方法和统计分析模型，更宜于实现精度较高的土地资产核算。

2. 农用地资产核算研究

对于以耕地、林地、园地、草地等为主要构成的农用土地而言，其效用的多样性明显较建设用地更为丰富。以耕地为例，除经济价值外，耕地价值

---

① 中国土地勘测规划院. 特殊用地价格评估方法研究报告 [R]. 2003.
② 赵松. 特殊用地评估中的用途转换原理与应用 [J]. 中国土地, 2005 (1).
③ 黄郭城, 刘卫东. 关于城市公益性用地价格评估的思考 [J]. 价格月刊, 2006 (5): 24-25.

还应包括其社会价值和生态价值。① 周建春从耕地的生产收益权、生存保障权、农地发展权、粮食安全权和生态安全权等耕地产权体系出发，认为各权利价值在不同的社会经济条件下有不同体现。② 但由于农用地的生态效用需与生态系统整体共同发生作用，而从生态服务系统的量化价值中进一步剥离其中的土地资产价值可操作性极低，故已有的农用地资产核算成果同样侧重于经济价值量的核算。

我国在 2012 年颁布的《农用地质量分等规程》（GB/T 28407 - 2012）、《农用地定级规程》（GB/T 28405 - 2012）和《农用地估价规程》（GB/T 28406 - 2012）等三个国家标准，是指导我国用土地估价的重要依据，并被广泛应用于农用地估价实践和耕地资源资产价值核算研究。总体而言，我国已有的耕地资源资产价值核算实践主要从全国、省域和县域三个层面开展。

在全国层面的耕地资产核算研究方面，叶兴庆等提出以全国农业产值的 40% 为地租，以中长期真实贷款利率 5.19% 作为土地还原率，采用收益还原法核算全国集体经营耕地价值。③ 胡蓉等依据《中国统计年鉴》资料整理出稻谷、小麦、玉米、大豆等十种主要农作物的单位面积纯收益，并参照我国台湾地区学者林英彦的实质利率计算公式，以 2.89% 作为土地还原率，利用收益还原法核算全国耕地资源资产经济价值。④ 贺锡苹和张小华等在对比了收益还原法、收益倍数法、市场比较法和标准田法的优缺点基础上，分别采用收益还原法和收益倍数法核算了全国各地区的耕地价值和总价值。⑤ 周建春以 18.21 亿亩为基数，采用收益还原法核算了包括生产资料使用收益权价值、生存保障权价值、耕地发展价值、粮食安全权价值、生态安全权价值在内的全国耕地总价值 139.6 万亿元，前述各类价值在总量中的占比分别为

---

① 曲福田，等. 土地价格及分配关系与农地非农化经济机制研究——以经济发达地区为例 [J]. 中国农村经济，2001 (12).

② 周建春. 中国耕地产权与价值研究——兼论征地补偿 [J]. 中国土地科学，2007，21 (1)：4-8.

③ 国务院发展研究中心农村经济研究部. 集体所有制下的产权重构 [M]. 北京：中国发展出版社，2015.

④ 胡蓉，邱道持，谢德体. 我国耕地资源的资产价值核算研究 [J]. 西南大学学报（自然科学版），2013，35 (11)：127-132.

⑤ 贺锡苹，张小华. 耕地资产核算方法与实例分析 [J]. 中国土地科学，1994，8 (6)：23-27.

5.07%、8.25%、44.40%、40.59%、1.69%①。朱道林等以耕地流转租金调研数据为基础，以省为基本核算单位，以县为基本测算单元，采用收益还原法开展了全国耕地资源资产经济价值的核算研究，其中，由于调研所获耕地流转租金不能实现区县的全覆盖（约覆盖1600余个区县单元），采用了GIS空间插值辅助处理，并通过耕地质量等别和区域社会经济条件相结合的方法对租金水平进行宏观控制；对于耕地还原率，则在全国采用了统一数值5%。②

在省域层面的研究上，黄贤金从耕地资源可持续利用管理的经济约束机制出发，以江苏省为例，分别采用收益还原法和实物倍数法进行耕地资产价值核算。③覃事娅等通过计算不同质量等级耕地上12种农作物的单位面积的年纯收益，以4.75%作为土地还原率，采用收益还原法分别核算湖南省不同质量等级耕地的经济产出价值。④陈会广等以山东省为例，将耕地看作一个生态经济系统，按耕地价值形成的影响因素，以收益倍数法为基础，应用模糊数学和灰色系统原理，对耕地价值进行评估。⑤李佳和南灵以陕西省为例，选取小麦、玉米、中籼稻、烤烟和棉花作为陕西省的主要农作物，通过计算主要农产品的纯收益，来计算陕西省耕地资源的经济价值。⑥李翠珍等以北京市为例尝试设计了耕地价值体系，分析其价值关系，并基于收益还原法测算了北京市1990~2005年的耕地经济价值。⑦

在县域层面的研究上，蔡运龙和霍雅勒分别选择广东省潮安区、河南省淮阳县和甘肃省会宁县三个县作为案例，选用收益还原法核算其经济产出价

---

① 周建春. 耕地估价理论与方法研究 [M]. 北京：中国大地出版社，2006：235-238.
② 朱道林，杜挺. 中国耕地资源资产核算方法与结果分析 [J]. 中国土地科学，2017，31 (10)：23-31.
③ 黄贤金. 江苏省耕地资源价值核算研究 [J]. 江苏社会科学，1999 (4)：55-60.
④ 覃事娅，尹惠斌，熊鹰. 基于不同价值构成的耕地资源价值评估——以湖南省为例 [J]. 长江流域资源与环境，2012，21 (4)：466-471.
⑤ 陈会广，曲福田，陈江龙. 山东省耕地资源价值评估研究 [J]. 中国人口·资源与环境，2003，13 (1)：25-30.
⑥ 李佳，南灵. 耕地资源价值内涵及测算方法研究 [J]. 干旱区资源与环境，2010，24 (9)：10-15.
⑦ 李翠珍，孔祥斌，孙宪海. 北京市耕地资源价值体系及价值估算方法 [J]. 地理学报，2008，63 (3)：321-329.

值量。① 吴克宁等根据农用地分等定级估价成果，结合阳江市江城区实际，具体实践了利用定级估价成果测算征地区片综合地价的思路，同时提出在区片综合地价基础上结合分等成果进行征地的思路。②

对于草地资产核算，刘欣超等构建了草地资源资产核算体系，主要包括草原土地、草原生物以及草原水气调节功能三大评价指标。其中草地资产核算需调查草地类型及面积，利用草地单位面积征地补偿标准与草地面积的乘积度量草地资产价值。③

单胜道和尤建新利用收益还原法对林地价格进行评估，林地总收益由林地产品区域平均产量乘以林地产品的社会市场价格得到，总费用为林业生产年经常性费用，林地收益还原率以银行一年期定期利率为基础，考虑林地投资风险和物价变动指数等综合确定④；内蒙古自治区林业厅对林地资产核算进行了积极探索，提出了依据林地使用条件可采用林地期望价法或年金资本化法对林地价值进行估计。⑤

总的来看，由于农用地有偿使用和市场化配置的比例较小，农用地价值量调查评估基础工作推进缓慢，现有各空间尺度上的农用地资产量核算基本仅限于耕地范畴，且多数实践属于相对粗略的收益价值估算，关键参数、价值水平未能揭示地区间的差异，对结果可靠性的验证难度较高。草地、林地等资产核算尚处在起步探索阶段。

---

① 蔡运龙，霍雅勤. 中国耕地价值重建方法与案例研究 [J]. 地理学报，2006，61（10）：1084 - 1092.

② 吴克宁，史原轲，路婕. 农用地分等定级估价成果在征地补偿中的应用 [J]. 资源与产业，2006，8（3）：50 - 52.

③ 刘欣超，翟琇，赛希雅拉，等. 草原自然资源资产负债评估方法的建立研究 [J]. 生态经济，2016（4）：28 - 36.

④ 单胜道，尤建新. 收益还原法及其在林地价格评估中的应用 [J]. 同济大学学报（自然科学版），2003（11）：1374 - 1377.

⑤ 内蒙古自治区林业厅. 积极探索编制自然资源资产负债表（林业部分）的评估方法 [J]. 绿色财会，2015（2）：3 - 6.

三、核算结果应用

(一) 国外研究进展

1. 核算结果应用理论方法研究

开展土地资产核算的目标在于显化土地资产数量与质量,科学揭示土地资产与社会经济发展的密切关系。分析、评价土地资产结构及其变化态势,辅助判断社会经济与土地市场运行状况,并促进合理配置和利用土地资产具有重要意义。在此领域,国外学者的研究成果主要体现在以下方面:

(1) 土地资产核算结果在宏观经济分析中的应用研究。土地是社会经济发展的基础,为社会经济发展提供了必要的生产场所和要素投入;土地资产也是社会财富的重要组成部分,土地资产的变化必然会引起社会财富结构的变化,进而影响社会经济的发展。与此同时,社会经济发展水平的提升又会带动土地资产量随之变化。因此,国外部分学者针对如何依据土地资产核算结果分析社会宏观经济运行状况进行了研究,具体包括:第一,基于土地资产核算结果的社会经济发展稳定性研究。中岛(Nakjima)估算了日本1980~2000年的土地资产量,将土地资产核算结果与GDP的比重作为变量,与社会经济发展的稳定性进行了研究,结果表明:土地资产与GDP的比值处于相对较高的水平时,日本经济发展处于快速发展和房地产繁荣阶段,但该比值过高时,日本经济则出现了严重的金融危机,导致了房地产泡沫地破裂;而在该泡沫破裂之后,土地资产与GDP的比值则逐渐下降,并趋于稳定[①];山崎(Yamazaki)构建了基于优化土地价格指数的土地资产核算模型,利用这一模型,估算了土地资产核算结果,并将核算结果应用到社会经济发展状况分析之中。[②] 第二,土地资产核算结果用于衡量社会可持续发展状况。例如,奥利维勒(Olewiler)认为自然资产指标可作为衡量城市区域可持发展的

---

① Nakajima T. Asset Prices Fluctuations in Japan: 1980-2000 [J]. Japan and the World Economy, 2008, 20: 129-153.

② Yamazaki R. Empirical Testing of Real Option-Pricing Models Using Land Price Index in Japan [J]. Master Thesis of Massachusetts Institute of Technology, 2000.

重要指标，土地资产作为自然资产的重要部分，核算结果可以作为衡量社会可持续发展指标体系中的重要指标①；海拉（Hailla）提出土地资产核算结果可用于反映社会经济发展状况，并应用于衡量社会可持续发展之中。② 第三，基于土地资产核算结果的社会福祉研究。例如，巴比埃（Barbier）认为经济发展所依靠的社会资本（包括土地资产）决定着社会经济发展机遇和社会福祉，基于土地资产核算的社会福祉研究具有重要意义，为此他们研究了如何通过土地资产调节，更好地实现社会福祉，并研究了如何保护和利用土地资产，从而实现社会福祉地长期可持续发展③；奎格利和斯沃博达（Quigley & Swoboda）则对土地资产量与社会经济及社会福祉进行了相关性研究，其结果表明不同属性的土地资产对城市发展和社会福祉的影响不同。④

（2）基于土地资产核算结果的土地资源配置与市场运行状况研究。土地资产由土地价格与土地面积决定，上述二者受土地市场运行状况的影响，又在一定程度上反作用于土地市场运行。因此，土地资产核算结果能够在一定程度上反映出土地市场运行状况。在此领域，国外学者进行了相关探讨，具体包括：第一，基于土地资产核算结果的土地资源优化配置研究。例如，维格里佐等（Viglizzo et al.）核算了包含土地资产在内的各种自然资源资产，并研究了自然资源资产与社会经济发展之间的关系，以社会可持续发展为目标，基于土地资产核算结果，提出了如何利用土地资产核算结果进行土地资源优化配置。⑤ 马克－比尔斯卡（Marks－Bielska）指出高效的土地市场在社会经济发展中发挥着重要的角色，土地资产量变化作为土地市场运行的结果，可以用于揭示土地市场运行状况，从而更好地实现土地资源配置和提高土地

---

① Olewiler N. Environemntal Sustainability for Urban Areas: The Role of Natural Capital Indicators [J]. Cities, 2006, 23: 184–195.

② Haila A. Land as a Finical Asset: The Theory of Urban Rent as a Mirror of Economic Transformation [J]. Antipode, 1988, 20: 79–100.

③ Barbier E B. Frontiers and Sustainable Economic Development [J]. Environment, Resource and Economy, 2007, 37: 271–295.

④ Quigley J M, Swoboda A M. Land Use Regulation with Durable Capital [J]. Journal of Economic Geography, 2010, 10: 9–26.

⑤ Viglizzo E F, Paruelo J M, Laterra P, et al. Ecosystem Service Evaluation to Support Land–Use Policy [J]. Agriculture, Ecosystems and Environment, 2012, 154: 78–84.

利用效率。① 恩科尼亚和安德森（Nkonya & Anderson）依据联合国提出的"2030 年无土地退化"和"Rio + 20 的目标"，提出了以自然资产核算结果为依据的社会土地资源优化利用方式。② 第三，基于土地资产核算结果的房地产价格研究。例如，布尔萨等（Bourassa ct al.）将土地资产量与全社会财富的比率作为研究房地产价格变动的指标，结果表明土地资产量与全社会财富的比率在人口密度大的地区（城镇地区）高于人口密度较低的地区（农村地区），在房价高的时期，该比值相对更高，由此可见，土地资产核算结果可用以衡量和反映房地产价格的变动。③ 戴维斯和希思科特（Davis & Heathcote）通过住宅用用地的价格和数量，核算了美国住宅用地的土地资产量，在此基础上分析了土地资产核算结果与住宅建筑费用、土地价格之间的关系，以期更好地研究房地产价格的变化。④

（3）基于土地资产核算结果的政府财政运行状况研究。土地作为一种资产，政府和个人可以将这一资产进行抵押、投入运营，使得土地资产资本化，从而谋取收益，并作为财政收入的重要部分。国外学者对土地资产在政府财政运行状况中所发挥的作用进行了深入研究。例如，小川等（Ogawa et al.）的研究表明，通过估算土地资产总量，分析土地资产核算结果对社会经济运行状况的影响，结果表明土地资产作为担保物，能够有效地缓解借贷限制，从而有利于促进经济投资活动⑤；阿尔帕纳（Alpanda）在估算了日本土地资产总量之后，研究了日本税率、土地使用与土地资产量之间的相互关系，分析了土地资产在解决政府债务方面所能发挥的作用。⑥

---

① Marks - Bielska R. Factors Shaping the Agricultural Land Market in Poland [J]. Land Use Policy, 2013, 30: 791 - 799.

② Nkonya E, Anderson W. Exploiting Provisions of Land Economic Productivity without Degrading Its Natural Capital [J]. Journal of Arid Environments, 2015, 112: 33 - 43.

③ Bourassa S C, Hoesli M, Scognamiglio D, Zhang S. Land Leverage and House Prices [J]. Regional Science and Urban Economics, 2011, 41: 134 - 144.

④ Davis M A, Heathcote J. The Price and Quantity of Residential Land in the United States [J]. Journal of Monetary Economics, 2007, 54: 2595 - 2620.

⑤ Ogawa K, Kitasaka S, Yamaoka H, Iwata Y. Borrowing Constraints and Role of Land Asset in Japanese Coporate Investment Decision [J]. Journal of the Japanese and International Economies, 1996, 10: 113.

⑥ Alpanda S. Taxation, Collateral Use of Land, and Japanese Asset Prices [J]. Empirical Economics, 2012, 43: 819 - 850.

(4) 土地资产核算结果在其他领域的应用研究。巴特默斯（Bartelmus）指出土地资产是自然资产的重要组成部分，而自然资源资产的利用状况又会对生态环境产生影响，因此，他指出将土地资产核算结果应用到生态系统管理之中，作为衡量生态系统管理的重要指标，也具有重要的意义。[1] 针对农田的土地资产价值，乌斯塔古卢等（Ustaogulu et al.）将其估算的结果纳入土地利用影响模型之中，以此为基础，研究了欧盟 28 个国家农田土地资产量随土地利用、粮食生产、生态环境变化的情况，并针对不同农田的发展目标，提供相应了措施建议。[2]

2. 土地资产核算结果的实践应用

除了上述将土地资产核算结果应用于对经济社会现象的规范和实证解释性研究之外，国外还将土地资产核算的思路和成果进行了具体的实践应用，主要体现在税基水平的确定和国家资产负债表编制等领域。

（二）国内研究进展

我国学者对土地资产核算结果的应用研究主要体现在以下几个方面：

1. 土地资产核算结果的应用领域研究

陈改英等提出了土地资产核算结果的应用范围，包括土地资产核算结果可以为土地资产管理、国家宏观调控、土地收益评价等方面提供基础数据，还可用以评价综合国力和衡量国有土地资产保值增值状况[3]；周贵荣和王铮认为土地资产核算可以为国家宏观调控土地利用提供依据，并根据土地资产核算结果评价土地利用效率，从而进行土地资源优化配置。[4] 封志明等指出，土地资源是自然资源的重要组成部分，土地资产是国家自然资产负债表编制的重要内容，并提出在国家自然资产负债表中需要对土地资产进行核算。[5] 沈悦和刘洪玉认为，通过测算土地资产与国家财富的比值可以分析社会经济

---

[1] Bartelmus P. Do We Need Ecosystem Accounts？[J]. Ecological Economics，2015，118：292 – 298.

[2] Ustaoglu E，Castillo P，Jacobs – Grisioni C，Lavalle C. Economice Evaluation of Agriculture Land to Assess Land Use Changes [J]. Land Use Policy，2016，56：125 – 146.

[3] 陈改英，等. 中国城市土地资产总量测算方法研究 [J]. 城市经济，2004（4）.

[4] 周贵荣，王铮. 城市化地区的土地资源核算 [J]. 自然资源，1997（5）：14 – 21.

[5] 封志明，杨艳昭，陈玥. 国家资产负债表研究进展及其对自然资源资产负债表编制的启示 [J]. 资源科学，2015，37（9）：1685 – 1691.

发展，特别是土地经济发展的相对合理性。[1]

2. 土地资产核算结果的应用方法及实证研究

吴俊杰等（Junjie Wu et al.）估算了不同自然保护区的土地资产价值，并分析了不同区位和大小对自然保护区土地资产价值的影响，提出了基于土地资产核算结果分析的角度，进行自然保护区土地资源优化配置，从而更好地实现自然保护区的土地价值。[2] 王兴元提出城镇土地实际总价值是土地资产的实际应用价值，该值即为城镇的土地资产总量，可作为政府土地税收的主要依据；同时，通过测算城镇土地资产总价值，可对城镇土地资产利用效益进行综合评价。[3] 土地财政收入是土地资产实现的主要体现，进行土地财政的应用研究也是土地资产量研究的重要内容。夏方舟等引入土地要素的"总供给—总需求"函数，推演土地财政与产业结构的关联度，构建土地财政与经济增长、产业发展的计量模型，从而研究了土地财政对经济增长的作用机制，结果表明：土地财政主要通过促进产业结构调整进而推动经济增长，将低廉土地价格作为招商引资条件未取得预期的经济效益，而税收优惠政策则能够更好地促进结构转换升级。[4] 张良悦等的研究表明：我国开始实行城市住房货币化改革后，我国土地资产效应扩大，土地资产量增加，土地资产收入已成为当地政府财政收入的重要手段，因此，通过准确核算土地资产结果对于更好地了解地方财政收入具有重要的意义。[5]

3. 土地资产核算结果在自然资源负债表中的体现及应用

薛智超等借鉴国内外土地资产核算的方法与体系，阐述了自然资源资产负债表编制中土地资产核算的目标、内容与原则，并以浙江省湖州市为例，

---

[1] 沈悦，刘洪玉. 房地产资产价值与国家财富的关系研究 [J]. 清华大学学报（哲学社会科学版），2004，19（1）：51-59.

[2] Wu J, Xu W, Ahg R J. How Do the Location, Size and Budget of Open Space Conservation Affect Land Walues? [J]. Journal of Real Estate Financial Economics, 2016, 52: 73-97.

[3] 王兴元. 城镇土地资产总价值测算及其利用效益综合评价 [J]. 中国软科学，2000（10）.

[4] 夏方舟，李洋宇，严金明. 产业结构视角下土地财政对经济增长的作用机制——基于城市动态面板数据的系统 GMM 分析 [J]. 经济地理，2014，34（12）：85-92.

[5] 张良悦，赵翠萍，程传兴. 地方政府土地违规为何屡禁不止？——地方政府债务的视角 [J]. 世纪经济文汇，2012（6）：78-91.

进行了土地资产负债表的实例探讨。① 耿建新和王晓琪提出了土地账户可为土地使用管理与控制、土地覆盖物的管理与控制、土地价值变化等方面提供信息资料。并认为编制土地资产账户在横向可比较的地区进行差异性研究,可为生态环境破坏严重的区域提出发展建议,从而更好地实现我国生态文明建设;土地资产的纵向比较,则能够动态反映该地区在一定时期内资源环境的利用状况,为领导干部的自然资源资产离任审计创造条件。② 马骏等③、李扬等④则探讨了土地资产在国家自然资产负债表中的作用,结果表明土地资产作为国家资产负债表中的非金融资产,土地资产核算账户的编制对于国家资产负债表的编制及完善有着积极的作用,有助于资产风险评估及控制,从而使国家能够更好地可持续发展。

第二节 土地资产价值量核算的基本方法

构成土地资产量的两大核心要素是土地面积规模和土地价值数量。相较而言,土地的面积规模具有客观显化、实体稳定、易于量测等特征;而土地价值数量则具有较为明显的抽象性特征,难以通过工具进行直接量测,是土地资产核算中的技术难点所在,故本书中仅就土地价值量的评测方法进行系统梳理和研究。

一、经济价值量核算方法

土地的经济价值量即为通常所说的地价,从其经济学本质来说,是土地

---

① 薛智超,等. 自然资源资产负债表编制中土地资源核算体系设计与实证 [J]. 资源科学, 2015, 37 (9): 1725 – 1731.

② 耿建新, 王晓琪. 自然资源资产负债表下土地账户编制探索——基于领导干部离任审计的角度 [J]. 审计研究, 2014 (5): 20 – 25.

③ 马骏, 张晓蓉, 李治国, 等. 化解国家资产负债中长期风险 [EB/OL]. (2012 – 06 – 12) [2016 – 08 – 15]. http://economy. lsnews. com. cn/system/2012/06/12/010307093. shtml.

④ 李扬, 张晓晶, 常欣, 汤铎铎, 李成. 中国主权资产负债表及其风险评估 (上) [J]. 经济研究, 2012 (6): 4 – 19.

未来可获得收益的资本化现值，从其形成过程来看，是土地权利交换过程中交易关联各方认可的量化表征。基于我国土地公有制的特征，不存在土地所有权的市场化交易，故我国的土地经济价值一般是指一定年期、一定条件下的土地使用权价值，从其定量核算的角度理解，是限定条件下的土地权利在市场中的交换价值。

（一）我国的土地质量评价体系简况

随着我国土地有偿使用制度的建立与深化，我国的土地质量评价体系在政府管理与市场运行的双重作用下逐步形成并日趋丰富和完善。从宏观到微观，我国现行评价体系基本上可以用等、级、价进行概括，其中，"等"和"级"侧重于土地自然质量和社会属性的评价，它们并不直接表征土地的价值，但显化了价值的空间分布规律，而"价"则侧重于土地经济价值的显化，直接以货币量值表征。

1. 土地等别

我国土地等别分为城镇建设用地等别（亦惯称为"城镇土地等别"）和农用地等别两类。城镇土地等别主要是指通过对影响城市市区、建制镇镇区范围内土地质量的经济、社会、自然等各项因素的综合分析，揭示城镇之间土地质量的地域差异，运用定量和定性相结合的方法对城镇土地质量进行分类排序后产生的不同城镇间土地质量序列集合。

农用地等别体系是在全国范围内，对县级行政区内现有农用地和宜农未利用地，按照标准耕作制度，在自然质量条件、平均土地利用条件、平均土地经济条件下，根据规定的方法和程序进行农用地质量综合评定后形成的农用地质量序列集合，具体又可分为农用地自然等别、农用地利用等别、农用地经济等别。

2. 土地级别

我国土地级别亦分为城镇土地级别和农用地级别两类。城镇土地级别是指根据城镇土地的经济和自然两方面属性及其在社会经济活动中的地位、作用，对土地利用规划确定的城市建设用地范围内的所有土地使用价值进行综合评定后得出反映城镇内部土地质量空间差异的序列集合。

农用地级别体系是指在行政区（省、县）内，依据构成土地质量的自然因素和社会经济因素，根据地方土地管理和实际情况需要，按照规定的方法和程序对行政区内的现有农用地和宜农未利用地进行农用地质量综合评定后得出的农用地质量空间差异的序列集合。

3. 土地价格

我国现行土地价格具有类型多样、层次丰富的特点，从不同角度可以形成不同的分类体系。

（1）按土地权利分类。土地是一种能带来恒久收益的资产，其价格的本质是收益价格，而这种收益是和土地的权利密切联系的。土地权利是多个权利的集合，包括土地的所有权及使用权、租赁权、抵押权等，每种权利均有与之相对应的权利价格。当然，囿于我国公有制的限制，除集体土地征收外，通常不存在土地所有权转移，亦不存在土地所有权价格。就土地使用权而言，根据其法定权能的差异，又可分为相对完整的出让土地使用权和权能高度受限的划拨土地使用权等。

（2）按土地价格形成的方式分类。可以分为交易价格和评估价格，前者是通过交易形成的土地成交价格，后者是由专业技术人员，按照一定的程序和方法评定的土地价格。土地交易价格是已经发生，并对市场形成作用的价格，而评估价格是通过模拟市场行为和谈判场景而形成的尚未真实发生的价格。按照交易形式或评估地价条件的界定等，上述两类地价均可进一步细分，例如，交易价格可分为拍卖价格、协议价格、招标价格。

（3）按土地利用类型或用途分类。可分为农用地价格、建设用地价格、未利用地价格，并可按照细分的用途进一步细化价格类型的针对性，形成耕地价格、商业地价、住宅地价、工业地价等反映各自用途市场特征的价格。

（4）按地价的空间特征分类。可分为某一宗土地的宗地地价和某一区域内土地的平均地价，后者以基准地价、区域监测地价为典型代表。

（5）按政府管理目的分类。可以分为公示地价、监测地价、交易底价等，其中公示地价又可具体分为以区域平均价为表现形式的基准地价及以具体宗地价格为表现形式的标定地价。

（6）按土地价格表示方法分类。地价可分为土地总价格、单位土地面积地价（地面地价）、单位建筑面积地价（楼面地价）等，其中特定区域内的土地总价格即可视为土地资产的经济总量。

(二) 公示地价、监测地价及区域性地价标准

公示地价、监测地价在我国地价体系中发挥着较为重要的管理作用，它们的设立、形成与我国土地市场管理机制、目标和需求密切相关。以基准地价、标定地价为核心的公示地价与监测地价均为行政管理部门主导形成的地价体系，但其本质内涵存在明显差异，适用于不同目标下的地价管理或地价应用工作。此外，为了配合特定管理导向和实践需求，还广泛存在着一些地价标准或区域指导值，前者以工业用地出让最低限价为典型，后者则以土地征收补偿中适用的区片综合价为代表；虽然它们有些并非以市场机制为基础，甚至在构成内涵上也与理论层面的"地价"有所不同，但确实对土地市场、土地价值量形成了直接或间接的重要影响。

1. 公示地价

（1）内涵与特征。

公示地价是"以维护经济和市场的平稳健康发展为目标，遵循公开市场价值标准评估，并经政府确认、公布实施的地价，具体包括基准地价、标定地价、课税地价等"。[①]

区别于其他评估类地价，公示地价的本质特征在于：

第一，政府组织评估、确定的地价。《中华人民共和国城市房地产管理法》规定："基准地价、标定地价和各类房屋的重置价格应当定期确定并公布。具体办法由国务院规定。"《国务院关于加强国有土地资产管理的通知》（2001），提出"市、县人民政府要依法定期确定、公布当地的基准地价和标定地价，切实加强地价管理"。由此可见，公示地价不是由各类市场主体根据自己的交易、投资或其他个体需求而委托评估确定的价格，它是由政府或行政主管部门以管理者的身份，为行使管理职能而组织评估的价格。公示地价的具体评估技术过程可以由专业技术机构、事业单位、科研院所承担，但最终决定权、发布实施权在于政府。因此，公示地价是政府主导评估、确定的地价。第二，公示地价的目标是促进市场的平稳运行。作为政府管理土地市场的重要工具，公示地价体系最根本的预期作用并不是最大限度地显化土

---

① GB/T 18508-2014，城镇土地估价规程［S］.

地价格、最高限度地保障土地权利人的经济权益，也不是土地市场运行的"红线"或"底线"，其核心目标是发挥地价的调控引导作用，促进市场的平稳、健康运行。第三，公示地价的内涵与定位遵循价值主导原则。基于上述管理目标，公示地价的价格水平定位以"正常市场""持续均衡""内在价值主导"为前提。在此理念的统领下，公示地价评估制定时，在方法选择、参数确定等技术过程会适当把握，力争反映理性市场上相对正常、平稳的价格水平，特别是当市场存在"泡沫高热"现象时，作为政府的指导标准，公示地价将体现一定的抑制性倾向。

具体而言，基准地价是指各县市级（或地级）人民政府组织制订的一定区域内的区域平均价格，其价格内涵包括明确的价格期日、土地用途、土地利用条件和特定权利状况等。现行城镇基准地价通常包括商业、住宅、工业三大基本用途，并有进一步细分用途、提高针对性的发展趋势；农用地基准地价则以耕地用途为主，在特殊地区亦存在林地、草地基准地价。

标定地价是"政府为管理需要确定的，标准宗地在现状开发利用、正常市场条件、法定最高使用年期或政策规定年期下，某一估价期日的土地权利价格"。[①]

从上述定义可知，基准地价与标定地价的核心区别在于：前者是附设于区域空间上的平均价格，属于中观层次的价格表征；同一基准地价水平区域内的不同宗地，其宗地价格往往不同，有些甚至因微观区位和价格内涵的特殊而显著异于基准地价水平。基准地价所依附的均质区域，其大小可根据当地的土地质量空间分布规律和市场与管理需求确定，通常以土地定级中的级别评价结果或内部均质均价性更高的区片为基础，形成相应的级别基准地价或区片基准地价。此外，均质区域的大小及其内部均质性高低也与设立基准地价体系的行政层级有着间接关系，当以地级（及以上）城市为独立评价对象，建立基准地价体系时，各均质区域的覆盖范围一般大于以县级（及以下）行政单元为独立评价对象而形成的基准地价体系。

标定地价是附设于具体标准宗地上的宗地价格，属微观层次的价格；而标准宗地的土地条件、土地利用状况等均要求具有区域代表性，且利用状况

---

① TD/T 1052-2017，标定地价规程[S].

相对稳定，故标定地价具有更好的微观指示性和指导性。

（2）体系建设要求与概况。

基准地价、标定地价虽同属具有法定地位的公示地价体系，但其在实践中的推广实施程度却有较大差异。城镇基准地价体系在我国的实践历史已近三十年，基本覆盖全部地、县两级城市（城镇），具有体系完整、全国统一性相对较高的特点；而标定地价体系建设尚处于起步阶段，仅在少数城镇有所实践。

就公示地价的现状分类而言，按用途可分为建设用地公示地价、农用地公示地价；按权利类型可分为国有土地公示地价、集体土地公示地价。其中，用途的不同直接影响土地收益、获取地租的能力，而对不同用途的土地而言，影响其价格的经济、社会、市场因素均存在差异，因此建设用地与农用地公示地价存在的差别主要在于经济差别和技术差异，是长期存在并相对固定的。土地交易的本质是权利的交易，因此，城乡地权的差异也是地价的本质差异；但是，随着农村土地制度改革的深化，以及城乡统一市场的形成，这种因国有和集体不同权利性质带来的差异将持续减弱，甚至消失。

2017年，国土资源部办公厅发布《关于加强公示地价体系建设和管理有关问题的通知》，提出了：全面开展基准地价电子备案、制订公共服务项目用地基准地价、完善农用地和集体建设用地基准地价、加快推进标定地价体系建设等系列要求；同年，首部《标定地价规程》以行业标准的形式通过技术审查即将发布实施，管理与技术同时跟进，为新时期我国公示地价体系的拓展和完善奠定了基础。

2. 监测地价

（1）内涵与特征。

监测地价的概念形成于我国地价体系建设的中后期，随着城市地价监测工作的广泛实践而日益清晰。2001年国务院发布《关于加强国有土地资产管理的通知》明确要求："抓紧建立全国地价动态监测信息系统，对全国重要城市地价水平动态变化情况进行监测"，2003年，国土资源部发布《关于建立土地市场动态监测制度的通知》，正式确立实行城市地价动态监测制度，及时了解和掌握土地市场变化。

在试点实践的基础上，2007年出台行业标准《城市地价动态监测技术规范》，其中对"地价动态监测"定义为"根据城市土地市场的特点，通过设立地价监测点，收集、处理并生成系列的地价指标，对城市地价状况进行研究观测、描述和评价的过程"，并明确了"监测点地价是通过评估或市场交易地价修正得到的监测点在一定时点和一定条件下的地价"。结合地价监测工作的根本目标与各项实施、管理要求，可以看出，同样作为行政管理部门主导推进的地价体系建设工作，监测地价与公示地价有着本质的不同：首先，监测地价定位于"反映市场"而非"引导或调控市场"，监测地价水平应尽量贴近动态变化的市场，真实客观准确地反映市场情况，从而起到辅助决策的作用。其次，地价监测工作中的各项地价指标（地价水平、地价增长率等）均由专业技术人员按照技术规程的要求采集和评估，行政管理部门不能以"管理导向"为名，干预监测指标的高低。最后，监测地价要求每季度必须更新；而基准地价要求相对稳定，通常三年进行一次全面更新；标地定价则要求每年度更新一次。可见，监测地价的动态性明显高于公示地价。

（2）体系建设要求与概况。

城市地价监测体系建设始于1999年，截至2017年，已形成覆盖长三角、珠三角、环渤海等各大重点经济区，全国106个主要城市（直辖市、省会城市、计划单列市及区域重点城市）的国家级监测和湖南、安徽、河北、江苏、山东、内蒙古、吉林等多个省份的省级监测体系，每季度、年度定期采集综合、商业、住宅、工业等各类用地的动态监测数据，形成了持续近二十年的时序可比的市场化指标。通过加权综合的算法，各项监测指标均包括监测点（即宗地）、监测区段（即内部具有均价特征的区片）、监测城市、监测区域（国家、省、重点经济区等）多个空间层级上的数值，便于宏观、中观、微观等不同尺度的应用。

现行地价监测成果具有较好的系统性和时序性，但是在空间覆盖范围上仍存在一定的局限性：第一，已有监测指标仅限于城镇国有建设用地，集体建设用地价格监测尚处于试点研究阶段；第二，国家、省两级监测城市的总数量仍然相对较少，且主要集中在地级以上城市开展；第三，在城市内部，监测范围多以建成区、开发区为主，没有形成对建设用地的全覆盖。

3. 工业用地出让最低限价

在各地竞相招商引资，低地价甚至零地价供应工业用地的背景下，为了有效抑制工业用地的低成本扩张，维护公开公平公正的土地市场秩序，推进区域协调发展，保障土地所有者合法权益，促进土地的节约集约利用，2006年中央政府出台了《国务院关于加强土地调控有关问题的通知》，明确提出建立工业用地出让最低价标准统一公布制度。同年底国土资源部组织制订了全国工业用地出让最低价标准，并下发了《关于发布实施〈全国工业用地出让最低价标准〉的通知》，成为首套在数值上全国统一，强制执行的土地价格"红线"，并一直运行迄今。

（1）内涵与特征。

《全国工业用地出让最低标准》的制订以成本控制为基本原则，即按照征地费用、前期开发费用、相关税费、利息等核算新增建设用地的取得成本，以总体不低于成本作为最低价标准的根本要求。就标准的价格内涵而言，其对应的是最高年期（即50年）条件下，工业用地完整土地使用权的出让价格。就标准的管理内涵而言，其本质是稀缺资源的保护价格，是政府的调控价格而非现实市场上的实际价格。因此，其价格水平、价格形成机制着重体现了管理导向。

《全国工业用地出让最低标准》在我国地价体系中有着特殊的定位：与出让成交价格相比，它是不可突破的"底线"。与评估价格相比，当估价目的和定义中已明确是评估工业用地的出让价格时，依据合法性原则，评估结果通常不会低于最低价标准。与其他用途土地的出让地价相比，基于区位理论和不同行业竞租能力的一般性规律，对同一区域而言，商业、住宅用地的价格通常不会低于工业用地价格，因此，虽然工业用地出让最低价标准并未直接约束其他用地的价格，但是，也会对其产生间接影响。与基准地价相比，因同一等别内的工业用地执行同一标准，而县级行政单元是等别评价的最小单元，故标准在同一县级行政区划内并不体现空间差异，这与工业基准地价有所不同。

（2）执行情况。

《全国工业用地出让最低标准》一经发布，便具有明确的法律效力，可以作为"低价出让国有土地"的判断依据。因此，标准的执行力度极强，在出台的早期，曾有效控制了低价出让的态势，避免了工业用地资产的流失。但是标准至今已逾十年，并未随土地市场及新增建设用地取得成本的变化而调整，在不少地区，按此标准执行已难以体现成本保护原则。

4. 征地区片综合地价

征地区片综合地价简称"征地区片价"，是指依据土地类型、产值、土地区位、农用地等级、人均耕地数量、土地供求关系、当地经济发展水平和城镇居民最低生活保障水平等因素，划分征地区片，并采用农地价格因素修正、征地案例比较和年产值倍数等方法测算的区片征地综合补偿标准。2004年以来，国务院明确提出了"省、自治区、直辖市人民政府要制订并公布各市县征地的统一年产值标准或区片综合地价，征地补偿做到同地同价"的指示精神，随后，国土资源部在全国部署了制订新型征地补偿标准的具体工作，目前以区片综合地价为主导的新型征地补偿标准已覆盖全国，并取得了较为广泛的实施应用效果。

与现行法律规定的，以"产值—倍数"为核心的征地补偿标准相比，征地区片价具有以下特点：第一，是按照均值区片确定的补偿标准，在同一区片内不同宗地的征地补偿标准相同；第二，标准制订过程中，借鉴了地价评估的理念和方法，突出了土地区位、土地供求关系、当地经济发展水平等因素的影响，倾向于土地价值的市场规律，在一定程度上体现了集体土地的财产价值。

尽管如此，征地区片价与严谨完善的"地价内涵"相较，尚有一些模糊不符之处，总体处于传统的征地补偿标准与地价之间的过渡范畴。

（三）常用土地经济价值测算方法

由于土地具有位置固定性、不可复制性、数量相对稳定性、利用及交易的管制性等特征，使得土地交易数量、价格与其他普通商品相比，具有明显的时空不均衡性。即使在发育较为成熟的土地市场环境下，直接从市场上获取的交易价格，也会因其数量相对稀少、空间分布不均、覆盖度不广，且交易内涵差异显著等，难以满足在一定空间范围内进行土地资产量核算的需求。故利用土地的评估价格进行区域土地资产量核算必然成为重要的技术路线。

我国的土地质量评价与价格评估技术已经形成较为完善的标准体系，该领域现具有两套国家标准——《城镇土地分等定级规程》《城镇土地估价规程》《农用地分等规程》《农用地定级规程》《农用地估价规程》。常用土估价方法可以分为基本估价法和应用估价法。基本估价方法包括收益还原法、市场比较法、剩余法和成本逼近法等。应用估价法主要为公示地价系数修正法。应用估价法除可评估单宗土地价格外,还可支撑对多宗土地的批量评估,即对某个特定空间区域内的土地价格、地价影响因素和地价变化规律进行分析,建立起一套大范围内宗地价格与宗地条件及影响因素间的相关关系,从而在需要时可以借助信息化工具快速地评估出该区域内各个宗地价格。

在此,将常用评估方法的核心要点梳理介绍如下,以便于读者对后文所述土地资产核算具体方法的进一步理解。对建设用地和农用地而言,各方法运用过程中的基本原理、公式类同,但参数的取值内涵和确定思路有较大差异,在此不做区别表述,详见前述相关规程规定。

1. 收益还原法

收益还原法以地价的经济学本质为出发点,即土地价格是土地预期收益的现值。该法基于预期收益原则,将待估宗地未来可预期获得的年纯收益(地租),以一定的土地还原率还原,以此估算待估宗地价格。

以收益还原法评估土地价格的基本公式如下:

$$P = a/r \tag{1-1}$$

式中:P 表示土地收益价格;a 表示土地纯收益(或地租),每年不变;r 表示土地还原率,固定且大于零。

收益还原法适用于针对有现实收益或潜在收益的土地进行估价,其中,收益值与还原率的科学确定决定其结果的准确性。

2. 市场比较法

市场比较法从公开市场、价格机制作用的视角出发,根据替代原理,将待估宗地与具有替代性的,且在估价期日近期市场上交易的类似宗地进行比较,并对类似宗地的成交价格进行差异修正,以此估算待估宗地价格。

市场比较法评估土地价格的公式如下:

$$P = P_B \times A \times B \times C \times D \times E \tag{1-2}$$

式中:P 表示待估宗地价格;P_B 表示比较实例价格;A 表示待估宗地交易情况指数/比较实例宗地交易情况指数;B 表示待估宗地估价期日地价指数/比较实例宗地交易日期地价指数;C 表示待估宗地区域因素条件指数/比较实例宗地区域因素条件指数;D 表示待估宗地个别因素条件指数/比较实例宗地个

别因素条件指数；E 表示待估宗地使用年期修正指数/比较实例使用年期修正指数。

该法主要适用于地产市场发达、有充足可比实例的地区，通常要求以 3 宗（含）以上可比案例对待估对象进行评估。市场比较法除可直接用于评估土地价格或土地租金外，还可用于其他估价方法中相关参数的求取。

3. 剩余法

剩余法又称残余法、余值法，或假设开发法。该法采取以终端产品价格剥离出参与生产的要素价格的思路，在测算完成开发后的不动产（或达到一定利用条件的土地）的市场价格基础上，扣除预计的正常开发成本及有关专业费用、利息、利润和税费等，以价格余额来估算待估宗地价格的方法。

对于现有不动产中地价的剥离和评估，通常采用下列公式：

$$P = P_r - P_h - T \tag{1-3}$$

式中：P 表示待估宗地价格；P_r 表示不动产交易价格；P_h 表示房屋现值；T 表示交易税费。

对于具有投资开发或再开发潜力的土地估价，通常采用以下公式：

$$P = A - B - C \tag{1-4}$$

式中：P 表示待估宗地价格；A 表示不动产总价；B 表示开发项目整体的开发成本；C 表示客观开发利润。

4. 成本逼近法

成本逼近法是从成本核算的角度，以取得和开发土地所耗费的各项客观费用之和为主要依据，加上客观的利润、利息、应缴纳的税金和土地增值收益等确定土地价格的方法。

成本逼近法评估土地价格的公式如下：

$$P = E_a + E_d + T + R_1 + R_2 + R_3 = P_E + R_3 \tag{1-5}$$

式中：P 表示土地价格；E_a 表示土地取得费；E_d 表示土地开发费；T 表示税费；R_1 表示利息；R_2 表示利润；R_3 表示土地增值；P_E 表示土地成本价格。

该法一般适用于新开发土地或土地市场欠发育、少有交易的地区或类型的土地价格评估。在市场机制下，投入成本与市场定价间不存在必然因果关系，市场可接受的价格明显高于或低于成本均属正常，故成本法在核算市场价格时存在一定的理论缺陷，其适用范围有较高的局限性。

5. 公示地价系数修正法

公示地价系数修正法是利用政府制定并发布实施的公示地价及其地价修正体系成果，按照替代原则，将待估宗地的区域条件和个别条件等与公示地价的条件相比较，进而通过修正求取待估宗地在估价期日价格的方法。根据所用的公示地价的具体类型可分为基准地价系数修正法、路线价法、标定地价系数修正法。

以基准地价系数修正法评估土地价格公式如下：

$$P = P_{1b} \times (1 \pm \sum K_i) \times K_j + D \quad (1-6)$$

式中：P 表示待估宗地价格；P_{1b} 表示某用途、某级别（均质区域）的基准地价；$\sum K_i$ 表示宗地地价修正系数；K_j 表示估价期日、容积率、土地使用年期等其他修正系数；D 表示土地开发程度修正值。

以路线价法评估土地价格公式如下：

$$P = u \times d_v \times K_1 \times K_2 \times \cdots \times K \quad (1-7)$$

式中：P 表示待估宗地价格；u 表示待估宗地所属路线段的路线价；d_v 表示深度指数；K_i 表示宗地形状修正、容积率修正等其他修正系数。

以标定地价系数修正法评估土地价格公式如下：

$$P = P_s \times A \times B \times C \times D \quad (1-8)$$

式中：P 表示待估宗地价格；P_s 表示标定地价；A 表示待估宗地交易情况指数；B 表示待估宗地估价期日地价指数/标准定地价期日地价指数；C 表示待估宗地个别因素条件指数/标准宗地个别因素条件指数；D 表示待估宗地年期修正指数。

公示地价系数修正法可用于政府已公布公示地价的区域，且公示地价体系应具有较好的现势性，待估宗地的估价期日距公示地价的期日一般不超过3年（距标定地价的期日不超过1年）。由于各地的公示地价体系中自带一套较为完整、详细的修正系数，该法具有运用简便、适于进行批量批估的特征。

6. 评分估价法

评分估价法是农用地评估中的特有方法，指按照一定的原则，建立影响农用地价格的因素体系和因素评分标准，依据因素评分标准对待估农用地的相应条件进行评价赋分，按其得分值的大小，乘以客观的农用地单位分值价格，从而得到农用地价格的一种估价方法。

基本公式如下：
$$P = C \times S \text{ 或 } P = A \times S^c \qquad (1-9)$$

式中：P 表示待估农用地的价格；C 表示农用地单位分值价格；S 表示待估农用地的总得分；A 表示回归系数。

该法适用于所有农用地，特别适用于成片农用地价格评估，前提是确定农用地单位分值价格。该法的评估结果直接反映农用地的土地质量，但由于操作程序复杂，农用地单位分值价格难以科学确定，实操难道较大，现实应用案例稀少。

二、生态价值核算方法

即使在技术高度发达的今天，对自然资源的生态价值量评估也是个棘手的问题。其难点不仅在于对自然资源提供的生态服务功能往往缺少公开市场交易行为，进而并无常规意义上的"市场价格"，采用各种方法评估的结果间差异显著，难以进行客观验证；还在于对某特定类别的自然资源，其所能提供的生态服务功能是多样的、综合的、动态的，并且不同生态系统间通常存在内在联系和相互依赖性。目前，国内外在对自然资源生态服务功能价值评估的实证研究中，对于此类非市场化的公共产品，尚缺少能够使核算结果准确、可靠性高的方法。

生态视角下的土地资源同样存在上述特征。城市绿地、农田、林地、湿地、水域滩涂等各自形成不同复杂生态系统的组成部分，单独剥离评估出土地的生态价值并通过客观验证较为困难。从现实可行性出发，本书并未将土地生态价值核算作为重点，在此仅就一些可参照的自然资源生态服务功能评价原理或方法总结介绍如下，以期进一步拓展和深化研究。

（一）费用支出法

费用支出法多用于评价城市绿地的服务价值，该方法以人们对某种生态环境效益的支出费用来表示该效益的经济价值。例如，对某一公园的游憩效益，可用游憩者到该公园的实际总支出来表示，包括往返交通费、餐饮费、住宿费、门票费、摄影费、购买纪念品费用，以及有关的服务支出等。

费用支出法常有三种形式：一是总支出法，以游客的费用总支出作为游憩价值；二是区内支出法，仅以游客在游憩区内支出的费用作为游憩价值；三是部分费用法，以游客支出的部分费用如交通费、门票费、餐饮费和住宿费作为游憩价值。该方法的优点在于核算方法简洁明了，易于统计，不足之处表现为：首先，仅计算游客费用支出的总钱数，没有计算游客游憩的消费者剩余，不能反映游客真正愿意花多少钱去享受绿地的舒适性服务，因而不能完全反映城市绿地的实际游憩价值；其次，费用支出法中的许多费用并不是为享受而支出；再次，受限于人们的收入水平和教育水平，该方法在经济发展程度不同地区的应用差异较大；最后，由于在消费区域内往往可能会有多个生态系统，因此存在较大的交叉，估值的准确性有待进一步提高。

（二）支付意愿调查法

支付意愿是指消费者接受一定数量的消费物品或劳务所愿意支付的金额，是消费者对特定物品或劳务的个人估价。西方经济学认为：价值反映了人们对事物的态度、观念、信仰和偏好，是人的主观思想对客观事物认识的结果；支付意愿是"人们一切行为价值表达的自动指示器"，因此可表示为商品的价值等于人们对该商品的支付意愿。在环境质量公共物品的需求分析和环境经济影响评价中，支付意愿被广泛应用。

支付意愿法又称意愿调查价值评估法，是一种基于调查数据评估生态系统服务价值的方法。该法属于模拟市场技术方法，它的核心是直接调查咨询人们对生态服务功能的支付意愿，并以支付意愿和净支付意愿来表达生态服务功能的经济价值。在实际研究中，从消费者的角度出发，在一系列假设问题下，通过调查、问卷、投票等方式来获得消费者的支付意愿和净支付意愿，综合所有消费者的支付意愿和净支付意愿来估计生态系统服务功能的经济价值。该法必须建立在几个假设前提之上：环境要素要具有可支付性的特征，被调查者知道自己的个人偏好，有能力对环境物品或服务进行估价，并且愿意诚实地说出自己的支付意愿或受偿意愿。因此，支付意愿法的主要缺点是依赖于人们主观观点，而不是以市场行为作为依据，存在较大偏差。

（三）替代工程法（影子工程法）

替代工程法是恢复费用的一种特殊形式。它是某一环境被污染或破坏以后，人工建造一个工程来代替原来的环境功能，用建造该工程的费用来估计环境污染或破坏造成的经济损失的一种方法。以新工程的投资估算环境污染的最低经济损失。替代工程法存在的主要问题包括两点：第一，非唯一性，现实中与原环境系统具有类似功能的替代工程不是唯一的，且每一个替代工程的费用又有所差异。因此，这种方法的估价结果不唯一。第二，替代工程与原环境系统功能通常仅为近似代替，加之环境系统的很多功能在现实中无法被代替，使得替代工程法对环境价值的评估存在一定的偏差。

（四）恢复费用法

恢复费用法是指因为某项生态服务的存在而可以避免特定灾害的发生，如果没有这种生态服务，灾害将无法避免，那么人为恢复这种灾害造成的损害所需的费用就是这种生态服务的价值。该方法的优点在于简单方便、易于掌握；缺陷在于对造成损害程度的评价不易统一，人为主观影响因素较大，核算的结果容易产生较大的波动。

（五）机会成本法

机会成本法是指在无市场价格的情况下，资源使用的成本可以用所牺牲的替代用途的最大收入来估算。机会成本法具有计算简单、易于操作的优点，但是确定替代用途的收入存在一定的困难，不同层次（经济、文化等）的人们在对替代用途的需求和理解方面存在较大差异，对于影响因素的选取，以及各种处理方法需要进行综合考虑。

第三节 基于规模化实施的土地资产量核算方法研究

如前所述，土地资产核算在技术领域已有坚实的基础，特别是在土地的经济价值量核算领域，技术体系明显成熟。事实上，就具体宗地而言，传统的地价评估即为对该宗地的经济资产量核算过程。基于此，我们在本节重点关注了如何利用已有评估方法，在可控的人工、时间、财力、技术等投入条件下，形成兼顾科学性和现实可操作性的，便于在我国现行及可预期完善的基础环境下，规模化实施的土地资产量核算技术路径、方法，从而促进现实工作的推进。

需要说明的是，由于生态资产量核算领域的具体技术方法在实践层面存在诸多不确定性，核算结果的共识度、可靠度较低，本书暂不对其提出推广性意见，以下内容均侧重于土地的经济资产量核算。

一、土地资产核算方法分类及核算原则

（一）土地资产核算方法分类

土地资产核算作为一项系统工程，实施推进受多方面因素影响，不仅涉及核算范围（全国、省、市、县）及完成时限的要求，还包括项目投入、技术力量、基础资料完备程度等条件的制约。

分析土地资产核算中的两类核心要素——土地面积和土地单价，可以看出，在现行技术体系下，土地面积具有相对较高的客观可量测性，且近年来土地资源调查工程的空间与地类覆盖范围、工作持续性、数据精度等整体较好，全国统一性较高，故从实际操作的角度，我们依据不同情况下土地价格信号的特点及其精度，对土地资产核算方法进行分类，大体可分为宏观、中观及微观三种。此种分类的差异主要表现为核算中土地价格取值方法上的不同，而非在于传统意义上核算范围面积的大小而界定。当上述分类中涉及的精度随着基础资料及技术条件的完备程度而有所变化时，其相应的核算方法依赖的地价内涵也会出现变化，形成核算分类从宏观逐渐向中观、微观的转变。

本分类体系中，宏观层面的土地资产核算，主要是指以行政单元为基本核算单元的土地资产核算，对行政单元内部土地质量、价格的空间分布差异不予体现。该类方法通过测算行政单元内分用途的土地平均价格，然后与相应用地面积相乘，实现土地资产价值总量的核算。

中观层面的土地资产核算，主要是指在一个行政单元内部，细分土地均质区域，测算不同均质区域的平均价格，然后与相应面积相乘，实现土地资产核算。此类方法能够在一定程度上体现不同空间区位上土地价值的差异性，

在精度上高于宏观层面的土地资产核算，且由于核算结果中叠加了行政区划和空间区位信息，有助于对核算结果进行精细化分析和应用。

微观层面的土地资产核算，主要是指以各个宗地为核算单元进行的土地资产核算，累计各宗地的土地价值总量，形成整体的土地资产量。此类核算结果中不仅能够体现行政区划和空间区位信息，还可纳入更为具体翔实的权属信息、利用信息，可以大大拓展核算结果的应用领域。这是精度最高、最直接的一种核算方法，但基础资料条件要求较高、耗费成本较大，目前适用范围具有较高的局限性。随着相关领域基础资料的不断积累完善，以及信息化工具的应用水平的普及与提高，该方法应用的可行性及效率将快速提升。

（二）土地资产核算原则

土地资产价值核算是在土地资源调查、传统宗地评估和国民经济核算基础上扩展而成的，宏观层面来讲是综合环境经济核算的一个专题，也是国家资产负债表中的重要组成，这些特点决定了土地资产价值核算必须遵循以下原则：

（1）科学性原则。需以科学的理论、方法为基础，研究确定一套理论扎实、逻辑严密的土地资产核算方法。

（2）规范性原则。土地资产核算方法的构建必须严格遵守相关规程、规定，遵循有关国际标准或行业标准。

（3）衔接性原则。土地资产核算需与我国现有资源调查体系相衔接，从而实现对已有数据的合理有效利用。

（4）全面性原则。通过现状梳理，整合不同来源的调查数据，并针对全域覆盖的土地资产核算目标提出适用于不同产权类型、不同用地类型的土地资产调查核算监管方案。

（5）系统性原则。土地资产核算涉及小到宗地、大到国家等多个层面的计量汇总，必须有效考虑不同层级之间的内在联系，使其具备系统化汇总的可能。

（三）土地资产核算方法体系

根据前面土地资产核算的宏观、中观及微观的分类，其对应的土地资产核算方法体系整理如图1-1所示。

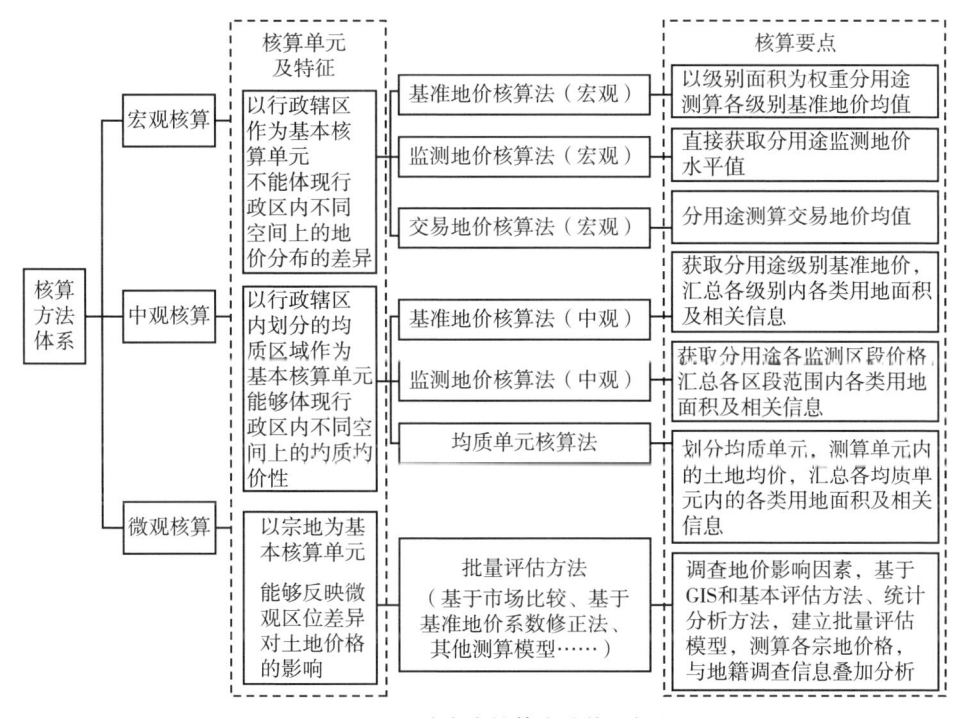

```
核算方法体系
├─ 宏观核算 ─ 核算单元及特征：以行政辖区作为基本核算单元，不能体现行政区内不同空间上的地价分布的差异
│     ├─ 基准地价核算法（宏观） — 以级别面积为权重分用途测算各级别基准地价均值
│     ├─ 监测地价核算法（宏观） — 直接获取分用途监测地价水平值
│     └─ 交易地价核算法（宏观） — 分用途测算交易地价均值
├─ 中观核算 ─ 核算单元及特征：以行政辖区内划分的均质区域作为基本核算单元，能够体现行政区内不同空间上的均质均价性
│     ├─ 基准地价核算法（中观） — 获取分用途级别基准地价，汇总各级别内各类用地面积及相关信息
│     ├─ 监测地价核算法（中观） — 获取分用途监测区段价格，汇总各区段范围内各类用地面积及相关信息
│     └─ 均质单元核算法 — 划分均质单元，测算单元内的土地均价，汇总各均质单元内的各类用地面积及相关信息
└─ 微观核算 ─ 核算单元及特征：以宗地为基本核算单元，能够反映微观区位差异对土地价格的影响
      └─ 批量评估方法（基于市场比较、基于基准地价系数修正法、其他测算模型……） — 调查地价影响因素，基于GIS和基本评估方法、统计分析方法，建立批量评估模型，测算各宗地价格，与地籍调查信息叠加分析
```

图1-1　土地资产核算方法体系框架

上述方法体系中，不同方法的差异主要体现在基本核算单元的划分和核算单元平均地价水平的确定方面，核算单元对应的土地面积一般有土地利用现状调查面积、地籍登记面积（不动产登记面积）、土地规划利用面积等，采用哪类面积可视核算的具体目的、应用需求、基础资料完备等情况确定。

下文将对上述不同的土地资产核算方法进行具体的介绍。各方法运用中，价格的取值均需根据所要核算的土地资产量的内涵进行必要的期日、年期、权利等一致性修正，修正方法详见后述。

二、宏观层面的土地资产核算方法

宏观层面的土地资产核算，主要是指将一个行政单元区域作为基本核算单元进行的土地资产总量的测算。结合前节内容可知，在现行基准地价以及交易地价成果体系中，均可通过整体测算行政单元内各类用地的均价后，与相应地类的规模面积相乘，经汇总得到土地资产总量；监测地价成果体系中，由于本身具备监测区域（城市或县）的平均价格，因此无须计算，只需直接取用其成果，再与相应土地面积相乘，即可得到土地资产总量。

（一）基于基准地价的土地资产核算方法

1. 基准地价核算法（宏观）及特点

宏观层面的基准地价核算法的基本思路为首先确定基本核算单元，宏观层面的基准地价以一个完整独立的基准地价体系为基本核算单元；在此基础上，分用途计算核算单元的土地平均单价水平；与相应用途的土地面积结合，得到核算单元内各用途土地资产量，汇总形成核算单元内土地资产总量。当市级或省级行政单元整体为同一个基准地价体系（如北京市）时，可直接计算得到市域或省域的土地资产量。具体核算公式如下：

$$A_1 = \bar{P}_1 \times S'_1 = \frac{\sum_{i=1}^{n_1} P_{1i} \times S_{1i}}{\sum_{i=1}^{n_1} S_{1i}} \times S'_1 \qquad (1-10)$$

其中：A_1 表示区县行政单元中某一用途土地资产量；$\bar{P}_1$ 表示区县行政单元中某一用途土地单价水平；S'_1 表示区县行政单元中某一用途土地面积；S_{1i} 表示区县行政单元中某一用途第 i 级土地的级别面积；P_{1i} 表示区县行政单元中某一用途第 i 级土地的级别价格；n_1 表示区县行政单元中某一用途的级别个数。

$$A_2 = \sum_{i=1}^{n_1} A_{1i} \qquad (1-11)$$

其中：A_2 表示市级行政单元中某一用途土地资产量；A_{1i} 表示市级行政单元中具有独立基准地价体系的第 i 市、区县的土地资产量；n_1 表示市级行政单元中具有独立基准地价体系的市、区县个数。

$$A = \sum_{i=1}^{n_2} A_2 \qquad (1-12)$$

其中：A 表示市级行政单元中的土地资产总量；A_2 表示市级行政单元中某一用途土地资产量；n_2 表示市级行政单元中土地用途的种类，共计 n_2 种。

特别说明的是，宏观层面的基准地价核算法以独立的基准地价体系为核算单元，而各地运行的基准地价体系，所归属的行政层级存在较大差异，例如：北京市作为省级行政单元，全域运行一个基准地价体系，因此利用该方法测算所得的资产量即为全市总量，而不再细分到各个区县；另有城市分别包括主城区及远郊区县两个独立的基准地价体系，或其下辖各县级行政单元均具有独立基准地价体系，则测算全市总量时逐级汇总累加。

2. 程序

（1）收集有关基准地价资料；并进行必要的地价内涵统一修正。

（2）确定土地核算单元（即基准地价体系的覆盖范围）。

（3）分用途计算核算单元的土地单价水平。

（4）分用途核算出的土地单价乘以相应土地面积，得到分用途土地资产量。

（5）汇总形成核算单元内土地资产总量。

3. 所需资料

运用基准地价核算法（宏观）至少需要准备如下资料：

（1）最为接近核算期日的地籍数据库。

（2）完整、规范的基准地价成果，至少包括：级别基准地价表（含各级别土地面积），基准地价内涵说明。

4. 适用条件

（1）基准地价覆盖区。

（2）基准地价成果现势性较强。

5. 方法应用分析

基准地价是政府的宏观调控和管理工具，其特点在于覆盖面广泛、价格水平更趋近于正常市场下的理性价值，因此通过基准地价核算法（宏观）核算得到的土地资产量结果比较偏于理性基础价，适用于全国尺度的土地基本资产量分析、不动产税基分析等相关管理目标。而且此方法所需基础资料及工作条件均相对较为简单，工作量不大，适宜大范围的基础性土地资产量核算。

存在主要问题：一是基本核算单元平均地价水平测算的合理性直接影响核算结果，对建设用地而言，根据其各级别基准地价的空间分布特征，建议采用以级别面积为权的加权均值更为适宜。二是部分地区的基准地价更新不够及时，现势性不强，而准确测算期日修正系数需要大量市场资料的支撑。目前基准地价整体工作处于改善阶段，随着全国基准地价备案系统的运行，基准地价的更新及获取将会更加便捷、及时，此问题也将逐步得到解决，信息化的体系建设也有利于在大尺度上快速地进行核算。

（二）基于监测地价的土地资产核算方法

1. 监测地价核算法（宏观）及特点

宏观层面的监测地价核算法以现有地价监测体系中的监测行政单元为基本核算单元。在设立了地价监测体系的地区，商服、住宅、工业三种用途的监测地价水平值即为监测地区的平均地价，是监测成果的组成部分，并且每季度持续更新并对外发布，无须再自行测算，可直接取用；监测地价与相应用途的土地面积结合，得到核算单元内各用途土地资产量，汇总形成核算单元内土地资产总量。具体核算公式如下：

$$A = \sum_{i=1}^{n} P_i \times S_i \qquad (1-13)$$

式中：A 表示市县行政单元土地资产总量；i 表示市县行政单元的土地用途种类，共 n 种；P_i 表示市县行政单元某用途土地的监测地价水平值；S_i 表示某用途的土地面积。

2. 程序

（1）收集有关地价监测成果资料，直接获取基本核算单元的监测地价水平值，并进行必要的地价内涵统一修正；

（2）确定各用途对应的土地面积；

（3）以核算单元的平均地价，结合相应用途的土地面积，形成核算单元各用途的土地资产量；

（4）汇总形成核算单元内土地资产总量。

3. 所需资料

运用监测地价核算法（宏观）至少需要准备如下资料：

（1）最为接近核算期日的地籍数据库；

（2）最为接近核算期日的监测地价成果，即分用途的监测地价水平值。

4. 适用条件

持续开展地价动态监测的地区。

5. 方法应用分析

监测地价是对城市地价状况的季度及年度性观测、描述和评价,其特点在于工作统一部署,地价体系的标准性、规范性强,价格水平更趋近于现实市场的区域均值,并且由于监测成果每季度更新,价格的时效性极高,基本无须进行期日修正,工作量相对较小,适宜作为地价监测城市土地资产核算的基本方法。

存在主要问题:目前国家级地价监测体系仅在 106 个主要城市建成,虽有省级监测的补充,但覆盖范围仍然较小,难以支撑全国尺度上的土地资产量核算。如果采用后文中所述的地价推算方法对无数据区域价格进行模型推算,则存在"以少推多"的问题,导致结果偏差较大;此外,由于监测地价的覆盖范围通常为建成区,地价水平较全域水平偏高,也会出现核算结果整体偏大的现象,目前适用范围较小。

(三) 基于交易地价的土地资产核算方法

1. 交易地价核算法(宏观)及特点

宏观层面的交易地价核算法的基本思路为首先确定基本核算单元,宏观层面的交易地价核算以一个完整独立的行政区划(通常为市县)为核算单元;在此基础上,根据交易案例分用途计算核算单元的土地单价水平;与相应用途的土地面积结合,得到核算单元内各用途土地资产量,汇总形成核算单元内土地资产总量。具体核算公式如下:

$$A = \sum_{i=1}^{n} P_i \times S_i \qquad (1-14)$$

式中:A 表示市县行政单元土地资产总量;i 表示市县行政单元的土地用途种类,共 n 种;P_i 表示市县行政单元某用途土地的交易均价;S_i 表示某用途的土地面积。

2. 程序

(1) 收集有关交易地价资料,并进行地价内涵统一修正。

(2) 计算各类用地交易均价,建议收集近三年交易数据进行参考修正,此外应判断、剔除异常交易,以确保价格的客观性。

(3) 确定各类用途的土地面积。

(4) 计算某类用途土地资产量。
(5) 汇总形成核算单元内土地资产总量。

3. 所需资料

开展交易地价核算法（宏观）至少需要准备如下资料：

(1) 最为接近核算期日的地籍数据库。
(2) 适宜时间段内的交易地价案例数据。

4. 适用条件

市场交易相对活跃的地区和地类，交易案例相对较多，且分布较为均衡。如果单一年度内不具备上述条件，可通过近三年的交易数据进行适当的补充，使得交易样本量充足且相对均衡。

5. 方法应用分析

交易地价是经市场交易双方共同认可，完成交易行为时实际发生的价格，其特点在于价格直接来源于市场，覆盖范围相对较大，土地平均价格相对容易获取，工作量不大，适宜作为土地市场交易相对活跃地区的土地资产核算的基本方法。

存在主要问题：交易地价存在案例分布的空间和时间不均衡性，加之交易地价的个案特征明显，虽然贴近市场，却不一定正确反映市场的整体特征，需要注意内涵的修正。通过增加案例数量（例如，取连续多年的案例）的方法可在一定程度减弱上述问题带来的影响。

三、中观层面的土地资产核算方法

中观层面的土地资产核算方法，关键在于按照均质均价性将一个行政区域划分为多个基本核算单元，并测算核算单元内各用途地价的平均水平，然后与相应用途的土地面积结合得到该核算单元的土地资产量，汇总形成行政区域的资产总量。基准地价中的级别、监测地价中的区段都可视为中观核算中的基本核算单元，同时，亦可根据定级估价中的均质区域概念和多因素评价方法划定均质区域，作为基本核算单元。具体适用方法包括：基准地价核算法、监测地价核算法和均质单元核算法。

(一)基准地价核算法(中观)

1. 基本公式

中观层面的基准地价核算法以一个基准地价体系中的土地级别为基本核算单元;基准地价中的各用途级别地价即为核算单元的土地单价水平,无须另行计算;与相应用途的土地面积结合,得到核算单元内各用途土地资产量,汇总形成核算单元内土地资产总量。具体核算公式如下:

$$A = \sum_{i=1}^{n,m}\sum_{j=1} P_{ij} \times S_{ij} \quad (1-15)$$

式中:A 表示市县行政单元土地资产总量;i 表示市县行政单元的土地用途,共 n 种用途;j 表示市县行政单元某用途土地的基准地价级别数量,共 m 个土地级别;P_{ij} 表示市县行政单元某用途某个级别的级别地价;S_{ij} 表示市县行政单元中与 P_{ij} 对应的土地面积。

2. 程序

(1)收集有关基准地价资料、确认基准地价级别划分的适宜性;进行必要的地价内涵统一修正。

(2)确定各类用途各个级别下的实际土地面积。

(3)通过不同用途的级别基准地价乘以对应的该用途在该级别内分布的实际土地面积求取土地资产量。

(4)汇总形成核算单元内土地资产总量。

3. 所需资料

运用基准地价核算法(中观)至少需要准备如下资料:

(1)最为接近核算期日的地籍数据库。

(2)完整、规范的基准地价体系成果,至少包括:级别基准地价表及各级别土地面积,基准地价空间分布矢量数据。

4. 适用条件

(1)基准地价覆盖区。

(2)基准地价成果现势性较强、基础资料完备程度且具有空间矢量数据库。

5. 方法应用分析

除与前文所述宏观层面的基准地价核算法具有相同的特点及问题外,该方法核算土地资产量过程对于基准地价成果信息化的程度要求更高，至少能够快速识别出不同级别界线内，宗地分布的情况，在此条件具备时，工作可借助计算机完成，工作量相对较小，且更能体现核算单元的区域特点，精度更高，适宜作为基础性土地资产核算的基本方法。

（二）监测地价核算法（中观）

1. 基本公式

中观层面的监测地价核算法以监测区段为基本核算单元。现行监测地价体系中的区段价格即为核算单元的土地单价，无须另行计算；与区段内相应用途的土地面积结合，得到核算单元内各用途土地资产量，汇总形成核算单元内土地资产总量。具体核算公式如下：

$$A = \sum_{i=1}^{n,m}_{j=1} P_{ij} \times S_{ij} \qquad (1-16)$$

式中：A 表示市县行政单元土地资产总量；i 表示市县行政单元土地用途，共 n 种用途；j 表示市县行政单元某用途土地的某个监测区段，共计 j 个监测区段；P_{ij} 表示市县行政单元某用途某个监测区段的区段价格；S_{ij} 表示市县行政单元中与 P_{ij} 对应的土地面积。

2. 程序

（1）收集有关监测地价资料，确定地价监测区段划分的适宜性；并进行必要的地价内涵统一修正。

（2）确定各类用途在各地价区段内相应用途的土地面积。

（3）以核算单元（最为接近核算期日）的平均地价（区段价格），结合相应用途的土地面积，形成核算单元各用途的土地资产量。

（4）汇总形成核算单元内土地资产总量。

3. 所需资料

运用监测地价核算法（中观）至少需要准备如下资料：

（1）最为接近核算期日的地籍数据库。

（2）最为接近核算期日的监测地价成果，主要是监测区段价格以及监测范围及区段分布矢量数据。

4. 适用条件

持续开展地价动态监测的地区，且监测体系具有完备的信息化成果。

5. 方法应用分析

除与前文所述宏观层面的监测地价核算法具有相同的特点及问题外，该核算方法的运用对于监测地价成果信息化的程度要求更高，应能够快速识别不同区段内分布的宗地信息，在此条件具备下，借助计算机完成快速测算，且结果更能体现核算单元的区域特点，精度较高，适宜作为基础性土地资产核算的基本方法。

（三）均质单元核算法

1. 基本公式

中观层面的均质单元核算法的基本思路为首先划分均质单元，将其作为基本核算单元。均质单元可根据定级估价理论中的均质区域概念，通过多因素评价法（方法原理及运用要点详见《城镇土地分等定级规程》《农用地定级规程》）划定。将具有均质均价性的区域划定为基本核算单元后，测算单元内的土地单价均值；与单元内相应用途的土地面积结合，得到核算单元内各用途土地资产量，汇总形成核算单元内土地资产总量。需要说明的是：均质单元中的土地用途可以是一种或多种，平均价格的测算既根据交易价格统计分析形成，也可通过评估确定。具体核算公式如下：

$$A = \sum_{\substack{i=1 \\ j=1}}^{n,m} P_{ij} \times S_{ij} \quad (1-17)$$

式中：A 表示市县行政单元土地资产总量；i 表示市县行政单元土地用途，共 n 种用途；j 表示市县行政单元某用途土地的某个土地资产核算单元，共有 j 个土地资产核算单元；P_{ij} 表示第 j 个土地资产核算单元内第 i 种用途土地的价格；S_{ij} 表示 P_{ij} 对应的土地面积。

2. 程序

（1）收集地价影响因素的资料，参照多因素评价法划分均质单元作为基本核算单元。

（2）确定各类用途在各核算单元内相应用途的土地面积。

（3）选择适用方法确定核算单元的平均地价，结合相应用途的土地面积，形成核算单元各用途的土地资产量；其中核算单元均价的确定可根据情况通过交易地价平均值、宗地地价评估值，以及统计分析方法等综合确定。

(4)汇总形成核算单元内土地资产总量。

3. 所需资料

运用均值单元核算法至少需要准备如下资料：

(1)最为接近核算期日的地籍数据库。

(2)最为接近核算期日的地价交易或评估案例、各地价影响因素（以区域因素、个别因素为主）的相关指标资料及反映上述资料空间分布的矢量数据。

4. 适用条件

(1)市场交易相对活跃的地区和地类。

(2)各类土地价格及其影响因素等基础资料完备程度较高，且信息化水平较高，建有基于 GIS 的应用软件工具。

5. 方法应用分析

均质单元核算法的运用要点在于根据定级估价理论划分均质单元，当均质单元划分适当时，既能保证内部具有较好的均质均价性，又能适度控制工程量，平衡精度与效率。该法适宜用于土地市场交易相对活跃地区。与前两种方法的主要区别在于，该法运用过程中，均质单元和单元均价通常没有可直接取用的已有成果，需另行测算确定，故灵活性、针对性也较强。存在的主要问题：由于基本核算单元需要另行划定，因此对所必备的基础资料的完备程度及信息化程度要求较高，核算单元的划分及单元均价的测算工作量较大，操作者需要深入掌握土地评估的理论方法与实践经验。上述条件具备的情况下，可以选取均值单元核算法。

四、微观层面的土地资产核算方法

微观层面的土地资产核算方法亦可称为单宗地核算汇总法，主要是将一个行政区域内的各个宗地作为土地资产核算单元，通过精确评估核算各宗地的资产量，汇总形成行政区域的土地资产总量。单宗地核算汇总法的特点是工作量较大，需借助计算机辅助技术，通过批量处理测算每一宗土地的价格。理论上，市场比较法、收益还原法、成本逼近法、剩余法、公示地价修正法等基本估价方法均可用于单宗地核算，具体方法的选用需考虑当地土地市场特征和基础资料的可支撑程度。在本项目部署的试点实践中，西安市以替代原则为基础，采用市场比较法和基准地价系数修正法与 GIS 技术相结合，通过批量评估路径，进行了实证测算，在此，将其归纳为市场比较核算法和基准地价系数修正核算法。此外，多元线性回归模型也可用来批量测算各个核算单元的地价，将归类为微观核算中的统计分析法。

（一）市场比较核算法

1. 基本公式

市场比较核算法将各宗地作为基本核算单元，通过市场比较法，选取并参照可比案例的价格，评估各宗地单价，与宗地面积结合得到基本核算单元（即宗地）的土地资产量，汇总形成行政区域内的土地资产总量。此种方法对基础数据要求较高，具体实践中，可比案例的选择及因素修正过程需运用 ArcGIS 的空间分析功能和 Excel 的批量处理功能，是一项较为繁杂的工程，工作量较大。其中，宗地价格的评估方法参见《城镇土地分等定级规程》和《城镇土地估价规程》，具体公式如下：

$$A = \sum_{i=1}^{n} P_i \times S_i \quad (1-18)$$

式中：A 表示市县行政单元土地资产总量；i 表示第 i 宗土地，宗地数为 n；P_i 表示第 i 宗土地的价格；S_i 表示第 i 宗土地的面积。

$$P_i = P \times \frac{A}{A_i} \times \frac{B}{B_i} \quad (1-19)$$

式中：P_i 表示待估宗地价格；P 表示比较实例法定最高出让年期、核算期日的价格；A 表示待核算宗地的区域因素分值；A_i 表示比较实例的区域因素分值；B 表示待核算宗地的个别因素分值；B_i 表示比较实例的个别因素分值。

2. 程序

（1）收集有关交易地价资料以及相关地价影响因素资料。

（2）选择可比案例，运用市场比较法评估确定核算单元（即各个宗地）价格，结合核算单元的土地面积，形成核算单元的土地资产量。

（3）汇总形成市县行政单元内土地资产总量。

如何对大量的核算单元（宗地）价格进行快速准确的确定，是此核算方法中的难点。在西安市的试点中，借助 GIS 系统对此方法进行了尝试，其技术路线详如图 1-2 所示。

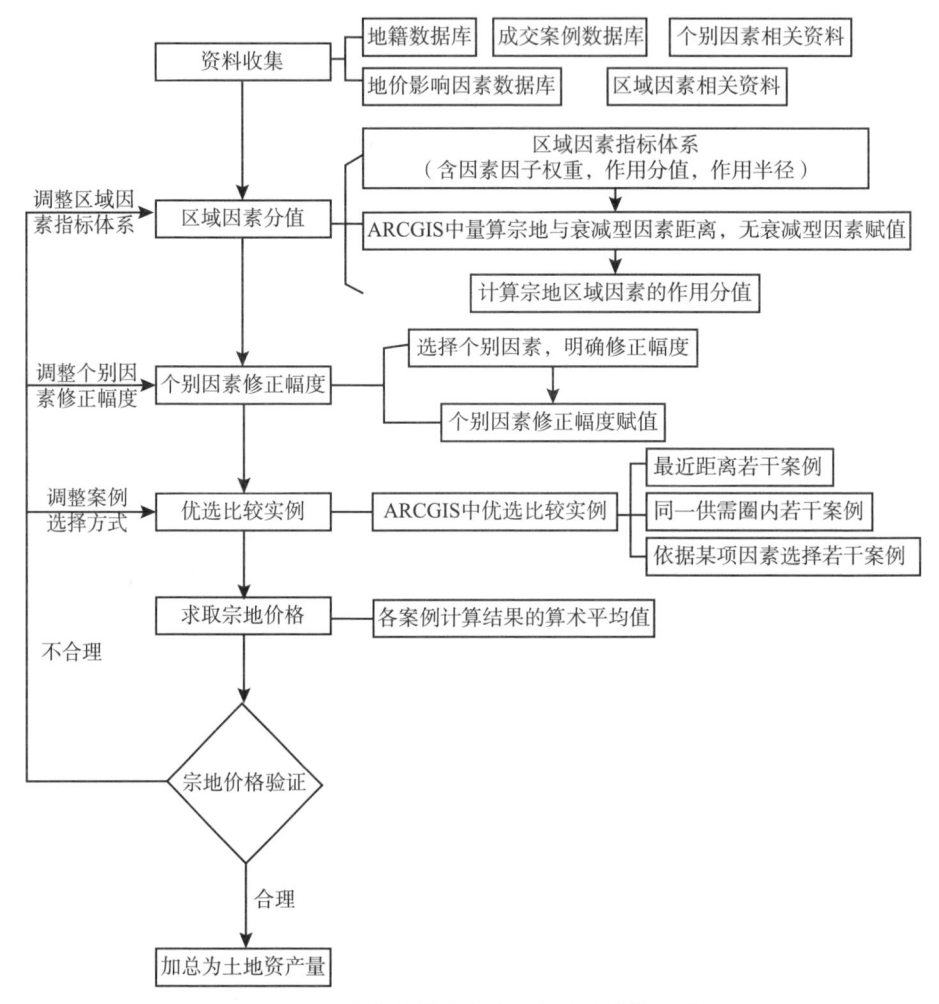

图 1-2 西安市核算试点中市场比较法技术路线

3. 所需资料

运用市场比较核算法至少需要准备如下资料：
(1) 最为接近核算期日的地籍数据库。
(2) 适宜时间段内的交易案例数据库、地价影响因素（以区域因素、个别因素为主）相关指标资料以及其空间分布的矢量数据。

4. 适用条件

（1）市场交易活跃，案例极为丰富的地区。

（2）各宗地的基础特征信息完备。

（3）各类土地价格及其影响因素等基础资料完备，且信息化水平高，建有基于 GIS 的应用软件工具。

（4）操作者在地价评估领域具有丰富的理论与实践经验。

5. 方法应用分析

市场比较核算法用于土地资产核算，总体上基于传统宗地评估思路进行，借助计算机辅助完成可比案例的选择，以及宗地区域因素和个别因素修正的批量处理，能够在一定程度上简化大量宗地逐宗评估所需的工作量。该方法能够反映出核算单元（宗地）的个别特征，核算成果最为精确，同时基于宗地单元累计形成的核算成果便于按不同分类口径进行汇总和分析，大大拓展了成果应用空间。

（二）基准地价系数修正核算法

1. 基本公式

作为微观层面的核算方法，基准地价系数修正核算法同样将具体宗地作为土地资产的基本核算单元。与前一方法的主要区别在于，用于批量评估各宗地价格的技术路径不同，前者通过市场比较法实现，后者通过基准地价系数修正法完成。与前一种方法类似，此种方法运用中也需借助 ArcGIS 的空间分析功能和 Excel 的批量处理功能，同时，还需具备覆盖测算区域的翔实的基准地价成果，包括级别地价的空间分布及全套修正体系。具体公式如下：

$$A = \sum_{i=1}^{n} P_i \times S_i \qquad (1-20)$$

式中：A 表示市县行政单元土地资产总量；i 表示第 i 宗土地，宗地数为 n；P_i 表示第 i 宗土地的价格；S_i 表示第 i 宗土地的面积。

基于基准地价更新成果，利用基准地价系数修正法评估宗地价格的过程参见《城镇土地估价规程》。

2. 程序

（1）收集有关基准地价成果资料，并将基准地价图矢量化。

(2) 依据基准地价修正体系,评估确定核算单元价格。

(3) 以核算单元的价格结合核算单元的土地面积,形成核算单元的土地资产量。

(4) 汇总形成市县行政单元内土地资产总量。

3. 所需资料

运用基准地价系数修正核算法至少需要准备如下资料:

(1) 最为接近核算期日的地籍数据库。

(2) 最为接近核算期日的基准地价成果图、级别基准地价表、完备的基准地价修正体系等。

(3) 与基准地价修正体系相关的各因素空间分布矢量数据。

4. 适用条件

基准地价及其修正体系成果完备、规范及现势性高,各类地价影响因素资料充足,各宗地的基础特征信息完备,信息化水平高的地区。

5. 方法应用分析

基准地价系统修正核算法应用特征与市场比较核算法类同,且由于以基准地价体系为基础,其评估得到的宗地价格在市场定位上兼具前文描述的基准地价的内在特征,是一种精度高、成果应用灵活且价值量内涵较为稳定、保守的核算方法。

(三) 多元线性回归模拟核算法

1. 基本公式

多元线性回归模拟核算法的基本思路为以宗地作为基本核算单元,通过统计分析方法,利用样本单元的数据建立主要地价影响因素及地价水平间的多元回归模型,进而评估各基本核算单元(即宗地)的地价,再与宗地面积结合得到核算单元的土地资产量,汇总形成行政区域的土地资产总量。具体公式如下:

$$A = \sum_{i=1}^{n} P_i \times S_i \quad (1-21)$$

式中:A 表示市县行政单元土地资产总量;i 表示第 i 宗土地,宗地数为 n;P_i 表示第 i 宗土地的价格;S_i 表示第 i 宗土地的面积。

其中,核算单元(宗地)地价确定的统计模型,以多元线性回归为例:

$$y = \beta_0 + \beta_1 x_1 + \beta_2 x_2 + \cdots + \beta_0 x_k + \varepsilon \qquad (1-22)$$

式中:β_0,β_1,$\cdots$,β_k 表示 $k+1$ 个未知参数;β_1,$\cdots$,β_k 表示回归系数;β_0 表示回归常数;y 表示被解释变量(因变量);x_1,x_2,$\cdots$,x_k 表示 k 个可以控制的一般变量,称为解释变量(自变量);ε 表示随机误差。

建模过程中需要测定方程的拟合程度、检验回归方程和回归系数的显著性等,具体参见有关统计学教程。

2. 程序

(1)收集有关交易地价(或其他评估价格)资料以及相关地价影响因素(区域因素、个别因素等)资料并将其矢量化。

(2)利用样本数据建立回归模型。

(3)利用通过检验的回归模型测算各基本核算单元的价格及其土地资产量。

(4)汇总形成市县行政单元内土地资产总量。

3. 所需资料

运用多元线性回归模拟核算法至少需要准备如下资料:

(1)最为接近核算期日的地籍数据库。

(2)适宜时间段内的交易案例(或评估案例)数据库、地价影响因素(如区域因素、个别因素等)相关指标资料及其空间分布的矢量数据。

4. 适用条件

市场发育良好、交易活跃,且运行规范,较少异常因素干预;各地价影响因素的基础资料完备程度高;各宗地的基础特征信息完备;信息化水平高的地区。

5. 方法应用分析

与其他微观核算方法相比,多元回归模拟核算法更突出了统计层面的数理分析手段,体现了多学科知识的综合。能否科学建模是该方法运用的核心。本次试点城市的实验中发现,利用工具软件建立模型时,强调注重数据之间的关系,追求最佳的拟合程度,但可能忽略某些因素实际对价格的影响,出现与实际规律不相符的逻辑关系。从理论上看,数学模型经过参数调整、模型优化,最终应可以得到较为理想的结果。就目前市场发育状况及各地的技术支撑情况而言，本书认为该法的实际应用难度极高，尚不宜作为独立的核算方法，但可作为验证方法使用。

五、核算方法的比较与评价

前文所述的宏观、中观、微观等多种核算方法，仅在相同层级上（核算单元）具有一定的可比性，其核算精度亦大致相同，随着核算单元的细化精度不断提高，其要求具备的条件也更加完备。在实际土地资产核算工作中，需要综合考虑工作实施的周期、资金、技术及基础资料完备性等条件，并参照核算工作的主要目的，选取不同层面的一种或几种方法进行。为了更好地对比各种核算方法的特点，将上述宏观、中观、微观等不同核算方法的优缺点及其适用性列表进行分析，详见表1-3。

就各类方法的精度与可操作性而言：宏观核算方法精度较低，但对基础资料的完备性要求也最低，在不具备完整的空间数据条件下，仅以行政单元代码即可实现核算单元上土地面积调查成果与地价体系成果的对接，进而实现资产量核算。中观核算方法精度有所提升，但需辅以相对完整、精度较高的土地面积及地价分布的空间数据库，以实现核算单元上土地量、价的空间对应。微观核算方法以宗地为基本单元，理论上，可通过评估方法和统计模型，完成全域覆盖的宗地价格批量评估，但所需的地价影响因素调查工程量巨大，加之各地基础技术条件差异悬殊，现阶段，尚不具备在全国层面的可操作性。

关于不同尺度上各具体核算方法在实操过程中反映出的特点与细节差异，将在后文中结合各地的试点实践进一步阐述。

总之，方法与路径选择的合理性决定了规模化实施的可行性。结合前期试点经验，我们认为，在全国土地资产量核算启动阶段，以中观核算方法为基础可以较好地协调精度与效率，同时也便于充分利用现有的土地资源量、价调查监测体系。在具体实施中，可采用"统分结合"的工作模式，即全国整体部署、统一技术方案，以区县级行政单元为实施主体，省市级统筹平衡，逐级上报汇总。

表1-3 各类方法特点及适用性分析

分类	核算方法	类别特征	所需基本资料	方法特点	适用范围
宏观	基准地价核算法（宏观）	以行政辖区作为基本核算单元，不能体现行政区内不同空间上的地价分布的差异	级别基准地价表（含各级别土地面积）	基准地价覆盖范围广，价格易取得，价格反映区域平均水平且内涵清晰，数据整理工作量最小；基准地价相对稳定、平稳，所得资产量相对稳定保守；基准地价的更新不够及时，现势性不强，即日修正难以准确到位	核算结果为理想性基础价，适用于全国尺度的土地基本资产核定与分析，不动产税基分析等
	监测地价核算法（宏观）		监测地价水平值	价格易取得，成果现势性强、地价体系标准化、规范性强，反映区域平均水平，内涵相对统一；数据整理工作量小，价格水平更接近市场状况，所得资产量基本覆盖市场均衡状况下的数值；目前监测地价体系覆盖的地区难以运用，无监测体系覆盖区域难以运用	适用于开展了地价监测工作的区域
	交易地价核算法（宏观）		交易地价成果	交易样点分布范围广、类型多样、价格易于获取，反映实际发生的真实价格；交易样点空间利用角度分布的均衡性普遍不够理想，区域代表性受限；价格内涵差异较大，统一内涵特征困难，价格水平的个案特征明显，所得资产量的市场动态波动性最高	适宜在市场交易相对规范、活跃且分布均衡的地区使用，在市场波动较大或受非正常因素对市场的影响高情况下慎用

59

续表

分类	核算方法	类别特征	所需基本资料	方法特点	适用范围
中观	基准地价核算法（中观）	在行政辖区内划分均质区域作为基本核算单元，能够体现行政区内不同空间上的均质性	级别基准地价表（含各级别土地面积），基准地价修正体系，基准地价矢量图	除与宏观方法的共同特点外，该方法能够体现在土地级别的层次上分布的空间差异，精度有所提升，工作量有所增加 因需要将土地定级并进行范围与空间运算，调查资料叠加相关空间信息化，该方法对资料的信息化、精细化要求较高	与宏观类相对精确的方法相较，该方法能够形成核算成果，并有利于对成果数据进行空间分析，适宜于在核算层次上开展的土地资产核算中推广
	监测地价核算法（中观）		监测区段价格	除与宏观方法的共同特点外，该方法能够体现在地价区段的空间分布的空间差异，精度有所提升，工作量有所增加 因需要将地价区段叠加相关空间信息化，调查资料叠加相关空间信息化，该方法对资料的信息化、精细化要求较高	与宏观类相对精确的方法相较，该方法能够形成核算成果，并有利于对成果数据进行监测工作的推广，适宜于在开展了地价监测工作的地市层次的土地资产核算中推广
	均质单元核算法（中观）		交易（或评估）的样点地价成果，含地价影响因素（一般、个别）相关指标资料的矢量数据库	除与宏观方法的共同特点外，该方法需要先行划分均质样本单元，并根据地价影响因素进行价格修正，进而使结果能够体现地价分布的空间差异，精度有所提升，但工作量明显增加 此外，该方法运用过程中通常涉及地价评估技术和信息化技术的直接应用，故对方法使用人员要求较高	除与上述宏观类方法相同的适用范围外，该方法能够形成相对精确的核算成果，但限于条件要求较大，目前推广难度较大

第一章 土地资产核算基础技术研究

续表

分类	核算方法	类别特征	所需基本资料	方法特点	适用范围
微观	市场比较核算法	以宗地为基本核算单元，能够反映微观区位差异对土地价格的影响	交易地价数据库、地价影响因素（一般、个别）相关区域矢量指标数据库等	成果精度高，成果口径可灵活多样，便于应用分析；对基础资料完备程度及信息化程度要求较高，需开发相应的批量处理和运算、目涉及宗地评估技术的使用，对方法的要求量较高，人员的要求量较大	核算成果最为精确，利于后期成果应用，推广难度极大
	基准地价系数修正核算法		完整的基准地价成果（含地价表、级别基准地价、级别等）、与基准地价修正体系相关的影响因素矢量数据库	成果精度高，成果口径可灵活多样，便于应用分析；成果保留了基准地价的内涵相对统一、价值平稳等基本特征；对基础资料完备程度及信息化程度要求较高，需开发相应的批量处理和运算，目涉及宗地评估技术的使用，对方法的要求量较高，人员的要求量较大	核算成果较为精确，利于后期成果应用，推广难度较大
	多元线性回归模拟核算法		交易（或评估）地价数据库、地价影响因素（一般、个别）相关的矢量指标数据库	成果精度看高，成果口径可灵活多样，便于应用分析；对基础资料完备程度及信息化程度要求较高，需要分区域建立的数理分析模，工作量大目对提高成果精度、需要分区域建立的数理分析模，工作量大目对操作人员的能力要求高；建模过程中容易忽略某些因素实际对价格的影响，实际应用难度极高	鉴于地价形成和分布的复杂性，该方法目前尚为理论探索，实际推广应用难度极高

注：所需基本资料中所有的核算方法均需要具为接近核算期日的地籍数据库，此项不在表中重复罗列。

六、关键技术环节的处理方案

(一) 资产量内涵的确定

开展土地资产核算工程首先需明确界定核算的土地资产量内涵,一般应包括核算范围、土地资产量对应的期日、土地的面积种类、土地的价格内涵等要素。其中:

核算范围指纳入本次核算的土地的空间和地类范围,例如,是否全域覆盖、是否包括农村集体土地、是否包括农用土地等。

土地资产量期日取决于核算资料对应的时点,一般而言,由于不同时点的价格具有可修正性,而不同时点的土地面积则相对刚性,故宜取接近土地面积资料对应的时点为宜。

土地面积的种类可分为现状用途下的土地面积和规划用途下的土地面积,可根据核算目的选择确定。

土地价格内涵相对复杂,至少应明确价格所对应的权利内涵、年期内涵、价格特征等,具体处理原则和思路如下:

1. 关于权利与年期内涵

通常,基准地价、监测地价和一级市场上的交易地价所对应的多为法定(或当地政策规定)最高年期的出让土地使用权价格。随着有偿使用制度的不断深化,越来越多的划拨土地将逐步纳入有偿使用范畴。因此,在没有特殊目的和精度要求下,可将城镇国有土地的权利内涵统一界定为法定(或当地政策规定)最高年期的出让土地使用权;随着农村集体土地制度改革的推进,在城乡统一的市场下,集体土地的权利内涵亦可参照国有土地设定。当然,若根据核算成果的精度要求或其应用目的要求,在具体详细掌握各宗土地的权属信息的基础上,也可针对各宗地具体的权利状况和剩余使用年期开展基于宗地的高精度的核算工作。

2. 关于土地利用条件

容积率、开发程度等是对地价影响较为显著的土地利用条件。在宏观、中观层次的核算中,考虑到基准地价、监测地价的容积率、开发程度等条件的设定均体现了所代表区域的一般现状水平，而交易地价通过加权平均，具体宗地的个案性也在一定程度上得到了弱化，故可认为使用上述三类价格时，容积率、开发程度等土地利用条件的差异均体现在区域平均价格水平中，无须进行统一修正。

3. 关于价格特征

根据我国地价管理体系现状，核算中常用的地价种类包括基准地价、监测地价和交易地价，依据其定义及土地市场状况，上述几种价格的异同主要体现在以下方面：

（1）价格性质。基准地价和监测地价均为按照相关技术标准测算的评估价格；交易地价则为实际成交的价格。

（2）表征的空间范围。基准地价和监测地价属于区域平均价格；交易地价则属于宗地个别价格。

（3）价格内涵。同一用地类型的基准地价和监测地价的设定内涵条件（容积率、开发程度等）均体现所在区域平均水平或代表性水平，非某宗地的个别条件；交易价格则仅针对所交易的特定宗地，个体间差异明显。

（4）价格水平与市场特征。由于基准地价、监测地价均为一定区域上的、中观尺度的价格，而交易地价是具体宗地微观尺度的价格，且三者的设定开发利用条件不一定相同，因此，即使在同一时点上，三者的价格也往往存在明显差距。就价格的性质而言，基准地价是政府管理和引导土地市场的政策工具，是市场地价运行的基准线，具有控制地价、引导市场、优化土地资源配置、促进土地市场健康发展的作用，其价格取向倾向于价值主导原则，当市场波动较大时（如泡沫时期），基准地价与市场上最可实现的价格差距较大；监测地价是用于反映市场变化的工具，因此，与区域土地市场上相应设定条件下，最可实现的价格更为接近；交易地价属个别价格形态，最为敏感性、迅捷地体现微观市场变化，其高低直接取决于交易双方的偏好和市场谈判能力，不排除来自某一方的特殊因素对成交价格的影响，但对交易价格进行适当的加权平均处理后，其区域代表性得以提升。

鉴于上述常用价格在数值及市场特征上均有所不同，在土地资产核算时对价格要素的选择不仅要考虑资料是否完备及技术支持能力，还要考虑核算成果的应用领域和应用目标，例如，当拟核算一段时期内较为稳定的土地资产量时，宜选用基准地价。

(二) 非经营性用地价格的确定

对于一些较少进入市场交易的非经营性用地（例如，公共管理与公共服务用地、特殊用地、交通运输用地、水工建筑用地等），其价格信号相对微弱，基准地价、监测地价等现行地价体系中通常缺少对此类用地进行价格标识，在核算中，该类用地价格的确定可在分析其区位特征和影响因素的基础上，选择适当类别的经营性用地价格进行参照、修正。在前期已有研究的基础上，本书对全国典型地区价格体系进行实证分析，初步提出部分非经营性用地核算价格的具体参照体系如表 1-4 所示。

表 1-4　　　　　　　　非经营性用地核算价格参照

土地类型			参照标准
建设用地	城镇村及工矿用地	村庄	商服用地、住宅用地和工业用地价格的平均水平
	公共管理与公共服务用地	机关团体用地	
		新闻出版用地	
		科教用地	
		医卫慈善用地	
		文体娱乐用地	
		公共设施用地	
		公园与绿地用地	城镇国有：商服用地、住宅用地和工业用地价格的平均水平
		风景名胜设施用地	集体所有：工业用地价格
	特殊用地	—	
	交通运输用地	铁路用地	工业用地价格
		公路用地	
		街巷用地	
		机场用地	
		港口码头用地	
		管道运输用地	
	水域及水利设施用地	水库水面	
		水工建筑用地	

续表

土地类型			参照标准
农用地	交通运输用地	农村道路	耕地、园地、林地、草地、设施农用地价格的平均水平
	水域及水利设施用地	坑塘水面	
		沟渠	
	其他土地	田坎	

(三) 农村集体土地核算方法的选择

集体土地市场发育极度滞后于国有土地，在整体缺乏价格信号的背景下，规模化的集体土地资产核算面临明显困难。在农用地领域，存在理论上的地价体系，并有相关技术标准予以规范，但在现实中尚缺乏实践的广泛性，这一问题在国有农用地和集体农用地领域同样存在。在建设用地领域，集体土地价格体系建设的弱势来源于制度保障和技术规范的双重缺失。由于农用地价格体系的问题主要在于工作推进而非技术方法，在此我们仅就集体建设用地的核算技术方法提出应用思路。

首先，集体建设用地市场处于起步阶段，规范的地价体系建设必将以基准地价为突破。现行33个农村土地制度改革试点地区中，多数已制订发布了集体建设用地基准地价。此类地区的资产核算应以宏观、中观层面的基准地价法为主导。

其次，对于多数未设立集体建设用地基准地价的地区，可参照同区域内城镇国有建设用地末级基准地价的修正价格进行核算。根据2016年《农村集体经营性建设用地土地增值收益调节金征收使用管理暂行办法》第二章第十条，农村集体土地基准地价体系建立之前，可参照国有土地基准地价体系执行。同时，鉴于农村集体建设用地所处区位相比城镇国有土地一般较差，并且集体建设用地与城镇国有土地虽然具有同等的使用价值，但权利保障、市场完善度等方面仍存在一定差异，难以达到"同地同价"，故可考虑对集体建设用地所在地区的县城镇末级国有基准地价进行相应修正，推算集体建设用地价格水平。

在参照其他标准推算集体建设用地市场价格时，还应关注其与所在区域的征地补偿标准、工业用地出让最低价标准间的内在联系。此外，应注意用好实际发生的集体建设用地交易案例，特别是在非试点地区，对"隐形市场"条件下形成的交易价格，需根据情况，将其修正为正常、客观的价格水平。

（四）部分缺失数据的推算方法

在大规模核算工程推进中，首先需要解决面广量大、情况复杂、基础工作参差不齐等原因造成的要素数据缺失问题。就目前情况而言，随着多轮土地资源调查工程（含年度变更调查）以及地籍调查、不动产统一登记的深入开展，城乡土地面积要素数据相对丰富、规范和细化，而地价要素数据的缺失相对明显。例如，城乡地价体系完善程度差异较大，即使在城镇范围内，监测地价体系也仅覆盖了较少地区，加之土地交易的区域性市场特征，交易案例的分布极不均衡等，这些不仅造成价格信号覆盖范围的不完整，也使得核算中一些必需的重要参数（如用以进行价格期日修正的系数）缺失，从而需要采用特定方法对缺失数据进行补充完善。在本书的相关研究中，我们以样本区实验数据为基础，探索了城市地价数据推算模型，简要介绍如下：[①]

1. 基于影响因素的数据推算模型

基本思路为：在构建地价影响因素指标体系的基础上，将已有数据划分为训练样本和验证样本，选取人工神经网络和支持向量机等多种方法分别进行拟合，推算数据不完整区域的地价水平。

阅读资料

BP 神经网络、支持向量机方法简介

一、BP 神经网络

基于 BP 算法的多层前馈型网络由输入层、一个或多个隐含层以及输出层构成。在网络训练阶段用准备好的样本数据依次通过输入层、隐含层

[①] 同时，在部分省区的省域土地资产量核算试点中，也根据实际情况试行了相关推算方法（详见本书第三章）。

和输出层，比较输出结果和期望值，若没有达到要求的误差程度或者训练次数，即通过输出层、隐含层和输入层，来调节权值，以便使网络成为一定适应能力的模型。

二、支持向量机

支持向量机（SVM）是建立在统计学习理论基础上的一种数据挖掘方法，能成功处理回归问题（时间序列分析）和模块识别（分类问题、判别分析）等诸多问题，并可推广于预测和综合评价等领域和学科。

由于统计学习理论和支持向量机建立了一套较好的有限样本下机器学习的理论框架和通用方法，既有严格的理论基础，又能较好地解决小样本、非线性、高维数和局部极小点等实际问题，SVM方法具有以下几个主要优点：

（1）SVM是专门针对有限样本情况的，其目标是得到现有信息下的最优解而不仅仅是样本数目趋于大时的最优解。

（2）训练算法最终转化为一个二次寻优问题，从理论上说，得到的将是全局最优解，解决了在神经网络方法中无法避免的局部极值问题。

（3）算法将实际问题通过非线性变换转换到高维的特征空间中，在高维特征空间中构造线性判别函数来实现原空间中的非线性判别函数，特殊性质能保证机器较好的泛化能力，同时它还巧妙地解决了维数问题，其算法的复杂度与样本数无关。

其中，土地价格影响因素指标体系主要包括一般因素和区域因素，分用途具体影响因素参见《城镇土地估价规程》（GB/T 18508-2014）。

在实际模型预测过程中，针对地价和影响因素数据采用相应的处理方法：一是对全部原始数据进行训练、测试、模拟；二是对数据进行相关处理，包括利用Pearson和Spearman指标选取相关性高的指标进行分析，以及利用主成分分析选取显著的主成分进行分析。

实证模拟结果显示：拟合效果均不理想，平均相对误差基本在40%~50%，其原因分析如下：第一，从计算误差的对比分析可知，上述所用两种方法对于极值的预测能力较差，其原因在于，首先，训练样本中地价极值部分的城市数量较少,故模型很难通过训练得到地价极值与地价影响因素之间很好的映射关系;其次,地价极值部分的推算规律因各城市之间社会经济条件分化而差异较大,因此,很难实现地价极值部分的精准预测。第二,在收集地价影响因素的指标数据中,虽考虑到了一般因素与区位因素,但无法从宗地层面反映个别因素对地价的影响,故使得计算得到的精度不高。第三,基于BP神经网络的预测方法通常建立在大量的数据基础之上,而训练样本和测试样本的数据仅来自105个监测城市,数据容量较小,并且大部分的数据都存在非正态分布的问题,使得测算结果精度不高。

虽然基于地价影响因素的地价推算方法在本次实证测算中适用度较低,尚难实现对"监测地价"这类大部分城市数据缺失条件下的地价精准推算,但在基础数据完善、丰富的条件下,仍具有探索尝试的空间。

2. 基于土地等别的推算方法

根据土地分等的工作原理,现行土地等别的划分在全国范围内具有序列可比性,同等别地区地价水平存在一定相关性、替代性,故可采用同等别内,有数据地区同种类型土地平均价格及地价指数进行替代。

(1) 技术路线。

①基于市级行政单元的土地等别。地价数据不完整的城市可采用其他同等别城市同种地类平均价格来代替,因此必须先确定各个城市的土地等别。由于我国现行土地等别的划分以县级行政单元为基础,即每个县级行政单元隶属于某一等别,而根据基础数据需按市级行政单元(直辖市除外)进行等别推算,故需首先确定基于市级行政单元的土地等别。根据2008年国土资源部《关于调整部分地区土地等别的通知》对于我国城市土地等别的划分,利用各区县商服、住宅、工业各类用地对应的城镇地籍调查面积作为权重,即可分别得到各城市商服、住宅、工业用地的不同土地等别。具体测算公式如下:

$$D_1 = \frac{\sum_{i=1}^{n_1} D_{1i} \times S_{1i}}{\sum_{i=1}^{n_1} S_{1i}} \tag{1-23}$$

式中:D_1 表示市级行政单元中某一用地类型土地等别;S_{1i} 表示市级行政单元中第 i 县某一用地类型土地的面积;n_1 表示市级行政单元中某一用地类型的

县级行政单元个数；D_{1i} 表示根据《关于调整部分地区土地等别的通知》（2008），第 i 县的土地等别。

②推算各等别的城市土地价格。根据上述计算所得各城市商服、住宅、工业用地的等别，利用 105 个监测城市的近期商业、住宅、工业的地价数据，将各城市同等别、同类型的土地价格取平均值作为特定等别、类型的土地价格。为了使得到的土地价格与土地等别保持正常的规律和趋势，对个别不符合逐等递减规律的等别价格数据进行调整。最后，依据同等级别城市地价相关、替代的原则，按照计算得出的样本省份的各城市商服、住宅、工业用地的各自等别，确定相应等别、类型的土地价格。

在进行数据不完整区域地价指数的推算时，基本思路同上，但当需要对各县区级行政单元的土地价格进行期日修正时，推算的地价指数须精确到城市所包含的区县。考虑到各城市中市辖区与其余区域在社会经济发展水平上存在较大的差距，且监测城市中样本点的选取多在建成区，故采用了针对性处理原则，即数据不完整城市的市辖区地价指数参照所在地级市推算出的土地等别价格指数，其余县域的地价指数参照各自土地等别相对应的土地等别价格指数。

（2）合理性分析。

由于是利用相似替代的方法弥补数据缺失的问题，则必然也存在一定的误差。主要体现在数据缺失区域的地价水平仅体现与其同等别城市的平均水平，而无法反映个体特征，因此，该方法主要适用于大区域整体情况的分析，对于精度要求较高的测算分析则会有所欠缺。

3. 基于经济水平和空间位置相近原则的推算方法

当采用基准地价、交易地价为价格要素测算土地资产量时，由于该类价格体系覆盖面较广，数据缺失比例较低，故可采用定性与定量相结合的方法，首选空间位置相邻，辅以经济指标相近的县区数据进行参照替代。

（五）期日修正方法

土地资产核算中，通常需要针对地价期日进行了统一修正。由于基准地价可能存在更新不及时、监测地价及交易地价亦存在与核算要求时点不一致的问题，均需通过建立地价指数修正模型，将不同地区、不同时点的地价数据进行统一修正，使其具备现势性及可比性。将每年度的地价指数变化均匀分摊到月度变化，从而计算修正至核算时点的期日修正系数，计算公式为：

$$某时点地价修正系数 = \left(\frac{该时点环比地价指数}{100}\right)^{\frac{距离年底剩余月份}{12}} \times \frac{该时点后各年份的环比地价指数}{100^{该时点年份(不包括该时点年份)至2013年的总年份数}} \quad (1-24)$$

第四节 土地资产核算结果应用分析方法初探

本节对土地资产核算结果的应用意义及应用领域进行阐述分析，并在此基础上，结合部分省区城镇国有建设用地资产量核算的实证数据对应用分析方法进行了初步探索。

一、应用意义及应用领域

（一）应用意义

土地资产作为国家财富的重要组成部分，其核算结果在土地资产管理、土地可持续利用、土地调控等方面的应用均具有重要意义，主要体现在以下方面：

1. 土地资产核算结果是进行土地资产管理的基础

土地作为重要的自然资源，土地资产核算是明确我国自然资源资产状况的重要依据，核算成果直接为进行土地资产管理提供了基础。一方面，土地资产核算结果能够为土地资产管理者提供相应的基础数据，从而使管理者能够准确地掌握我国土地资产总量、结构及其特点，做到心中有数，有的放矢；另一方面，通过对国有土地资产的长期核算与监测评价，能够实时了解国有土地资产的动态变化情况，对于实现土地资产保值增值、防止国家土地资产流失、土地税制的改革和完善等方面提供数据支持，从而能够更加科学、合理、有效地进行土地资产都具有重要的作用和意义。

2. 土地资产核算结果为优化土地利用结构提供重要的依据

土地价格和面积是土地资产核算的要素,而这两个要素又对土地利用产生重要影响。因此,对不同土地类型的资产核算,可以从资产价值的角度研究土地利用所存在的问题。通过价格以及面积的综合考量、双重调节,来实现土地利用的科学优化,通过核算监测不同土地类型的资产变化情况,为我国有效开展土地利用结构优化提供依据。

3. 土地资产核算结果是社会经济发展状况的反映

土地是社会经济发展的重要投入之一,而社会经济发展状况又会对土地利用和土地价格产生影响;同时,土地资产作为国家财富的重要组成部分,也是社会经济发展状况的重要体现。土地资产核算能够反映出社会经济发展所消耗的土地及土地利用变化状况,通过分析土地资产与国家财富之间的相互关系,在一定程度上能够反映出该国家或地区的社会经济可持续发展状况。由此可见,土地资产核算结果能作为反映我国社会经济发展水平的重要依据,在国家土地市场宏观调控、土地利用、保障社会经济建设等方面具有重要的作用。

(二) 应用领域

根据中共十八大以来的政策方针,结合我国国有建设用地土地资产核算成果,参考国内外的研究现状及成果,初步提出土地资产核算成果的应用领域如下:

1. 基于土地资产核算结果的土地资产管理决策

土地资产是以土地资源为基本物质形态所形成的财产,其价值是土地资产的货币化表现,由土地资产的收益能力决定。[①] 对土地资产进行管理,是发挥市场机制作用,重视政府宏观调控职能,以土地公平利用和高效利用为目标,有效地实现土地价值的必然要求。土地资产核算结果能为土地资产管理提供基础数据,也是开展土地资产保值增值、土地税制改革等土地资产管理的基础,土地资产核算结果在土地资产管理决策中具有重要的参考价值。

---

① 朱道林,赵松,等. 国有建设用地资产核算方法研究 [J]. 中国国土资源经济,2015 (9):46-50.

2. 基于土地资产核算结果的土地资源优化配置研究

土地资源配置指土地在各种可能性用途中的安排、选择和组合，它不仅要明确空间分布，还要确定其数量结构。土地资源配置涉及社会、经济、生态等诸多方面。因此，土地资源配置存在时间、空间、数量等方面的考量，归根结底在于土地资源的合理配置和有效利用。[①] 土地资产核算的重要因素是土地价格和土地面积，而这两方面均对土地资源配置产生直接影响。一方面，土地价格对土地资源配置的作用日益被人们所认识和深化[②]，土地价格能够反映出土地市场的变化，而地价机制则具有调节土地供给与需求，使得土地市场供求趋于区域均衡状态和优化配置土地资源的功能[③]；另一方面，土地面积则是土地资源配置的对象和直接结果，并在一定程度上影响区域土地市场的价格。由此可见，土地资产与土地资源配置密切相关。基于土地资产核算结果的土地资源优化配置，能够更好地从资源资产价值和资产流动等方面实现土地资源的综合效用。

3. 基于土地资产核算结果的土地市场运行状况评价

土地资产核算的两要素（土地价格和土地面积）是土地市场运行的基础，并决定着土地市场运行状况。一方面，各类土地的面积（尤其是经营性土地面积）是土地市场运行的对象，土地面积需求的变化则在一定程度上反映出土地市场供给的活跃度；而单位土地面积上的产值则是衡量土地利用效率的重要手段。另一方面，土地价格是与土地市场的供应政策、供应方式、供应量有着直接的联系，是反映土地市场状态最重要的表征性指标，土地市场运行状态会通过地价的高低和土地成交状况展示出来。将土地资产核算结果应用到土地市场运行评价之中，既能够反映出土地活跃度的变化、反映土地利用效率，而且还能够进行土地价格偏离程度的研究。因此，基于土地资产核算结果的土地市场运行状况的研究具有重要的应用价值。

4. 基于土地资产核算结果的宏观经济状况分析

土地是经济生产的重要因素，其在经济增长过程中发挥着极其重要的作

---

① 张蕉华. 土地与市场 [M]. 上海：上海远东出版社，1996.
② 肖丽群. 地价对城市土地资源配置的效应研究——以南京市为例 [D]. 南京：南京农业大学，2014.
③ 高映轸，潘家华，顾志明. 土地经济问题再认识 [M]. 南京：南京出版社，1996.

用。因此，土地与宏观经济之间存在着密切关系：一方面，宏观经济的增长会带动土地市场的发展，使得就业和房地产市场的产量增加，相应地提高工资和房地产租金，使得更多的农用地和其他用地转换为建设用地，经济的发展会带动土地价格的上涨并加大土地供应量；另一方面，土地供应量的增加又会带动房地产市场的产出，使得市场产量增加，从而土地市场的发展也会促进宏观经济的增长。① 此外，土地资产的特点，使得投资土地在一定程度上可以获得资产增加；同时，土地资产的融资性，又可将其进行抵押或融资，进而获得相应收益。宏观经济是土地市场的重要影响因素，同时，土地市场又是宏观经济运行的直接表现，因此，明确土地市场与宏观经济之间的相关关系，具有重要意义。土地资产是土地市场的直接表达，而土地资产核算则可以很好地展示土地经济价值。因此，土地资产核算结果能够用以分析由土地市场变化而引起的宏观经济运行状况的改变，从而为更好地实现社会经济发展提供政策建议。此外，土地也是一种重要的资本，土地出让收入可作为地方政府重要的收入来源，是地方政府偿还债务的主要保证。因此，土地资产核算结果应用到地方政府债务偿还能力的评价，可以有效地评估地方财务债务风险。

5. 基于土地资产核算结果的自然资源资产负债表编制

中共十八届三中全会以来，我国开始探索编制自然资源资产负债表。自然资源资产负债表是将一国或地区的所有自然资源资产分类加总形成的报表，它将综合体现某一时点上区域自然资源资产的"家底"、反映一定时期内自然资源的使用状况及其对生态环境的影响。编制自然资源资产负债表，需要核算自然资源资产的存量及变动情况，以全面记录当期各主体对自然资源资产的占用、使用、消耗、恢复和增值活动，评估当期自然资源资产实物量和价值量的存量和流量变化，实现对经济社会发展过程中的自然资源消耗及环境损害进行动态监测，进而建立相关制度体系，以确保生态文明建设与经济建设、政治建设、文化建设和社会建设协调发展。土地是自然资源的重要组成，土地资产则是自然资源资产的重要体现内容。土地资产核算结果既能够反映某一时点土地资源的存量状况，又能体现核算期内土地资源流量动态，

---

① 黄晓宇，蒋妍，丰雷. 土地市场与宏观经济关系的理论分析及实证检验 [J]. 中国土地科学，2006，20（4）：2–8.

是编制自然资产负债表的重要组成部分。① 因此，将土地资产核算结果纳入自然资产负债表之中，也是土地资产核算结果的重要应用领域。在本次核算实证研究中，有试点地区基于核算结果，初步提出了我国自然资源资产负债表中的土地资产账户设计方案，并设计了土地资产审计的评价标准及审计内容。

二、应用分析方案和方法初探

基于上述土地资产核算结果的应用意义及应用方向分析，初步探索土地资产核算结果在土地市场运行与监管、宏观经济分析、地方财政状况分析等领域的具体应用方法。

（一）土地资产核算在土地市场运行与监管中的应用

土地市场涵盖了土地交易过程中所有主体、客体以及它们之间的关系，并能对土地配置起到调节作用。② 土地市场是土地供需关系的直接反映，土地供需关系则会影响到土地价格和不同土地类型的面积，进而对土地资产总量产生影响。土地价格及面积是土地市场运行的重要表征指标，土地市场运行状况则可以通过价格、面积的变动直观地表现出来，例如，工业用地价格偏离程度可以通过工业用地的交易价格与理论价格进行表征，而土地市场活跃度则可以由土地供需状况进行表征。土地资产核算结果在一定程度上能够反映出土地价格和土地面积综合作用显示出来的市场运行状态。因此，通过分析土地资产核算结果与土地市场运行状况，探讨其间的理论关系，构建基于土地资产的土地市场运行状况评价方法，为土地市场监管提供数据支持，有利于土地市场健康持续发展。

在土地市场运行中，土地市场活跃程度是衡量土地市场运行状况的重要指标之一，也是现阶段土地市场监管的热点问题。对此，以土地资产与土地市场活跃程度之间的理论关系分析为基础，本书构建并筛选评价方法，并以

---

① 薛智超，等．自然资源资产负债表编制中土地资源核算体系设计与实证 [J]．资源科学，2015，37（9）：1725 – 1731．

② 王青．土地市场运行对经济增长影响研究 [D]．南京：南京农业大学，2007．

7个省级①研究区域为例进行了实证研究。此外,本部分还研究了土地资产与土地市场运行状况主要指标的计量经济关系,这对于更好地了解土地资产与土地市场运行指标之间的关系,预测未来土地市场变化和土地资产价值的变化具有重要意义,也能为更好地开展土地市场监管提供支持。

1. 基于土地资产核算成果的土地市场活跃程度分析

土地价格是土地市场的核心,也是土地价值的具体表现,是最灵敏反映土地供求关系的"晴雨表",当土地市场活跃程度较高时,土地需求量往往超过土地供应量,此时土地的稀缺性使得土地交易价格远高于土地理论价格,当城市土地总面积不变时,交易地价下的土地资产量则远高于理论价格下的土地资产量;与此同时,当城市土地出让频繁,土地市场也相对活跃时,土地出让交易面积占城市建设用地总面积比重相对上升,出让土地的资产量占城市建设用地土地总资产量比重也就相对提高。由此可见,土地资产量核算结果可用于分析土地市场活跃程度。

2. 土地资产与土地市场运行指标的计量分析

(1) 基于价格角度的分析。

假定土地交易面积不变:当土地市场活跃时,显示对土地需求量大,多表现为供不应求态势,容易使得土地交易价格高于土地理论价格,基于交易地价的土地资产量则会高于土地理论价格下的土地资产量;反之亦然。因此,交易地价下的土地资产量与理论地价下的土地资产量比值,可以作为评价土地市场活跃程度的指标,具体的计算公式如下:

$$\theta_{地价} = \frac{A_{交易}}{A_{理论}} \qquad (1-25)$$

其中:$\theta_{地价}$表示土地价格角度的土地市场活跃程度;$A_{交易}$表示基于土地交易价格核算的土地资产量;$A_{理论}$表示基于土地理论价格核算的土地资产量。

土地市场需求相对活跃,此时$\theta_{地价} > 1$;则土地市场处于相对不活跃阶段,此时的$\theta_{地价} < 1$。由此可见,当$\theta_{地价} > 1$时,土地市场活跃,且$\theta_{地价}$值越大,表示土地需求越旺盛,土地市场相对越活跃;当$\theta_{地价} < 1$时,土地市场不活跃,且$\theta_{地价}$值越小,表示土地市场需求量远小于土地市场的供给量。

---

① 北京、浙江、福建、江西、陕西、云南和新疆。

(2) 出让土地资产量分析。

将市场活跃度分析中的资本活跃度指数编制原理[①]及分析运用思路引入土地市场，可以看出，国有建设用地的出让使得国有土地真正地流入土地市场之中，而出让土地的资产量则为某一时间段流入土地市场的资本量，其中土地出让价款总量可以作为出让土地的土地资产量。将基于土地出让角度的土地资产核算结果运用于土地市场活跃度评价，即以出让土地的土地资产量与基于交易地价的土地资产总量的比重作为评价指标，计算公式如下：

$$\theta_{出让} = \frac{A_{出让}}{A_{总}} \quad (1-26)$$

其中：$\theta_{出让}$表示土地出让角度下土地市场活跃程度；$A_{出让}$表示出让土地的土地资产量；$A_{总}$表示城市建设用地的总土地资产量。

当土地市场活跃程度相对较高时，出让土地的土地资产量较大，其占城市建设用地土地资产总量比重相对较高，$\theta_{出让}$较大；反之亦然。

(3) 两种评价方法对比分析。

以上述两种基于土地资产核算结果的不同评价方法来评价土地市场活跃程度，虽各具特点，但仍存在不足。具体分析如表1-5所示。

表1-5 基于土地资产核算的土地市场活跃程度不同评价方法的比较分析

角度	特点	不足
土地价格	1. 适宜土地供需角度评价土地市场活跃程度 2. 评价结果能直接用以判断土地市场活跃程度	1. 土地理论价格难以直接获取，评价方法较难 2. 大城市的土地实际交易价格与理论价格偏差较大，房地产泡沫影响难以消除
出让土地资产量	1. 适宜土地交易角度评价土地市场活跃程度 2. 能反映土地出让交易量及交易活跃程度 3. 评价方法简单可行	1. 土地出让面积受政府政策干预和影响相对较大 2. 评价结果揭示的是土地市场相对活跃程度，不能直接表明土地活跃度值情况 3. 难以比较不同土地类型的土地市场活跃程度

---

① 北京市工商局. 运用市场活跃度指数，拓展主题信息利用领域 [J]. 工商行政管理，2012 (6)：53-54.

①土地价格角度。尽管这种方法能够很好地反映出土地市场供需关系的活跃程度,但由于土地理论价格难以判断,或者说难以直接获取,该评价方法存在一定的不确定性。此外,在存在较为严重的房地产泡沫区域,城市建设用地实际的交易地价与理论地价之间存在较大的偏差,使得在评价土地市场活跃程度时难以剔除泡沫影响。

②出让土地资产量角度。该评价方法简便易行。但是,在我国土地一级市场垄断的背景下,土地出让受政府政策的干预和影响较大,且存在一定数量的租赁等其他方式的土地供应,因此,基于出让土地资产量的土地市场活跃程度评价方法受政策影响相对较高。此外,由于该评价方法得到的是出让土地的土地资产量与城市建设用地土地资产总量的比值,难以直接评价土地市场活跃程度,仅能反映不同地区土地市场活跃程度的相对情况,很难用于比较不同城市之间的土地市场活跃程度。

(二) 基于土地资产核算结果的宏观经济发展状况评价方法

土地作为重要的生产要素,在技术与制度约束下,与劳动力、资本共同决定了宏观经济产出。① 土地、劳动力和资本均为决定国民经济增长的要素,土地资源短缺将会限制社会经济的发展;同时,土地利用效率的增加,在一定程度上利于社会经济的进步,从而促进社会福利的提高。② 因此,土地利用对社会经济发展起着重要的作用。一方面,良好的土地市场以及通畅的传导机制有利于土地开发、经营和利用资金的筹集和融通,有利于将投资进行有效的转化和生产效率的提高,进而推动社会经济的增长;另一方面,土地规模的迅速扩张若超出了实体经济需求,尤其是产生大量土地价格泡沫,往往会对社会经济发展带来巨大的风险,加剧宏观经济的波动。③ 土地资产量作为衡量土地市场运行状况的重要指标,同时也是土地价值的直接体现,分析土地资产量与社会宏观经济指标之间的关系,具有重要的价值和意义。例

---

① 姜海,夏燕榕,曲福田. 建设用地扩张对经济增长的贡献及其区域差异研究 [J]. 中国土地科学,2009,23 (8):4-8.
② 丰雷,魏丽,蒋妍. 论土地要素对中国经济增长的贡献 [J]. 中国土地科学,2008,22 (12):4-10.
③ 丰雷,李莉,黄晓宇. 土地金融对中国宏观经济的影响 [J]. 中国土地科学,2010,24 (12):3-9.

如，土地对经济发展贡献可以通过土地资产变现来表示，也可以通过生产函数得到的土地对社会发展贡献率进行表示；通过研究社会经济发展的所需土地资产规模，分析土地资产对社会发展的影响和反映，也具有一定的价值和意义。

基于土地资产核算结果的宏观经济发展评价研究包括研究土地对社会经济发展的贡献和社会经济发展所需的土地资产规模情况，以及构建土地资产与宏观经济发展相关指标的计量经济模型。本书以 7 个研究区域为例进行实证分析，具体情况如下：

1. 土地对社会经济发展的贡献分析

（1）基于生产函数的分析。

现阶段，国内外学者在土地对社会发展贡献的研究中，主要采用柯布—道格拉斯生产函数，其中土地投入方面的因素主要考虑土地面积、土地价格等内容，尚未将土地资产量作为土地投入的要素进行考量。由于土地的资产属性，使得土地资产量可以作为重要的投入进行分析与评价。因此，本书选取土地资产量作为土地投入，利用柯布—道格拉斯生产函数研究土地资产量投入对社会发展的贡献情况。

柯布—道格拉斯生产函数的基本形式为：

$$Y = A(t) L^\alpha K^\beta \mu \tag{1-27}$$

其中：Y 表示经济发展水平，一般为 GDP；$A(t)$ 表示综合技术水平，即为技术进步率；L 表示投入的劳动力；K 表示投入的资本，一般指固定资产净值；α 表示劳动力产出的弹性系数；β 表示资本产出的弹性系数；μ 表示随机干扰的影响。

将土地投入引入到生产函数中，则构建的新的生产函数如下：

$$Y = A(t) L^\alpha K^\beta CL^\gamma \mu \tag{1-28}$$

其中：CL 表示土地投入，本书选取土地资产量作为土地投入；γ 表示土地的弹性系数，即土地投入对社会发展的贡献率。

对式（1-28）两边取对数，可以得到

$$\ln Y = \ln A(t) + \alpha \ln L + \beta \ln K + \gamma \ln CL \tag{1-29}$$

对式（1-29）进行线性回归分析，便可以得到资本投入、人力投入和土地投入对社会发展的弹性系数，即为资本投入、人力投入和土地投入对社会发展的贡献率情况。

在本书中,选取了地级市的第二、第三产业增加值来衡量社会发展状况,而资本投入、人力投入和土地投入分别选取了每年的固定资产投入、第二产业和第三产业从业人数以及每年的土地资产量作为评价指标进行分析。北京市、浙江省、江西省和云南省的数据相对完整,以此4个省(市)的土地资产核算结果进行土地投入对社会发展贡献的实证分析。

实证测算结果显示,土地资产投入对社会进步有着显著的贡献,其产出弹性系数达到了0.390718,即土地投入每增加1个单位的土地资产投入,社会经济将会产生0.390718个单位的产值增加。对比资本投入、人力投入和土地投入对社会发展进步的贡献可知,资本投入对社会发展的贡献最大,土地资产投入次之,而人力投入效果最低。

$$\ln Y = 2.801441 + 0.441679\ln L - 0.0544\ln K + 0.390718\ln CL \quad (1-30)$$

(2)土地资产变现对社会经济发展的贡献分析。

国有土地出让是国家以土地所有者的身份将土地使用权在一定年限内让与土地使用者,并由土地使用者向国家支付一定的价款,这部分价款即为某一时点上的土地资产量,也是土地资产的变现价值。目前,土地出让价款并没有直接纳入GDP核算之中,仅作为政府财政收入的重要来源,然而,这部分土地出让价款却可用以支持地方社会经济发展。因此,研究了解土地资产变现量值对社会经济发展的直接贡献,有利于更好地了解土地资产流通对社会经济发展的影响,且不同区域之间的对比研究,也能够更好地了解土地资产流通在不同社会经济发展状况下的贡献情况。

土地出让价款是出让土地变现的资产量,即为土地资产变现价值量;GDP是衡量社会经济发展的重要指标,能够很好地揭示社会经济发展的状况。在此,将出让土地的土地资产量与GDP的比值作为衡量土地资产变现对社会经济发展的贡献($C_{出让}$),且两者均为当年的增量值,公式如下:

$$C_{出让} = \frac{A_{出让}}{GDP} \quad (1-31)$$

其中:$C_{出让}$表示土地变现对社会经济发展的直接贡献;GDP表示国民生产总值;$A_{出让}$表示出让土地的土地资产量。

$C_{出让}$值越大,则当年出让土地的资产量占当年GDP的比值越大,说明当年土地资产变现的量值对社会经济发展的直接贡献越大,当地社会经济的发展对土地出让的依赖程度越高;如果$C_{出让}$值超过一定的范围时,应该引起当地政府的重视,需要合理地调整本地区经济发展模式,减少当地经济发展对土地出让的依赖程度。

(3) 研究方法比较及适用性。

基于土地资产核算的土地对社会经济发展贡献不同评价方法的比较分析,具体如表 1-6 所示。

表 1-6 基于土地资产核算的土地对社会经济发展贡献不同评价方法的比较分析

角度	特点	不足
生产函数方法	1. 适宜评价国家层面土地投入对社会发展贡献率 2. 相关的研究已取得了较好的发展	1. 评价方法数据需求较大 2. 难以比较不同区域间的土地对社会经济发展的贡献 3. 难以剔除科技进步对社会经济发展的贡献
土地资产变现法	1. 适宜评价土地对社会经济发展的直接贡献 2. 不同区域土地对社会经济发展的贡献比较 3. 不同土地类型对社会经济发展的贡献比较 4. 评价方法简单可行	1. 土地出让受政府政策干预和影响相对较大 2. 评价结果是土地对社会经济发展的直接贡献,并未考虑土地资产的潜在贡献

①柯布—道格拉斯生产函数法。基于生产函数法的理论依据,通过比较资本、人力和土地投入对社会经济发展的贡献,得到土地投入对社会经济发展的贡献,该方法的研究已经得到了很好的发展,且适宜用于评价国家层面土地投入对社会发展贡献率。尽管这种方法能够很好地反映出土地投入对社会经济发展的贡献,但是由于评价方法需要的数据量相对较大,存在诸多不确定性,现行可操作难度较高;此外,由于不同区域数据存在差异,难以进行统计,比较不同区域间的土地对社会经济发展的贡献相对较难。目前,社会经济发展很大一部分来自科技进步因素,而利用生产函数法进行测算时,难以剔除这部分的影响和贡献。

②土地资产变现法。基于土地资产变现量值评价土地对社会经济发展的

贡献。方法运用中对数据需求量相对较少，实施简单，适宜于比较不同区域和不同类型土地对社会经济发展的贡献；同时，由于出让土地的资产量作为政府财政收入重要来源，这部分资源可直接用以支持社会经济发展，因此，该方法能够用于评价土地对社会经济发展的直接贡献。然而，在我国，土地出让交易基于土地供应计划等指标约束，受政府政策的干预和影响明显，因此，基于土地资产变现量值研究土地对社会经济发展的贡献受政策影响相对较高。

2. 社会经济发展的土地资产需求量分析

（1）社会经济发展对土地需求的评价方法研究。

目前，社会经济发展对土地需求的研究，主要是通过土地利用效率来推测未来社会经济发展的土地需求。土地利用效率定义为单位面积上的产业增加值，其中城市土地利用效率则是指单位建成区面积上的第二、第三产业增加值[1]，城市土地利用效率能够反映城市土地利用的社会经济发展水平[2]，因此通过分析土地利用效率的变化规律，可预测未来社会经济发展对土地数量的需求。

社会经济的发展必然会引起对土地需求的进一步增加，与此同时，土地需求的增加和社会经济发展又通常会引起土地价格的上涨，进而引起土地资产总量变化。

根据土地利用效率的定义，本书提出社会经济发展对土地资产量的匹配需求的定义为"单位社会经济发展所需要匹配的土地资产量"，即为"土地资产量与社会经济发展状况的比值"。对于城市而言，土地资产量是指城市建设用地的土地资产量，而社会经济发展状况则为城市的第二、第三产业增加值。因此，社会经济发展对土地资产需求量的计算公式如下：

$$N_{需求} = \frac{A}{E_2 + E_3} \quad (1-32)$$

其中：$N_{需求}$表示社会经济发展对土地资产需求量；A表示土地资产总量；E_2表示第二产业增加值；E_3表示第三产业增加值。$N_{需求}$表示单位社会经济发展

---

[1] 罗罡辉，吴次芳. 城市用地效益的比较研究 [J]. 经济地理，2003，23（3）：367-370.
[2] 李永乐，舒帮荣，吴群. 中国城市土地利用效率：时空特征、地区差距与影响因素 [J]. 经济地理，2014，34（1）：133-139.

的土地资产需求量,即该区域每增加一个单位的产业增加值(即社会经济发展单元),需要 $N_{需求}$ 个单位土地资产量支撑。$N_{需求}$ 值越大,说明该区域单位社会经济发展需要的土地资产量越高,即单位社会经济增加则会引起更大的土地资产增加。

(2) 相关问题比较分析。

土地资产是国家财富的重要组成部分,两者之间的比值也可以作为衡量一个国家土地经济发展合理性的重要指标。如果土地资产过低,土地作为稀缺性资源的属性未能得到充分体现,此时土地市场的交易会造成国家资产和社会财富(土地资产)的流失,不利于土地经济合理及可持续发展;如果土地资产占国家资产和社会财富的比重过高,此时土地价格和房地产价格也往往较高,导致生产和生活成本上升,会造成社会经济发展的成本和人民生活压力不断升高,进而影响到生产性投资者的积极性和人民的幸福指数,进而降低了国家或地区的整体竞争力,不利于社会的可持续发展和人民的幸福生活,因此,土地资产在国家资产和社会财富中的比例并不是越高越好[①],需要控制在合适的范围内。根据国内外很多学者研究的土地资产与国家财富比例与社会经济发展的关系(具体情况见本章第一节),可以通过测算土地资产与国家财富的比值,并探寻其协调度区间,分析社会经济发展及土地经济发展的相对合理性。

3. 土地资产量与宏观经济指标的计量经济分析

(1) 土地资产量与宏观经济指标的相关性分析。

衡量宏观经济发展状况的指标主要包括社会因素类指标(如城市化进程)和经济因素类指标(如经济发展状况、财政状况、投资水平、居民消费水平、金融状况等)。因此,为更加全面地研究土地资产量与宏观经济主要指标的相关性,选取城镇化率、国内生产总值、财政收入、财政支出、社会固定资产投资额、城镇人均可支配收入、年末金融机构各项存款余额等指标,对土地资产量与这些指标进行相关性分析。在基于样本数据的实证测算中,由于不同省份宏观经济指标数据的可获取性不同,进行相关性分析时,对数据选择进行了相应筛选和综合考虑,具体的相关性分析结果如表1-7所示。

---

① 沈悦,刘洪玉. 房地产资产价值与国家财富的关系研究 [J]. 清华大学学报(哲学社会科学版),2004,19 (1): 51-59.

就不同影响因素而言,土地资产量、土地交易价格和人均土地资产量均与宏观经济指标存在较高的相关性,而城镇化进程与土地资产量的相关性则相对较弱。

表 1-7　　　　　　土地资产与宏观经济主要指标的相关性分析

影响因素		指标	土地资产	土地价格	人均资产量
社会因素	城市化进程	城镇化率	0.32	0.32	0.41
经济因素	经济发展状况	国内生产总值	0.94	0.76	0.79
	财政状况	财政收入	0.96	0.58	0.62
		财政支出	0.96	0.57	0.60
	投资水平	社会固定资产投资额	0.76	0.70	0.69
	居民消费水平	城镇人均可支配收入	0.92	0.78	0.79
	金融状况	年末金融机构各项存款余额	0.92	0.81	0.85

注:根据2015年北京、浙江、福建、江西、陕西、云南和新疆土地资产核算成果与各省区市相关经济指标的相关性测算所得。其中城镇化率、国内生产总值、财政收入、财政支出、社会固定资产投资额、城镇人均可支配收入、年末金融机构各项存款余额等宏观经济主要指标均为2014年国家统计局、财政部、中国人民银行等机构公布的各省区市数据,由于不同省份的宏观经济指标数据的可获取性不同,进行相关性分析时,对数据选择进行了相应筛选和综合考虑。

(2) 土地资产量与GDP的计量经济模型构建及其应用分析。

利用宏观经济指标与土地资产量之间的关系,构建土地资产量随宏观经济发展而变化的计量经济模型,可用以推测某区域的土地资产量情况;反之,如果已知某地区的土地资产量情况,在理论上也可以预测其宏观经济的发展变化情况。

GDP是直接衡量国民经济发展状况的重要指标,也是衡量一个国家或地区总体经济状况的重要指标,国内外对GDP都进行了很好地度量与研究。因此,构建基于GDP的土地资产量计量经济模型具有很好的条件和应用价值。土地资产与GDP之间存在着明显的正相关性,通过GDP来估算土地资产量具有一定的可能性。

根据中国科学院资源环境科学数据中心[①]研究得到的全国不同时期GDP

---

① 资源环境数据云平台,http://www.resdc.cn。

空间分布公里网格数据，利用本书构建的土地资产量与 GDP 的计量经济模型，可以初步得到全国国有建设用地土地资产量，但这种方法的科学性及合理性仍待考证。

在本次试点试验中，由于不同地区间的 GDP 与土地资产量存在着较大的差异，为方便估算，我们对 GDP（以第二、第三产业增加值表示）和土地资产量（以国有城镇土地的土地资产量表征）均取 $\log_{10}$ 值进行研究，利用 SPSS 软件，构建 GDP 与土地资产的计量经济模型如下：

$$\log_{10}A = 1.40478\log_{10}GDP - 4.41937, \quad R^2 = 0.90587$$

在利用 7 个省份的数据进行实证建模中，数据分布较为规律，初步说明构建的计量经济模型在一定尺度下可用。但在现有的研究方法下，进行全国国有建设用地资产量分布研究需要大量的实地调研数据和观测数据，存在较高的难度，且大范围尺度上的估算结果可能存在系统性误差，该方法的可行性尚需进一步研究。

4. 区域土地资产优化配置

（1）土地资产时序动态分析。

土地资产时序动态研究包括对土地资产的趋势变化分析和预测分析。趋势变化分析指结合土地资产历史数据完成土地资产年际动态变化研究。预测分析指通过已有的土地资产历史数据对未来土地资产进行预测。

在土地资产价值的趋势变化分析中，主要采用价值变化率及变差贡献率两个指标。

土地资产价值变化率是指区域各类土地资产随研究期变化的价值量与研究期初的土地资产价值量的比值，其表达式为：

$$s = \frac{\Delta ES_i}{ES_{ia}} = \frac{ES_{ib} - ES_{ia}}{ES_{ia}} \tag{1-33}$$

土地资产价值变差贡献率是指区域土地资产价值变化总量中各类土地资产类型价值变化所占的比例，能测算出各类土地资产类型对土地资产价值变化的影响程度。其表达式为：

$$ES_{cc} = \frac{ES_{ib} - ES_{ia}}{\sum_{i=1}^{n}(ES_{ib} - ES_{ia})} \tag{1-34}$$

式（1-33）和式（1-34）中：s 表示土地资产价值变化率；ES_{cc} 表示土地

资源价值变差贡献率；ES_{ia}、ES_{ib} 表示第 i 类土地资源类型在研究期初和期末的资产价值。

在土地资源价值预测分析使用的方法中，由于时间序列模型法能在有限样本数据总量的情况下建立相对精确的数学模型，使用方便，可操作性强，预测结果与真实值非常接近，因此根据实际工作需要可采用时间序列模型进行预测。

（2）基于资产核算的土地利用结构优化。

土地利用结构优化的目的是提高土地系统综合价值，基于土地资产核算的土地利用结构优化将会起到推动土地资产优化配置的作用。土地利用系统内部结构的优化和调整是其核心内容，然而，合理配置土地资源，协调好各子系统之间的比例关系，实现土地利用系统生态、经济和社会价值最大化是复杂的系统工程，需要借助系统工程的原理和方法来实现。目前，研究土地利用系统优化的方法很多，最常用的是线性规划的方法。但由于线性规划一般都是静态规划，无动态可言，而且还常常无解，不能适宜自然环境、技术条件和社会经济状况发展变化的要求，而其他的一些规划方法在解决实际困难时算法实现比较困难。灰色线性规划具有一般规划线性方法所没有的优势，即它可以为规划提供一个动态分析，通过它可以计算出在规定条件下的最优解，并且知道最优解的发展趋势。

在基于资产核算成果的基础上采用灰色线性规划模型分析城市土地资源优化配置方式。具体采用一组线性方程作为系统模型的约束条件，来反映城市土地利用总体规划目标年经济平衡和生态平衡的要求，以及人力、物力、财力的限制，约束调节一般包括，土地总面积约束、人口总量约束、宏观计划约束、市场经济约束、劳动力资源约束、用水量约束、用电量约束、生态平衡约束（森林覆盖率、基本农田保护约束、水土流失约束、环境污染约束、土地适宜性约束、未利用土地开发约束等）、资金约束、协调发展约束、实际情况和经济约束和数学模型变量非负约束等。并采用土地资产价值最大化的数学函数来表达土地利用结构优化的目标，以评价不同结构方案的效应，即构成城市土地利用结构优化的数学模型。

目标函数：

$$f(x) = \sum_{j=1}^{n} c_j x_j \qquad (1-35)$$

约束条件：

$$\sum_{j=1}^{n} a_{ij}x_j \leq \otimes_i, \ i=1, 2, \cdots, m$$

$$x_j \geq 0, \ j=1, 2, \cdots, n$$

其中：x_j 为各种类型土地面积（公顷），c_j 为效应系数向量（元/公顷），$f(x)$ 为资产价值（万元），a_{ij} 为约束系数，$\otimes_i$ 为约束常数。

得到上述模型后，预测约束值的发展变化，将灰数白化，然后对未来不同时期的约束值求线性规划解。对应一组约束值，便有一组规划解。这样就可以做到了解目前条件下的最优经济结构，建立未来发展的最优经济结构，分析经济结构的发展变化。

（3）基于土地资产核算的土地资源空间配置。

当前，研究土地利用系统优化的方法中，线性规划是较为常用的方法。但由于其一般均为静态规划，不能适宜自然环境、技术条件和社会经济状况发展变化的要求，灵活变通性不强，而其他的一些规划方法在解决实际问题时算法实现比较困难。灰色线性规划具有一般规划线性方法所没有的优势，可为规划提供一个动态分析，测算设定条件下的最优解，并且明确其发展趋势。本次试点提出在区域土地资产优化配置方面，根据历史时序数据土地资产进行趋势分析以及预测分析，通过灰色线性规划模型分析城市的土地资源优化配置方式（目标年城市的土地资产价值最大时各类用地面积的构成方案）通过人工神经网络—元胞自动机模型（ANN–CA）实现基于特定情境下的具体科学的土地空间配置方案，即最优土地资产约束下的土地利用空间配置。其提出的数理化模型在一定程度上实现了定量的精准配置，但其合理性和广泛适用性仍有待实证检验。具体过程如下：

①借助人工神经网络（ANN）训练上海市历史土地利用数据。通过多期土地利用数据的神经网络训练（模型纠正），自动获得模型相关参数，该参数被输出后进入模块进行模拟运算，通过使用相同的神经网络，实现数据传递与输出，适用于复杂的土地利用系统。在应用规划基期的土地利用数据模拟应用时，模型纠正（训练）模块的输入数据为影响土地利用变化的各种因子、领域窗口内各土地利用类型统计值、当前土地利用类型，输出值为各类土地利用类型的转换概率值，即当期某种地类地块转变为其他地类的可能性。

②元胞自动机模型（CA）设定。将整个区域划分为若干栅格单元，即元胞，根据土地利用类型指定元胞的状态集，例如，耕地、草地、建设用地等。每一个待转换元胞均受自身与周边一定领域范围内元胞的共同影响。因此确定邻域范围、明确固定元胞的邻域单元数量并写入转换规则至关重要。最重要的步骤就是确定模型转换规则，即各土地利用类型变化的规则，这对于区域土地利用类型变化至关重要。参考土地资产的主要驱动因素，结合影响空间适宜性的相关因素分析，定义一系列的土地利用转换规则。

第一，各类土地转换规模约束规则确定。参照前文的方法，基于土地资产核算的土地利用结构优化方案，将得到目标年上海市土地资产价值最大时的各类用地面积构成。将目标年的各类土地面积减去规划基期年土地面积将得到各类土地转换规模。

第二，土地利用类型转换约束规则。遵循城乡建设用地置换原则，强化农村居民点用地减量控制理念，构建转换适宜性矩阵。例如，新增城镇建设用地由可拓展用地和农村居民点用地转换而来，可拓展用地原则上不可转化为农村居民点用地，农村居民点用地可通过土地整治还原为可拓展用地。

第三，区位适宜性规则。建设用地扩张与人类社会经济活动足迹密切相关，二者相互统一，相互关联。结合已有研究，无规划引导的建设用地扩张始终以人类社会经济活动集聚地为原点，并沿交通道路向外延展。元胞与社会经济活动集聚点和交通道路的空间距离，决定了该元胞的区位适宜性和开发优先级别。距离扩张原点越近，已有生产生活设施（如医院，学校，商业，办公等）的辐射影响力越高，对非建设用地元胞的开发吸引力越大；远离扩张原点，开发成本和通勤成本则呈指数上升，元胞转变为建设用地的概率更小。

③通过 GeoSOS for ArcGIS 系统来实现整个模拟过程。系统通过 ANN-CA 自动训练的规则以及本书定义的规则来确定各类用地在约定的时间可能发生转换的概率并得到目标年的转换结果，即最优土地资产约束下的土地利用空间配置。而基于土地资产核算的成果的作用，主要体现在通过线性规划确定的目标年各类土地面积来确定人工神经网络的元胞自动机模型所需要的土地转换规模约束规则。

5. 应用于土地供应及城市建设用地节约集约利用评价工作

开展中心城区建设用地集约利用潜力评价对全面掌握中心城区建设用的

集约利用状况、潜力规模与空间分布具有重要意义，能够为城市建设用地规模挖潜、结构调整、布局优化和科学用地管理提供重要依据。以湖南省株洲市为例，研究探讨土地资产核算成果在集约利用潜力评价中的应用，主要过程如下：

土地资产核算对于土地集约节约利用的促进可透过建设用地集约利用潜力评价的完善来实现。建设用地集约利用潜力是指在现有技术、经济和制度条件下，通过提高土地集约利用程度，而提升建设用地利用效率和经济效益的空间。中心城区用地潜力测算主要包括规模潜力测算、经济潜力测算、潜力分区、潜力利用时序配置和城市可节地率测算等五个方面的内容。

（1）效率与精度的提升。

土地资产核算的中观、微观尺度工作推进中，需要详细调查、搜集与地价相关的交通条件、基础设施、公共设施因素等质量和分布的内容，并通过将相关数据的矢量化形成数据图层，与现有城镇地籍数据库和土地资产量核算成果数据叠加，基本可构成"城市土地管理一张图"，能够解决现行的土地管理中地价信息非系统碎片化的问题。而随着土地资产量的逐年核算，不仅可以实现宗地较为详细准确的资产信息变更，更便于掌握城市土地家底，指导城市土地供应。尤其是微观核算中，涉及的相关因素信息调查，已基本涵盖了建设用地集约利用潜力评价过程指标计算所需的所有信息，具有较高的通用性，因此土地资产核算过程中的基础数据处理、工作底图制作、数据库构建等中间环节，经过补充和修改可以方便地转换成潜力评价的技术步骤。因此，对于已完成土地资产核算工作的地区，其核算的中间过程和资料可直接用于开展建设用地集约利用潜力评价工作，可大量减少重复性劳动，提高工作效率。

在评价精度提升方面，由于微观核算是以宗地为核算单元，收集了大量宗地的详细资料，可实现宗地的潜力评价，相比原来以功能区为评价单元，可极大提高评价准确性。

以宗地为单位进行潜力测算，主要公式如下：

$$Q_c = \sum_i^n Q_i \times (R_i - F_i)/R_i \qquad (1-36)$$

式中：Q_c 表示涉及功能区绝对规模潜力；Q_i 表示涉及功能区第 i 宗地的土地

面积；R_i 表示涉及功能区第 i 宗地规划允许容积率标准；F_i 表示涉及功能区第 i 宗地现状综合容积率值。

$$E_a = \sum_i^n Q_i \times (R_i \times J_i - F_i \times J_{x_i} - R_i \times C_i) \qquad (1-37)$$

式中：E_a 表示涉及功能区土地经济潜力；Q_i 表示涉及功能区第 i 宗地的现状土地面积；R_i 表示涉及功能区第 i 宗地的规划允许容积率标准；F_i 表示涉及功能区第 i 宗地的现状综合容积率；J_i 表示涉及功能区第 i 宗地的新建物业单位建筑面积平均市场价格；C_i 表示涉及功能区第 i 宗地的新建物业单位建筑面积平均开发成本；J_{x_i} 表示涉及功能区第 i 宗地的现有物业单位建筑面积平均市场价格。

（2）指标的完善。

经济潜力的实质是按照规划条件下的土地利用状况对地上建筑物进行重建、改造或维持现状，由于建筑面积和利用性质发生变化而产生的预期经济利润，是扣除了开发成本后的地上建筑再销售的利润。但与土地资产不同，地上建筑物等固定资产产权的所有主体一般为私人或其他法人代表，而非国家或集体。土地集约利用评价中的经济潜力反映的是土地利用终端产品未来预期产生的投资回报净利润，无法具体分辨利润的占有主体。同时，经济潜力评价忽略了土地资产本身在利用条件改变时产生的增值收益，而这部分收益才是国家或集体能够直接获得的，是国家和地方财政重要的来源之一。因此，在土地集约利用经济潜力评价过程中增加以土地为评价对象的土地增值收益的分析内容，将使得评价结果更加全面。土地的增值收益可通过现状土地利用状况与改造为规划允许的土地利用状况出让价格的差值来体现。具体公式如下：

$$E_d = \sum_i^n Q_i \times (P_i \times P_{x_i}) = \sum_i^n (E_i - E_{x_i}) \qquad (1-38)$$

式中：E_d 表示涉及功能区的土地增值收益；Q_i 表示涉及功能区第 i 宗地的土地面积；P_i 表示涉及功能区第 i 宗地规划条件下的土地出让价格；P_{x_i} 表示涉及功能区第 i 宗地现状条件下的土地出让价格；E_i 表示涉及功能区第 i 宗地规划条件下的土地资产量；E_{x_i} 表示涉及功能区第 i 宗地现状条件下的土地资产量。

将株洲市中心城区土地资产核算某一典型区域作为功能区,充分利用核算的过程资料与结果,对基于全面改造条件下的功能区潜力进行测算,并按照保留现有物业利用空闲地方式进行挖潜利用分析。以此为例,探讨验证土地资产核算在土地集约利用潜力评价中的应用成效。经全面改造后,区域规模潜力大幅提升。其中土地增值收益约占总经济潜力的10%。挖潜后可增加建筑面积是株洲市中心城区现状总建筑面积的24.59%。

通过对株洲市的实证检验,土地资产核算对于城市土地集约节约利用的促进具有重要价值,它不但能够提高集约节约利用潜力评价的效率与精度,还弥补了经济潜力在理论分析层面的盲区,完善评价指标,使得评价结果更加完善。

第二章
土地资产调查核算总体方案设计

第一节 土地资产调查核算监管体系建设总体方案

一、基础与现状

《中华人民共和国土地管理法》第二十七条规定：国家建立土地调查制度。目前，我国已实施较为完善的土地资源动态调查监测工程。通过阶段性开展的全国土地调查和每年动态开展的土地利用变更调查工程，对全国土地资源的数量、结构、分布等信息已经能够客观、及时、清晰地掌握。特别是通过全国第二次土地调查的顺利实施，建成了全国土地利用基础数据库，涵盖了每一块土地的用途、权属、界线、面积，所有基本农田地块信息，各级行政区域界线以及村级界线等，为土地资源实物量核算奠定了坚实的基础。但是，对于土地资产的相关信息而言，在全国层面尚未建立起科学、有效的调查及动态监测监管体系。

如前章所述，目前，我国在土地资产调查核算监管领域的工作尚处于起步阶段，特别是土地资产核算及核算结果的应用评价范畴，尚需有针对性的基础理论方法研究和技术模型建立，同时，对于此项工程的规模化实施还必须有国家层面的制度、机制保障。不同于土地资源的实物可测量性，土地资产属经济范畴的概念，不能使用工具进行直观测量，必须通过抽象的测算技术，才能以价值量的形式对土地资产进行显化。并且，受经济形势、土地资本投入以及市场供需关系等多重影响，土地资产在数量、质量上均更具变动性，必须予以持续监测才具有现实意义。

虽然全国层面的土地资产调查核算监管体系研建在国内仍属前沿领域，存在诸多理论方法上的挑战，但在相关方面已形成了较为扎实的基础工作：

（1）在制度建设方面。自20世纪80年代以来，随着土地有偿使用制度的建立和深化，在地价形成与显化、地价管理与调控、地价调查与监测等方面陆续出台了一系列法规、制度、政策，形成了一套较为丰富的土地价格、土地资产管理运行规制，例如：《中华人民共和国城市房地产管理法》中明确"国家实行房地产价格评估制度""基准地价、标定地价应当定期确定并公布"；国土资源部出台《关于建立土地市场动态监测制度的通知》，正式建立了土地市场及土地价格动态监测制度，国土资源部《招标拍卖挂牌出让国有建设用地使用权规定》明确了出让底价确定的规范要求等。

（2）在工程化实践方面。中国城市地价动态监测系统、土地市场动态监测与监管系统持续运行近二十年，已形成全国上下联动的土地价格调查监测体系；全国土地估价报告备案系统于2012年上线运行，能够及时掌握全国宗地评估的相关信息；全国基准地价电子备案系统也于2017年正式运行，为管理部门全面掌握各地的公示地价提供工程化支撑。

（3）在技术保障方面。在土地经济价值的评定、监测方面已形成较为丰富的技术标准体系，先后出台了国家标准《城镇土地分等定级规程》（GB/T 18507-2014）、《城镇土地估价规程》（GB/T 18508-2014）、《农用地质量分等规程》（GB/T 28407-2012）、《农用地定级规程》（GB/T 28405-2012）、《农用地估价规程》（GB/T 28406-2012），行业标准《城市地价动态监测技术规范》《国有建设用地使用权出让地价评估技术规范》等一系列技术文件。

（4）在专业人员队伍建设方面。目前全国具有土地估价师资格的人数达4万余人，土地评估机构近3500家，从业人员近20万人，遍布全国各省市区县；2016年《中华人民共和国资产评估法》实施后，由于专业领域的开放性和包容性更强，该领域的从业人员队伍进一步扩张。

综上所述，建立全国土地资产调查核算监管体系是落实党中央、国务院总体部署的必然举措，要求明确、需求迫切，同时在土地资源调查和土地经济评价领域亦有较为扎实的相关工作基础，该工作的整体筹划与系统推进具备较好的预期与较高的可行性。

二、目标与任务

（一）总体目标

通过土地资产调查核算监管体系建设，以期实现的总体目标如下：

1. 推动土地资源调查核算的综合化、全面化，为土地资源资产管理提供数据支持

改革开放以来，随着土地使用制度改革的不断深化，我国土地市场正在逐步走向完善。为理顺和规范土地市场，加强土地资产管理，建立了以供给、需求、价格管理为主的土地市场和城市地价动态监测监管体系。同时，国土资源大调查、第二次全国土地调查、不动产统一登记等工作的实施，取得了一批重大成果，不仅在更新国土资源基础数据、创新调查技术方法、提高信息化水平等方面取得了显著成效，也为土地资源资产核算奠定了坚实的基础。然而，目前我国土地资产核算的方法与技术尚缺乏系统性的研究，已有土地资源调查监测成果难以满足全面开展土地资产核算工作的要求。因此，亟须从土地资源资产管理的角度，完善土地调查监测体系与核算体系，提高我国土地资源资产信息的监测、采集、统计、核算等技术手段和管理措施，推动土地资源资产调查核算监管的综合化、全面化。通过整体设计与协同部署，将涉及土地资产的调查、核算、监管三大主体功能纳入系统性框架，形成能够指导进一步统筹提升土地资源资产整体管理水平的切实可行方案。

2. 实现土地资产核算的规范化、标准化，为科学编制自然资源资产负债表提供基础支撑

落实中共十八大以来的系列决策精神，研究自然资源资产核算方法，探索自然资源资产负债表编制及其实际应用，已经成为国家加快建立生态文明制度，健全自然资源资产管理体制，实现政府职能转变、高效管理与科学评价，建设美丽中国的根本战略需求所在。作为自然资源资产的一个重要组成

部分，土地资产核算是编制自然资源资产负债表的一项基础工作。构建统一的土地资产调查核算监管体系，探索全域覆盖的土地资产调查核算监管技术方法，实现实施全过程的规范化、标准化，从而为科学、准确地编制自然资源资产负债表提供基础支撑。

3. 促进土地资源资产信息的整合与共享，为进一步做好社会化服务及深层次数据挖掘提供保障

通过土地资产调查核算监管体系建设，全面梳理我国现有土地质量调查、土地面积调查和土地价格调查等基础工作进展，在分析已有调查工作的部署情况、调查基础单元、调查数据表格和数据特点等信息的基础上，对不同来源的调查数据进行整合，推进全域覆盖的土地资源资产实物量和价值量调查核算监管。同时，通过设计土地资产核算账户，以图、表等形式对土地资源资产的核算成果集中展示，为向社会提供多种服务，为开展深层次的数据挖掘，提升研究和监管水平提供支撑与保障。

（二）任务及体系框架

土地资产调查核算监管体系建设的主要任务是以中共十八大以来的系列精神和当前土地管理改革方向为总体框架，结合我国土地资源调查监测和城乡土地市场调查监测现状，构建一套科学规范的土地资产调查核算理论方法体系、技术标准体系、动态的基础数据获取机制，以及不同产权类型、不同用地类型、不同价值特征下的土地资产核算规范流程，与我国土地资源资产行政管理体制机制、运行架构相衔接，提出具有可操作性的土地资产监测监管系统性实施方案。

作为一项全新的工作，土地资产调查核算监管体系建设在内容总体上包括基本技术体系建设和工程化实施。其中，工程化实施部分又可按工程逻辑分为土地资产调查、土地资产核算、土地资产监测监管等既密切联系又可相对独立的三个环节。各部分的具体内容如下：

1. 基础技术体系建设

由于以土地价值量和土地规模量为核心的土地资产调查工作已有较好实践基础，而土地资产监管又以行政职能和管理流程的设置为主体内容，故基础技术体系建设的核心是土地资产量核算及核算结果应用评价中涉及的理论、

方法及技术标准体系的建设。它是该项工作得以工程化、规模化实施的前提。

2. 工程化实施

（1）土地资产调查。土地资产调查旨在获取土地资产核算的基础数据。包括土地资源数量调查、土地资源质量调查、土地价格调查等内容。

①土地资源数量调查。包括农村土地调查（土地利用现状调查）、城镇地籍调查、村庄地籍调查等。用于获取土地的利用状况、面积和权属等信息。

②土地资源质量调查。包括农用地分等定级和城镇土地分等定级。用于获取耕地、林地、草地、商服用地、住宅用地、工业用地等质量等别和利用情况。

③土地价格调查。包括城镇土地价格调查和农村土地价格调查。用于获取城镇土地、农村各类用地的基准地价、监测地价、交易地价、评估地价等信息。

（2）土地资产核算。土地资产核算是在对土地资源数量调查、土地资源质量评价和土地资产价格调查的成果数据进行核查与整理的基础上，利用适宜的土地资产核算方法，对某一尺度、某一区域内的土地资产总量进行测算，得到土地资产总量数据的过程。

（3）土地资产监管。土地资产监管主要是依据土地资产调查核算的成果数据，与宏观经济等其他指标相结合，分析土地利用活动、土地市场运行及土地资源资产管理中存在的问题与状况，为土地资源合理利用、土地资产高效配置提供保障。

土地资产调查核算监管体系框架，如图2-1所示。

三、基本原则与技术路线

(一) 基本原则

根据土地资产调查核算监管体系建设的任务目标，土地资产调查核算监管体系建设至少应遵循以下基本原则。

（1）科学性原则。以科学的理论、方法研究为基础，形成一套科学性强、实用性高的土地资产调查核算监管体系建设方案。

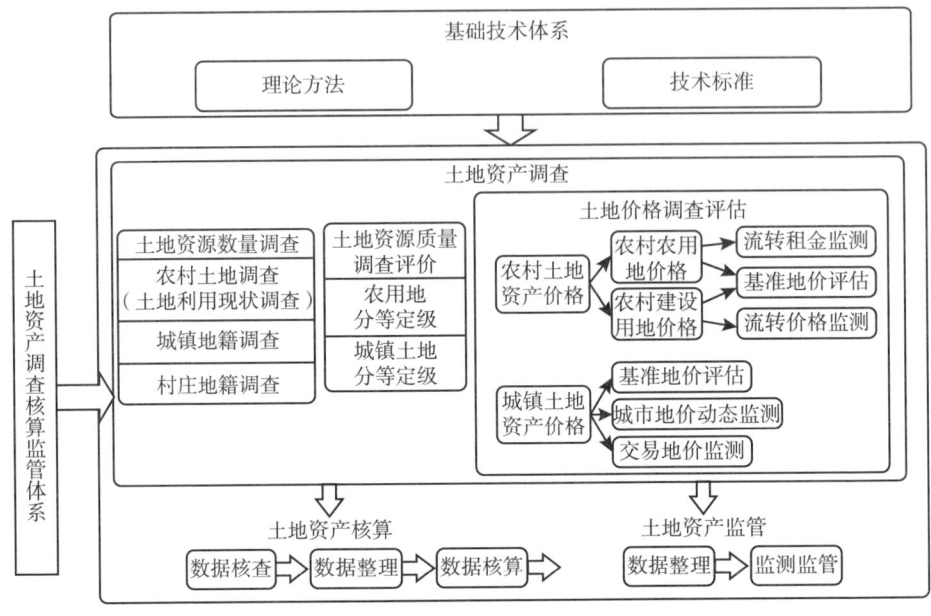

图 2-1 土地资产调查核算监管体系框架

（2）系统性原则。土地资产调查核算监管体系涉及土地资产的调查、核算、监管三大主体功能，必须有效考虑各项功能之间的内在联系，进行系统性的统一部署。

（3）规范性原则。土地资产调查核算监管方案构建应遵循相关规程、规定，同时研究制订本领域的技术标准，保障规模化实施过程的统一性和标准化。

（4）全面性原则。通过现状梳理，整合不同来源的调查数据，并针对全域覆盖的土地资产核算目标提出适用于不同产权类型、不同用地类型的土地资产调查核算监管方案。

（5）衔接性原则。土地资产调查核算监管方案需与我国现有土地资源调查体系相衔接，从而实现对已有数据的合理有效利用。

（6）渐近性原则。随着管理理念的发展完善，土地资源资产的内涵日益丰富，具有经济、社会、生态等多种视角，土地资产调查核算宜从社会认识相对明确、现实可操作性强的部分入手，逐步拓展完善。

（二）技术路线

基于上述原则和目前已掌握或可预期的相关工作进展，土地资产调查核算监管工程将主要基于各类地价调查专项工程的基础数据，同时需与土地资源调查中形成的地籍、权属、土地利用现状等数据相结合。利用土地价格与面积规模两项核心指标测算土地资产总量；利用土地利用现状、地籍数据，分析土地资产的结构与空间分布特征。就技术实施层面而言，我国已具有较为丰富、完善的土地资源调查和城镇国有建设用地价格调查基础工作；从现实可操作性方面考虑，对现已在全国形成体系、广泛工程化实施的资源调查和地价调查类工作，虽有进一步完善的空间，但不宜大幅度调整，故土地资产调查核算监管中需要重点考量的核心技术路线在于如何利用好已有的基础调查评价数据，实现预期目标。

土地资产调查核算监管工作技术流程，如图2-2所示。

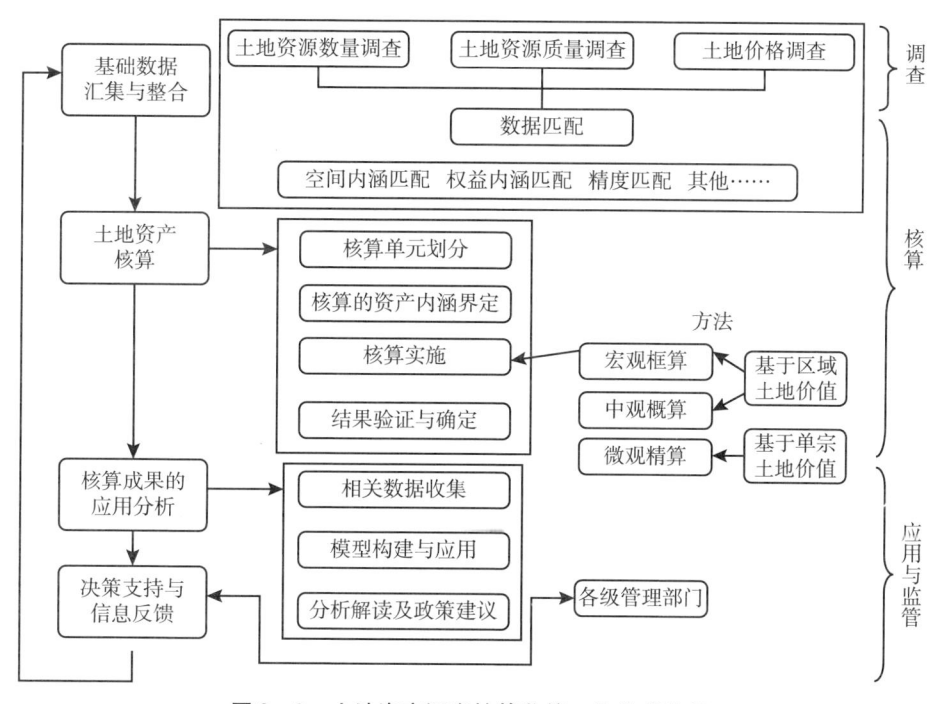

图2-2 土地资产调查核算监管工作技术流程

四、规模化实施的路径设计与安排

全国土地资产调查核算监管是一项全新的系统化工程,在机制建设和技术体系形成方面均需经过从无到有,逐步确立、完善的过程,因此其规模化实施亦不可一蹴而就,需要从小范围试点实验入手,经过多轮"探索试点—总结经验—完善技术体系—扩大和深化试点"的过程,在技术体系螺旋式提升的同时,扩大社会的认知度,完善制度、机制的适应性,直至在全国规模化推开,稳定持续运行。在此过程中,核心步骤安排包括:通过理论研究与试点试验探索土地资产动态核算监管技术体系、模型、方法及机制;开展基于行政区、均质区、宗地等不同基本核算单元的土地资产核算试点,逐步推进高精度、精细化的土地资产调查核算监管工程;以国有土地资产核算为突破,逐步实施包括国有和集体土地在内的,全口径、不同规模尺度的土地资产动态核算监管工程。具体实施路径设计如下:

第一阶段,在总结和借鉴的基础上初步构建理论方法体系。结合前期土地价格调查监测、土地资源调查监测及土地质量评价等相关领域的研究与实践,深入分析并借鉴国内外已有研究的成果及国民经济核算等相关领域的体系框架,初步探索研建土地资产调查核算监管的理论方法与关键技术;界定土地资产的内涵与外延,确定可纳入调查核算的土地资产范畴;明确土地资产核算的理论基础;结合我国土地管理及经济运行的制度特征,及业已形成的一系列土地资源、土地质量、土地价格调查监测技术体系,提出适应于不同层次、不同精度、不同应用目标的土地资产调查核算方法与模型,并探索对核算结果的应用评价方法,初步形成土地资产调查核算监管技术体系框架。

第二阶段,在分层试点的基础上验证和完善技术体系的科学性、可行性。在全国、省、市、县等不同行政层级选择有代表性且工作基础较好的单元进行试点,试点内容至少包括:基于区域平均地价和基于宗地地价等不同精度下的土地资产调查核算;基于交易地价、基准地价、监测地价等不同价值特征的土地资产调查核算;经营性与非经营性以及可显化的与潜在的等不同经济特征下的土地资产调查核算;建设用地与农用地等不同用途的土地资产调查核算；国有、集体、企业及个人等不同权属性质下的土地资产调查核算。同时，开展各类情况下土地资产核算结果在监管中的实际应用以及结果合理性分析评价试点。为与当前自然资源管理制度方向相协同，土地资产调查核算试点宜从国有土地入手，随着农村集体土地制度改革的深化而逐步向集体土地拓展。在深入试点的基础上，总结经验教训，从科学性、可实施性等多方面完善土地资产调查核算监管的技术体系。

第三阶段，形成技术标准体系，完善行政监管机制，推进规模化实施。编制土地资产调查核算相关技术规范，建立该领域的技术标准体系；同时提出政策建议，在建立土地资产调查制度的同时，完善相关领域的调查内容，促进各类土地调查数据的协同应用，推进全国土地资产调查核算监管工程的部署实施。

第四阶段，建成并运行全国土地资产基础数据库及应用服务平台，适应新时期土地管理需求。数据的集成化，管理及应用的信息化是土地资产动态监管的必然要求，因此，数据库及信息化平台的建设是贯穿本项工作的重要内容。该平台应实现对土地资产调查核算过程中形成的各类原始数据、成果数据的集中管理，相关数据的灵活调用分析，决策支持与模型库支撑等相关功能。数据库与应用平台的建设宜与全国土地基础数据库、地籍数据库、城市地价监测系统、基准地价备案系统等现有的，或在建的相关信息化平台相衔接，以提升数据利用效率，进一步深化数据挖掘。

此外，为保障土地资产调查核算监管的有效实施，还需进一步健全完善当前土地市场管理相关制度机制，包括加快建立标定地价公示制度和公示地价备案管理制度，拓展城乡地价监测范围，完善土地市场动态监测监管制度等。

五、土地资产调查方案

土地资产的核心构成要素是土地资源数量、质量，土地资产并不是可直观量测的具体实物，而是上述因素综合作用下形成的具有抽象特征的经济指标。因此，土地资产调查的直接对象是土地资源数量和质量。在可预期的现阶段，土地资产调查方案的切实可行，关键在于充分利用好已有的土地调查制度，以现有土地资源数量、质量、地价调查的动态成果为基础，进行必要的补充完善。在此，我们对现行相关土地调查制度、技术体系、运行情况进行梳理分析，提出可服务于土地资产核算的调查方案。

（一）以全国土地调查和土地利用现状变更调查为核心的土地资源数量调查

土地资源数量调查是指按土地利用分类，查清各类用地的数量、分布。土地资源数量调查是我国土地调查制度的重要内容，其成果也将是支撑土地资产调查核算工作的基础性内容。根据国务院2008年发布的《土地调查条例》，国家根据国民经济和社会发展需要，每10年进行一次全国土地调查；根据土地管理工作的需要，每年进行土地变更调查。目前我国在土地调查、统计、遥感监测等方面取得的工作进展主要有：第一，完成了第二次全国土地调查（以下简称"二调"），于2018年启动了第三次全国国土调查（以下简称"三调"）；第二，建立了土地利用现状年度变更调查监测机制；第三，完成了年度城镇村内部土地利用现状等数据汇总；第四，开展了全天候遥感监测、专项遥感监测和应急遥感监测工作。

分析现已开展的"二调"和变更调查等相关调查工作，对比土地资产调查核算工作的需求，得出以下结论：

（1）通过农村土地调查，可以掌握各级行政区域内的耕地、园地、林地、草地、城镇村及工矿用地、交通运输用地（不含街巷用地）、水域及水利设施用地、其他土地（不含空闲地）的面积与权属状况（国家所有与集体所有），但无法反映城市、建制镇、村庄内部的土地利用结构情况。

（2）通过城镇土地调查和全国城镇土地利用现状调查数据汇总工作，可以全面掌握我国城市、建制镇内部的商服用地、工矿仓储用地（不含采矿用地）、住宅用地、公共管理与公共服务用地、特殊用地、交通运输用地（不含农村道路）、水域及水利设施用地（不含湖泊水面、水库水面、坑塘水面、沿海滩涂、冰川及永久积雪）、其他土地（不含田坎、盐碱地、沼泽地、沙地、裸地）的面积与权属状况。

（3）通过村庄地籍调查，可以获取村庄内部的土地利用现状数据，但目前国土资源部只对部分村庄进行了抽样调查，并未全面覆盖。

综上可知，我国现已制度化开展的农村土地调查和城镇地籍调查可以为土地资产量调查核算工作提供全面的农村和城市、建制镇内部土地利用类型、面积、分布、土地权属和利用变化状况等信息；同时根据2014年8月的发布的《农村地籍和房屋调查技术方案（试行）》的要求，将全面查清农村范围内包括宅基地、集体建设用地等每一宗土地的权属、位置、界址、面积、用途、地上房屋等建筑物、构筑物的基本情况，并建设农村地籍调查数据库。随着农村集体土地确权登记发证工作的进一步推进，以及"三调"工程的开展，我们将掌握更为丰富全面的土地利用现状数据，从而满足土地资产调查核算的需求。

阅读资料

现有土地调查的相关情况

根据《第二次全国土地调查技术规程》，"二调"的任务包括：第一，农村土地调查。逐地块实地调查土地的地类、面积和权属，掌握各类用地的分布和利用状况，以及国有土地使用权和集体土地所有权状况。第二，城镇土地调查。调查城市、建制镇内部每宗土地的地类、面积和权属，掌握每宗土地的位置和利用状况，以及土地的所有权和使用权状况。第三，基本农田调查。依据基本农田划定和调整资料，将基本农田地块落实至土地利用现状图上，掌握全国基本农田的数量、分布和保护状况。第四，土地调查数据库及管理系统建设。建立国家、省、市（地）、县四级集影像、图形、地类、面积和权属于一体的土地调查数据库及管理系统。

一、农村土地调查（土地利用现状调查）

农村土地调查是"二调"的重要任务。农村土地调查以县级行政区域为基本调查单位，以县级成果为基础，自下而上逐级汇总得到全国的土地利用状况。

(一) 农村土地调查范围

农村土地调查覆盖完整的调查区域，其中城市、建制镇、村庄、采矿用地、风景名胜及特殊用地，依据《第二次全国土地调查技术规程》规定的"城镇村及工矿用地"划分要求，按单一地类图斑调查。除此以外的其他土地，依据《土地利用现状分类》标准进行细化调查。

(二) 农村土地调查内容

农村土地调查包括权属调查和地类调查两部分。

权属调查基本单元是宗地。农村土地调查中，土地权属调查主要包括集体土地所有权和国有土地使用权的调查。

地类调查是对每块土地的地类、位置、范围等分布和利用状况的调查。《土地利用现状分类》标准是地类调查的依据。农村土地调查中，由于调查比例尺所限，城镇等建设用地内部调查无法全面使用《土地利用现状分类》标准。因此，为了适应农村土地调查需要，将《土地利用现状分类》有关建设用地归并为"城镇村及工矿用地"（表式详见《土地利用现状分类》表A2）。"城镇村及工矿用地"是将《土地利用现状分类》标准中的铁路、公路等建设用地以外的建设用地归并为城市、建制镇、村庄、采矿、风景名胜及特殊用地5个地类。

(三) 农村土地调查数据更新汇总

在完成外业调查和数据建库后，对调查的土地利用现状分类数据进行统计，统计表格式参见国土资源部在城镇地籍调查数据更新汇总工作中所用的数据汇总表格。

依据农村土地调查确定的国家所有、集体所有土地性质，参照上述表格式样统计土地利用现状一级分类面积。

为保持全国土地调查数据的现势性，我国开展了年度土地变更调查与遥感监测工作，并制作了变更调查数据汇总软件。其中土地利用现状变更表的地类与农村土地利用现状二级分类面积汇总表中的地类一致。

二、城镇土地调查（城镇地籍调查）

根据《第二次全国土地调查技术规程》，城镇土地调查即城镇地籍调查，是指依照国家的相关法规，通过权属调查和地籍测量，查清宗地的权属、界址线、面积、用途和位置等情况，形成数据、图件、表册等调查成果，为土地登记、核发证书提供依据的一项集行政、技术于一体的工作。地籍调查是土地登记的法定程序，是土地登记的基础工作，其资料成果经土地登记后，具有法律效力。

（一）城镇土地调查范围

城镇土地调查是对城市、建制镇内部每宗土地的调查。城镇土地调查与农村土地调查确定的城镇范围互相衔接。其中城市的范围是指城市居民点，以及与城市连片的区政府和县级、市级政府所在地，及所属的商服、住宅、工业、仓储、机关、学校等单位用地；建制镇是指建制镇居民点，以及辖区内的商服、住宅、工业、仓储、学校等企事业单位用地。

（二）城镇土地调查内容

城镇土地调查的调查单元是宗地。调查内容包括权属调查和地籍测量。权属调查是对宗地的位置、权属、界址和地类等的调查。地籍测量是测量宗地的权属界址点、界址线、其他地籍要素、位置、形状等，计算面积，以及编制地籍图和宗地图。

（三）城镇土地调查数据更新汇总

为全面掌握全国城镇土地利用情况，从2009年开始，国土资源部每年组织开展全国城镇土地利用数据汇总工作，按照"建制镇—县—市—省—国家"方式，以城镇地籍调查成果为依托，对城镇内部的每块土地利用现状，逐级汇总形成全国城镇土地利用数据。截至2017年底，已形成了覆盖全国31个省（自治区、直辖市）（不含香港特别行政区、澳门特别行政区和台湾地区）的所有698个城市、18883个建制镇连续八年（2009~2016年）的城镇各类土地利用数据，详细掌握了我国城镇内部土地利用状况。城镇土地利用现状汇总表和城镇土地权属性质汇总表格式参见国土资源部在城镇地籍调查数据更新汇总工作中所用的数据汇总表格。

三、村庄土地调查（村庄地籍调查）

由于"二调"对村庄按单一地类图斑调查，因此无法依据"二调"获取村庄内部的土地利用现状数据。

2014年，国土资源部对全国31个省份11801个村庄内部土地利用情况进行了抽样调查汇总。村庄土地调查的地类完全依据《土地利用现状分类》国家标准，覆盖了《土地利用现状分类》中的全部地类。

（二）以土地分等定级为核心的土地资源质量调查

土地质量是指土地相对于特定用途表现（或可能表现）出效果的优良程度，土地在自然、社会、经济等方面的性质与状态，是判断土地质量水平的依据。在清查土地资源数量的基础上，掌握土地资源质量也成为明晰土地资产现状水平的重要一环。目前，我国通过土地分等定级工作的开展揭示了土地资源质量的高低及分布状况，可以作为土地资产调查核算的基础数据，具体体现在以下方面：

（1）国土资源部以现有农用地和宜农未利用地为对象的农用地分等工作可提供全覆盖的最新耕地质量等别成果，并通过年度更新实现数据的持续和动态；农业部开展的耕地质量调查监测工作亦可丰富和完善全国耕地质量数据；国土资源部在全国部分县级行政区内开展的农用地定级工作有助于提高耕地质量评价精度；草地质量调查尚未在全国系统化开展，但相关探索试点已经启动。

（2）城镇土地分等定级工作已在全国系统化开展多年，并基本可实现对城镇国有建设用地的全覆盖及阶段性动态更新；农村集体建设用地的质量评价工作将随着我国农村土地制度改革的深入而逐步开展。

综上表明，我国土地资源质量调查工作在耕地和城镇国有建设用地方面具有较为完整、丰富的成果，基本满足土地资产调查核算工作需求，但在除耕地以外的其他农用地及农村集体建设用地方面尚无系统性成果，需要随着相关领域管理制度机制的变革和全国性工程的部署而推进。

> **阅读资料**
>
> ## 现有土地质量调查的相关情况
>
> ### 一、农用地质量调查
>
> （一）农用地分等
>
> 农用地质量分等工作的工作对象是县级行政区内现有农用地和宜农未利用地，主要是指耕地。其工作内容包括在资料收集与外业调查的基础上，划分指标区、确定指标区分等因素及权重，划分分等单元并计算农用地自然质量分；查全国各省作物生产潜力指数速查表，确定产量比，计算农用地自然等指数；分别计算土地利用系数、农用地利用等指数及土地经济系数、农用地经济等指数；最后划分校验农用地自然等别、利用等别和经济等别。
>
> 自1999年开始，农用地分等定级与估价项目被列入新一轮国土资源大调查"土地资源监测与调查工程"，旨在通过开展农用地分等定级工作，全面掌握和科学量化耕地质量状况。自2011年底开始，国土资源部以基于第一次全国土地利用现状调查的耕地质量等别成果为基础，通过开展补充调查和更新评价，形成了基于第二次全国土地调查的最新耕地质量等别成果。根据《耕地质量等别调查评价与监测工作方案》的安排，国土资源部开展了对全国耕地质量等别年度更新评价与年度监测评价工作。2017年底，为贯彻落实《中共中央国务院关于加强耕地保护和改进占补平衡的意见》关于"定期对全国耕地质量和耕地产能水平进行全面评价并发布评价结果"的要求，国土资源部发布了基于2015年度土地变更调查的最新耕地质量等别成果。2018年正式启动的第三次全国土地调查中，增设了专项调查——耕地质量等级调查评价和耕地分等定级调查评价，要求在耕地质量调查和评价的基础上，将最新的耕地质量等级调查评价和耕地分等定级评价成果落实到土地利用现状图上，对评价成果进行更新完善。

(二) 农用地定级

农用地级是指在行政区内，依据构成土地质量的自然属性、社会经济状况和区位条件，根据地方管理和实际情况需要，遵照和委托方要求相一致的原则，即根据一定农用地定级目的，按照规定的方法和程序进行的农用地质量综合、定量评定，划分出农用地级别的活动。

农用地定级的工作对象是县级行政区内现有农用地和宜农未利用地，暂不包括自然保护区和土地利用总体规划中划定的林地、牧草地及其他农用地。截至 2011 年，我国已完成 291 个县的定级工作，有效推动了土地转向数量和质量并重的综合管理。

此外，2016 年 5 月，农业部颁布了《耕地质量调查监测与评价办法》，将耕地质量调查分为耕地质量普查、专项调查和应急调查。耕地质量普查是以摸清耕地质量状况为目的，按照统一的技术规范，对全国耕地自下而上逐级实施现状调查、采样测试、数据统计、资料汇总、图件编制和成果验收的全面调查。耕地质量专项调查包括耕地质量等级调查、特定区域耕地质量调查、耕地质量特定指标调查和新增耕地质量调查。耕地质量应急调查是因重大事故或突发事件，发生可能污染或破坏耕地质量的情况时实施的调查。在具体工作开展之后，部门之间可以加强沟通合作，力求全面完善的掌握全国耕地质量状况。

在草地质量调查方面，1986 年北方草场资源调查办公室出版的《草场资源调查规程》，2008 年中国气象局发布的《草地生态监测标准（征求意见稿）》等均可为开展草地资源质量调查提供帮助。

草地资源质量调查在全国层面还未开展系统的工作，许多省份独立开展了工作试点。广西壮族自治区草地监理中心委托，广西国土资源规划院承担完成的灌阳县草地资源调查试点，全面摸清草地资源类型、数量、质量、空间分布。河北省 2015 年提出了《河北省草原条例（草案）》，规定县级以上人民政府草原行政主管部门应当会同有关部门每五年进行一次草原资源调查，对草原基本状况进行监测和统计，建立草原资源档案和数据库，对草原进行等级评定。

二、城镇土地质量调查

自 1989 年开始，我国便逐步开展了城镇土地分等定级工作，为全面掌握我国城镇土地质量及利用状况，科学管理和合理利用城镇土地，促进城镇土地节约集约利用提供了基础支撑，也为国家和各级政府制定各项土地政策与调控措施，开展土地估价、土地税费征收、建设用地经济评价，以及城市规划、土地利用规划与计划的制定等提供了科学依据。

（一）城镇土地分等

城镇土地分等是通过对影响城镇土地质量的经济、社会、自然等各项因素的综合分析，揭示城镇之间土地质量的地区差异，运用定量和定性相结合的方法对城镇土地质量进行分类排队，评定城镇土地等别的活动。城镇土地分等的对象是城市市区、建制镇镇区的土地。

根据《土地管理法》和《土地管理法实施条例》相关规定，国土资源部按照《城镇土地分等定级规程》（GB/T 18507-2001）对各地社会经济发展水平、土地资源状况、基准地价水平等因素进行了综合评定，公布了全国排序可比的各县级行政单元的土地等别，并根据各地社会经济发展状况适时进行局部调整。该土地等别结果将全国各县级单元划分为十五个等别，从一等到十五等土地质量依次下降。该等别属于土地的综合等别，土地管理中的多项工作，例如，新增建设用地有偿使用费的收取标准、工业用地出让最低价标准等均与其直接挂钩。由于此等别并未按照不同用途用地进行划分，在与土地的经济价值衔接时，存在一定偏差，若与土地资产调查核算目标相结合，建议在今后的城镇分等工作过程中，加入对不同用途用地质量等别的划分。

（二）城镇土地定级

城镇土地定级是根据城镇土地的经济、自然两方面属性及其在社会经济中的地位、作用，对城镇土地使用价值进行综合分析，揭示城镇内部土地质量的地域差异，评定土地级别的活动。城镇土地定级对象是土地利用总体规划确定的可作为城镇建设用地使用的土地，城镇以外的独立工矿区、旅游区等用地。国土资源部编制国家标准的《城镇土地分等定级规程》已更新至2014年版，明确了独立工矿区、集体建设用地等的土地定级也可参照该标准执行。土地定级工作由各市县土地行政主管部门组织开展，级别结果反映评定区内部的土地质量排序，在全国不具统一可比性。

（三）土地价格调查

土地价格是土地质量的经济表征指标，同时，也是特定内涵下土地资产的量化指标，某一区域内全部土地价格（价值）总和即为该区域内的土地资产量总和。在本方案中，土地价格一般是指未与土地面积规模相结合的单位土地价格，是测算土地资产量的直接指标之一。随着我国城镇土地市场的飞速发展及土地市场规制的日益完善，在城镇地价管理方面已开展了大量基础工作，中共十八大以来，随着改革方向的明晰、改革力度的加大，农村集体土地市场及价格管理体系的建设试点也正在深化实施，为开展土地资产调查核算工作所需的地价指标准备了可预期的数据来源。

（1）城镇基准地价更新与城市地价动态监测工作在宏观与中观层面反映了城镇地价水平、结构及空间分布，可用于与土地资源数量调查中的区域土地面积指标协同分析。

（2）土地市场动态监测与标定地价体系建设工作可在微观层面提供宗地价格指标，与土地资源数量调查中的地籍数据相结合，支撑高精度的土地资产量测算分析。

（3）农村集体土地市场处于培育建设初期，相关试点和实践工作已经开展，在尚未形成规范价格体系的地区，短期内可依据同区域的新增建设用地成本进行测算，或参照相邻及类似区域国有建设用地价格调查的方法进行修正。

总体而言，我国现行城镇国有土地上的价格调查已形成较为完备的制度机制和丰富的工作实践，特别是随着全国基准地价电子备案、标定地价体系建设等工作在行政上的统筹部署推进，城市地价动态监测范围的拓展，以及地价公示制度的逐步形成，将为全国土地资产调查核算工作提供翔实、丰富的地价基础数据；农村集体土地价格体系虽未形成，但随着城乡一体化的土地市场建设，可预期农村土地市场、价格及其监管体系将较大程度上参照已形成的城镇土地市场,从而使较为成熟的城镇地价调查体系,不论在技术方面还是在运行机制方面均能够相对顺畅地推广至农村。

此外,为了与土地资源调查数据更好地衔接,提高土地资产调查核算精度,还需进一步细化现行地价调查实践中的土地用途分类。建议有条件地区尽量参照《土地利用现状分类》标准,将地价调查分类细化至二级类,为适应我国土地有偿使用范围不断扩大的需要,至少应在原有城镇基准地价土地用途分类体系的基础上,增加公共管理与公共服务用地、交通运输用地等用地类型。同时,将地价调查单元细化至均质区域、街区或宗地。

阅读资料

现有土地价格调查的相关情况

一、城镇土地价格调查

基于国土资源部统一部署的城市土地价格调查与监测工作,我国已完成了城市土地级别调整和城市基准地价更新,并在此基础上建立了全国城市地价动态监测系统。

(一) 城市基准地价评估

基准地价是我国城镇地价体系的重要组成部分,是我国政府法定的公示地价之一,是目前我国地价评估的基础。基准地价所反映的是城市内部地价的总体分布趋势和各级、各类土地的平均价格水平。

基准地价评估是指在土地利用总体规划确定的城镇可建设用地范围内,按照一定程序、方法对平均开发利用条件下,不同级别或不同均质地域的建设用地,按照商服、住宅、工业等用途分别评估出基准地价,并在基准地价的基础上,分用途、分区域分析地价影响因素与地价的关系,编制基准地价系数修正表。

在实践中,部分城市除了对商服、住宅和工业用地各级别的基准地价进行了测算外,还对细分用途的基准地价进行了测算。但由于一些基准地价体系中土地用途的分类并未严格遵循《土地利用现状分类》标准，导致难以与面积调查数据衔接，在应用于土地资产核算时需进行技术处理。

（二）城市地价动态监测

城市地价动态监测以城市为单位，通过确定监测范围、划分地价区段，设立监测点，定期（季度、年度）采集监测点地价及市场交易地价变化信息，进而测算地价监测指标、分析地价变化规律，并向社会发布。

城市地价动态监测分为国家级城市地价动态监测、省级城市地价动态监测和城市级地价动态监测3个层次。由于监测工作以城市为单位开展，因此国家级监测和省级监测均以城市级监测为基础。城市地价动态监测指标包括地价水平值、地价增长率和地价指数，从土地用途上看包括商业、住宅、工业和综合用途。其中"综合"是指不同用途土地的平均状况。

截至2017年，国家级监测范围已覆盖106个主要城市，另有多个省自行组织开展了省级监测，个别地区将监测范围拓展到县级行政单元，建立了以省级城市、市州级城市、县市级城市为一体的较为完整的全省地价动态监测管理系统。

通过城市地价动态监测，可以获取反映监测地区平均地价的商服、住宅、工业等用途的地价水平值，但总体来看，我们目前城市地价动态监测的覆盖范围有限，难以满足全面开展土地资产核算的要求，需逐步扩大监测范围，特别是增加对县市级城市及重点城镇的地价状况的监测。

（三）交易地价监测

交易地价是指在土地市场上，交易双方对所交易的土地达成的双方认可的价格，属于个别价格形态。交易地价是土地价格的真实体现，也是评估土地价格的基本依据。为测算区域平均交易地价，需要获取尽可能多的交易案例。国土资源部自2003年起实行土地市场动态监测制度，全部土地的供应数据均需在土地市场动态监测监管系统中动态填报。通过运行土地市场动态监测监管系统，可以实现对全国各级行政单元内土地供应的总量、来源、结构、位置、交易方式、交易价格、投资主体和行业分类等的数据的汇总分析，能够为土地资产核算提供翔实的市场交易基础数据。

二、集体土地价格调查

长期以来，受限于城乡二元的土地管理制度，我国集体土地市场发育缓慢，相应的地价体系建设与管理工作亦明显滞后于城镇国有土地。2015年，国家正式启动农村土地管理制度改革试点工作，随着集体土地市场的开放和规范化管理，其土地资产价格调查工作将逐步与城镇国有土地并轨运行。目前，基本情况如下：

（一）农用地价格评估

1. 农用地流转租金（收益）价格

根据2014年《国务院办公厅关于引导农村产权流转交易市场健康发展的意见》，及农村土地"三权分置"的改革方向，现阶段通过市场流转交易的农用地产权主要为农户的土地承包经营权，不涉及集体土地承包权。由此可见，当前农用地产权交易主要以有限年期的农村土地承包经营权转包和出租形式为主，相应形成了以年租金为主的价格表现形式，参照《农用地估价规程》的收益还原法，可依据农用地租金评估农用地资产价格。

由于受到流转主体经济能力、流转难度、流转农用地类型实际生产等多方面因素的限制和影响，目前全国范围内的农用地流转主要以耕地为主，园地、林地、草地、设施农用地等其他类型的农用地的流转相对较少，流转价格的调查难度较大。因此，在实际调查中，针对农用地流转活跃的地区，应重点加强农用地流转价格的收集；而针对农用地流转市场发育程度较低的区域，以及园地、林地、草地、设施农用地等流转较少的农用地类型，应参考《农用地估价规程》（GB/T 28406-2012）重点加强对该类农用地纯收益数据的调查。

2. 农用地基准地价

农用地基准地价是指县（市）政府根据需要针对农用地不同级别或不同均质地域，按照不同利用类型，分别评估确定的某一估价期日的平均价格。

2003年以来，国土资源部先后下发了《关于开展农用地分等定级与估价工作的通知》（2003）、《关于部署开展农用地分等定级与估价工作的通知》（2004）文件，正式启动全国层面的农用地分等定级工作。截止到2012年，已有二十余个省份一百多个县进行了农用地基准地价试点。从试点的农用地类型上看，主要为耕地和园地基准地价，未包含林地基准地价和草地基准地价；从使用年期来看，一般包括30年有限年期基准地价和无限年期基准地价。2017年，国土资源部再次发布部署了全国国有农用地基准地价体系建设工作。目前，距离覆盖全国范围的农用地基准地价体系数据缺口仍然较大。首先，就全国而言，已建立耕地和园地基准地价的区县数量仍较少；其次，相比耕地基准地价而言，林地和草地基准地价工作更为滞后，目前难以满足核算需求。

（二）集体建设用地价格评估

目前，国内集体建设用地的市场主要分为两类：一类是国家允许开展集体建设用地入市的试点地区：2015年全国人大授权国务院在北京市大兴区等33个试点县（市、区）开展农村土地制度改革，虽然现阶段试点地区的集体建设用地入市交易案例较少，但其形成的交易地价将对交易地价体系的形成起到至关重要的标志性作用。另一类是非试点区自行开展的集体建设用地交易，这部分集体建设用地多为私下流转，呈现出自发性、无序性和隐蔽性等特点，形成了所谓的"隐形市场"。

与市场相对应，集体建设用地价格也主要呈现为以下类型：试点区规范的市场交易价格以及集体建设用地基准地价与非试点地区"隐形流转"中自发形成的"隐形市场"价格。"隐形市场"交易与试点地区的"公开市场"交易所处市场环境、交易的合法性、交易价格的客观性以及交易权利主体和对象等方面均存在着较大差异，而在集体建设用地资产核算过程中，资产价格的确定必须能够客观准确反映集体建设用地的资产价值，因此两者必须区别对待。但由于试点的范围有限，因而针对试点范围交易价格进行准确调查基础上，"隐形市场"交易地价的平均水平也具有一定的参考价值，在实际调查获取过程中需进行针对性处理。

六、土地资产核算方案

土地资产核算是进行国民账户核算、环境经济核算、编制资产负债表的基础。在当前国际主流的几大核算体系中,均设有土地核算账户。我国目前正在开展的自然资源资产负债表试点[①]工作中,也专门对土地资产进行了核算。自然资源资产负债表能够反映自然资源在核算期初、期末的存量水平以及核算期间的变化量,是在自然资源核算理论框架下,以自然资源管理部门统计调查数据为基础,编制反映主要自然资源实物存量及变动情况的资产负债表。我国自然资源资产负债表的核算内容主要包括林木资源、水资源和土地资源。其中土地资源资产负债表主要包括耕地、林地、草地等土地利用情况,耕地和草地质量等级分布及其变化情况。

(一)土地资产核算体系与账户设计

1. 土地资产核算体系

土地资产核算是指对一定空间和时间内的土地资源,在其真实统计和合理评估的基础上,从实物量和价值量两方面,运用核算账户和比较分析,来反映其总量和结构以及增减平衡状况的经济活动。

在实物量核算中,主要是对不同权属和不同利用类型的土地资源面积进行核算。同时,依据《国务院办公厅关于印发编制自然资源资产负债表试点方案的通知》中注重质量指标原则,还应在实物量核算中反映土地质量和利用状况。

土地的自然、社会、经济属性致使土地兼具生态价值、社会价值和经济价值。土地价值的复杂性导致土地资产核算结果的多样性。根据 SNA—2008 对"资产"的定义,资产是一种价值储备,代表经济所有者在一定时期内通过持有或使用某实体所产生的一次性或连续性经济利益。它是价值从一个核

---

① 根据 2015 年国务院办公厅印发《编制自然资源资产负债表试点方案》,选定北京市怀柔区、天津市蓟县、河北省承德市、内蒙古自治区呼伦贝尔市、浙江省湖州市、湖南省娄底市、贵州省赤水市、陕西省延安市开展编制自然资源资产负债表试点工作。目前除天津市外,试点地区均已完成实物量表的数据试填报工作。

算期向另一个核算期结转的载体。同时，由于土地的生态价值、社会价值具有外部性和公共性，其产权边界很难界定，且现阶段土地的生态价值和社会价值测算结果难以实际考察与检验，因此本方案中，将可实施层面的土地资产核算界定为对土地资产的经济价值进行核算，关于土地的社会及生态价值核算有待经济价值核算体系基本成熟后再行探索补充。

按土地资产核算的主体和目的不同，土地资产核算可分为个人土地资产核算、企业土地资产核算和政府土地资产核算。企业土地资产核算和个人土地资产核算是指企业和个人对其所拥有的土地使用权单独进行的会计核算，核算的基本单位为宗地；政府土地资产核算是指政府出于土地资源资产管理目的对其行政辖区范围内的土地资产进行的核算。按政府所处行政层次的不同，政府土地资产核算可进一步分为国家级土地资产核算、省级土地资产核算、市级土地资产核算、县级土地资产核算。

根据土地资产产权关系的不同，土地资产核算可分为国有土地资产核算和集体所有土地资产核算。

按土地资产核算所采用的地价数据特征的不同，土地资产核算可分为基于基准地价的土地资产核算、基于监测地价的土地资产核算和基于交易地价的土地资产核算等。

根据土地利用类型的不同，土地资产核算可分为农用地土地资产核算和建设用地土地资产核算。其中农用地土地资产核算又分为耕地土地资产核算、园地土地资产核算、林地土地资产核算、草地土地资产核算等；建设用地土地资产核算又分为商服用地资产核算、工矿仓储用地资产核算、住宅用地资产核算、交通运输用地资产核算等。

土地资产核算分类体系如图2-3所示。

2. 土地资产核算账户

土地资产核算账户是土地资源资产核算结果的集中展示，主要反映某一地区一定时点的土地资源资产的实物量和价值量情况。同时，依据《国务院办公厅关于印发编制自然资源资产负债表试点方案的通知》规定："编制自然资源资产负债表要注意质量指标……土地资源资产负债表主要包括耕地、林地、草地等土地利用情况，耕地和草地质量等级分布及其变化情况。"因此，土地资产核算账户还应反映土地资源资产的质量情况，如土地的等别信息。

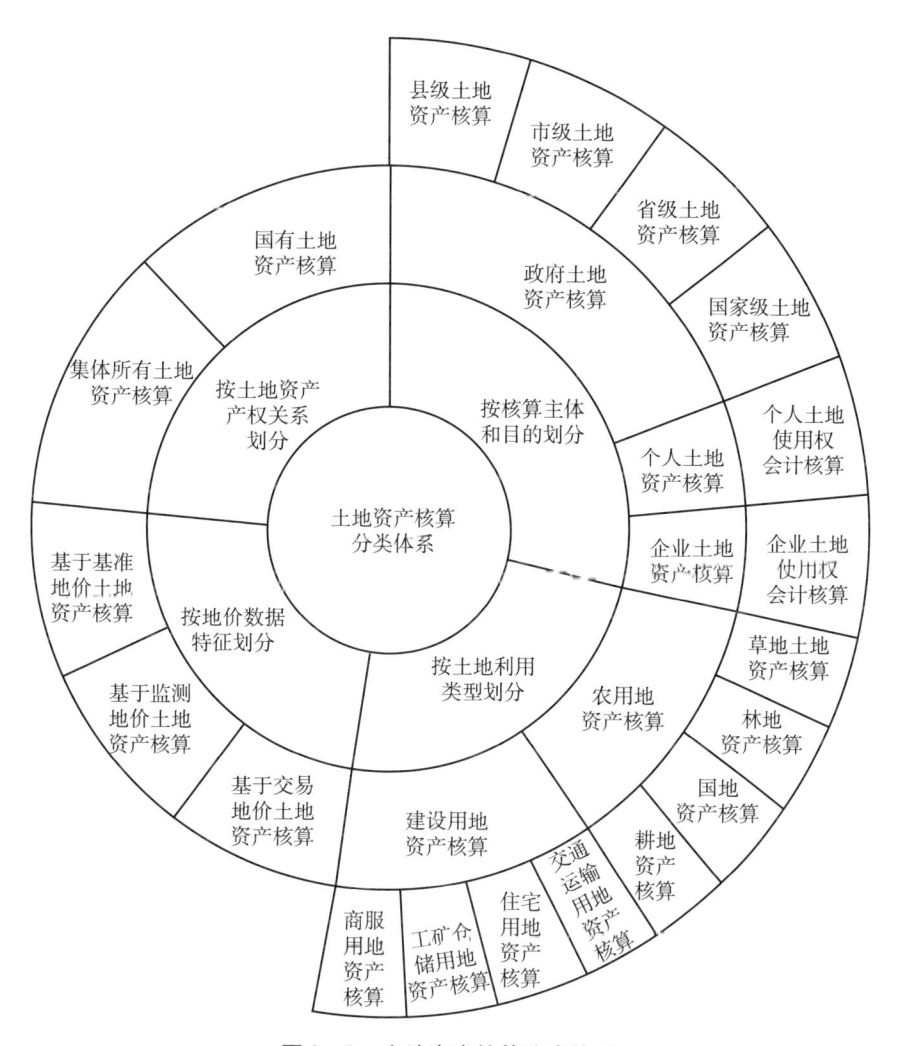

第二章 土地资产调查核算总体方案设计

图 2-3　土地资产核算分类体系

与土地资产核算体系相对应,土地资产账户包括个量核算和总量核算两部分。个量核算也称分区(县)核算,即以区县为单位,分别核算各区(县)的土地资产的实物量和价值量。总量核算也称分省汇总核算,是以省为单位汇总该省范围内各区县的土地资源资产实物量和价值量,最终形成全国土地资产核算。同时,还需在土地核算账户中反映土地利用类型和土地产权归属状况。

土地资产核算账户设计见表2-1至表2-3。

表2-1　　　　　××区（县）土地资产实物量核算账户

土地类型	土地面积（公顷）						质量情况					
	期初数			期末数			期初			期末		
	国有	集体	小计	国有	集体	小计	国有	集体	平均	国有	集体	平均
耕地												
园地												
林地												
草地												
商服用地												
工矿仓储用地												
住宅用地												
公共管理与公共服务用地												
特殊用地												
交通运输用地												
水域及水利设施用地												
其他土地												
合计												

注：(1) 质量情况只填写耕地等别，其他地类暂不填写；(2) 表中"平均"通过国有耕地和集体耕地等别按耕地面积加权平均计算。

表2-2　　　　　××区（县）土地资产价值量核算账户

土地类型	资产单价（元/亩）						资产总量（亿元）					
	期初数			期末数			期初数			期末数		
	国有	集体	平均	国有	集体	平均	国有	集体	小计	国有	集体	小计
耕地												
园地												
林地												
草地												

续表

土地类型	资产单价（元/亩）						资产总量（亿元）					
	期初数			期末数			期初数			期末数		
	国有	集体	平均	国有	集体	平均	国有	集体	小计	国有	集体	小计
商服用地												
工矿仓储用地												
住宅用地												
公共管理与公共服务用地												
特殊用地												
交通运输用地												
水域及水利设施用地												
其他土地												
合计												

注：表中"平均"为国有土地资产单价和集体土地资产单价的简单算术平均值。

表 2 - 3　　　　　　　××年土地资产总量汇总账户　　　　　单位：公顷

行政区域		合计	国家所有	集体所有	其中									
					耕地			园地			……		其他土地		
名称	代码				小计	国有	集体	小计	国有	集体	小计	国有	集体	小计	国有	集体

注：(1) 名称填写行政区域名称（县或市（地）或省）；(2) 代码按《中华人民共和国行政区域代码》(GB/T 2260 - 2007) 填写。

3. 土地资产核算指标体系

依据上文建立的土地资产核算体系和土地资产核算账户，构建土地资产核算指标体系如图 2 - 4 所示。土地资产核算指标，首先，反映土地的资源属性状况,具体包括土地资源的利用类型及面积;其次,必须反映土地作为资产的权属状况及经济价格(价值)状况;最后,对于部分不能完全基于价格(价值)反映土地资产经济价值属性的,可以通过考察对其质量及利用的相关信息对土地资产的经济价值进行反映。

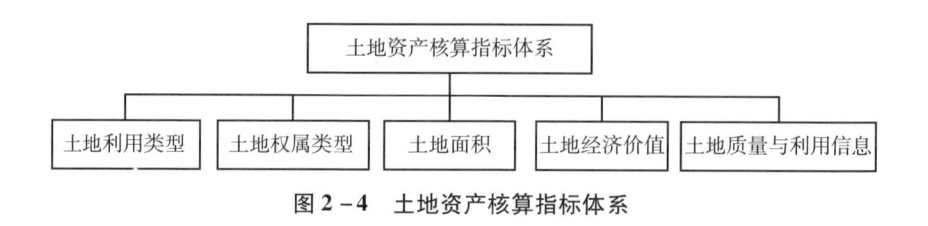

图 2-4 土地资产核算指标体系

(二) 土地资产核算方法

如前章所述,综合考虑技术力量支持度、基础资料完备度、工程实施模式及时间和精度要求,土地资产核算方法可分为宏观、中观、微观三大层次,三类方法的工作量和精度依次提升,需要投入的工程量递增;同时,按核算成果的应用需求,根据地价指标的特征,又可分为基于公示地价(基准地价)的核算、基于监测地价的核算、基于交易地价的核算、基于评估地价的核算等不同内涵的方法。各方法的基本公式、技术思路、实施程序、适用范围及应用特点分析等详见第一章。

就目前我国土地资源基础调查及土地市场发育情况而言,上述各方法在城镇国有建设用地资产核算中的可操作性总体较强,各地区可根据本地情况,至少选用一种方法开展城镇国有建设用地资产核算。但在农村集体土地领域,由于价格信号缺失,地价体系尚未形成,故前述方法的可操作性受到较大限制,预计近期内将以宏观匡算为主,难以实现中观和微观层次的高精度核算。

需说明的是,本方案中所提思路,均立足于近期可操作性,随着相关领域基础条件的完善与提升,土地资产调查成果日益丰富,土地资产核算方法的科学性、规范性及核算精度也将有所提高。例如,我国的城乡标定地价体系正在试点、建设之中,待其在全国达到一定覆盖规模后,可基于标定地价进行土地资产量核算。与基准地价相比,标定地价是具体宗地的价格,具有更强的微观指示性；与监测地价相比，标定地价以现状利用条件为主，其价格更贴近宗地自身现状情况；与交易地价相比，标定地价是政府确定并公布的公开市场价格，其水平更接近土地的理性价值。因此，利用完善的标定地价体系，辅以适宜的统计分析模型，将标准宗地的标定地价修正到每宗土地的评估价格，可实施高精度的土地资产量核算工程。

七、土地资产监管方案

当前我国在土地监管方面已有诸多实践，例如，在全国部署的城市地价动态监测系统和土地市场动态监测监管系统等已实施运行20余年，取得了显著成效，但在资产监管方面探索实践基本处于空白，并且，土地资产监管工程并非单纯技术层面即可实现，其关键在于行政管理制度机制的建设。本方案初步提出土地资产监管的目标、内容、实现方式以及组织实施等架构，以此为行政管理工作的部署提供参考。

（一）土地资产监管的目标

土地资产监管是提高土地资产使用效率、规范土地资产管理和实现土地资产增值、保值的重要途径。土地资产监管的主要目标是在核实与分析土地资产基础数据的基础上，发现土地利用活动、土地市场运行及土地资源资产管理中存在的问题与状况，为土地资源合理利用、土地资产高效配置提供保障。

（二）土地资产监管的内容

1. 全面摸清土地资产状况

以县（区）为单位，对土地资源资产进行实物量调查与价值量评估，填报土地资产核算账户表格，建立土地资产基础数据库。

2. 监测土地资产变化情况

依托土地资产基础数据库，监测土地资源资产变化情况，并通过互联网向社会公开，同时对土地资产总量、结构和空间分布情况进行分析。

3. 监管土地资产利用情况

充分应用土地资产调查核算成果，对土地资产相关变量与社会经济运行指标之间的关系进行分析,同时结合国家宏观调控政策、区域经济发展战略,发现土地资源资产利用和管理中存在的问题,并提出解决方案和对策建议。

(三) 土地资产监管实现方式

土地资产动态监测监管工作可以依托现代信息化技术实现,通过建立统一的数据接口,在确保数据安全性的基础上,从现有的各土地资源类成果数据库和土地资产类成果数据库中提取土地资源数量和土地资产价格数据,辅助测算土地资产总量,实现对土地资产的监测分析、评价及信息发布。土地资产调查核算监管系统横向包括土地资产调查核算监管基础业务工作,纵向涵盖国家、省、市、县四级国土资源管理部门,其总体框架如图 2-5 和图 2-6 所示。

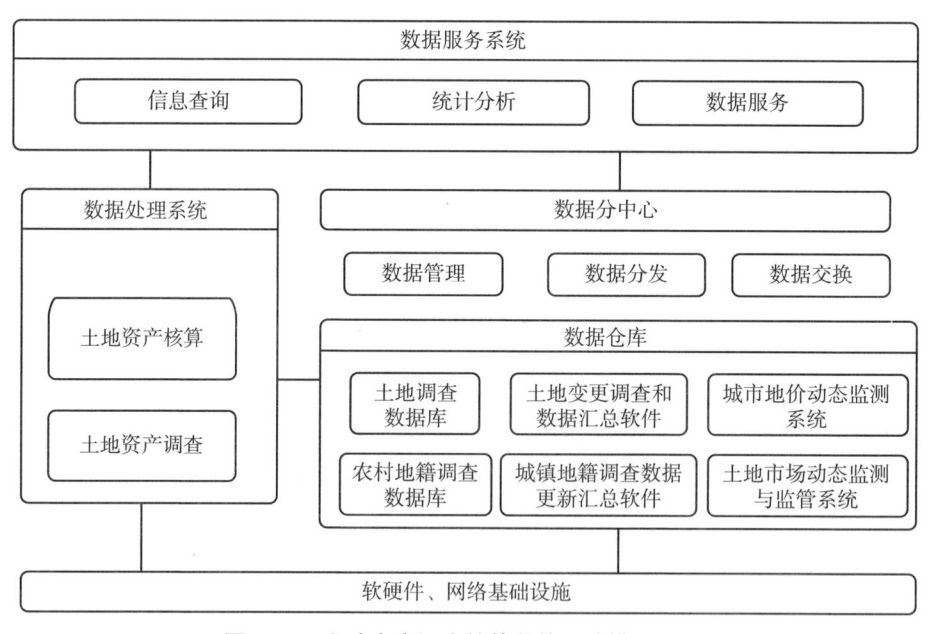

图 2-5 土地资产调查核算监管系统横向结构

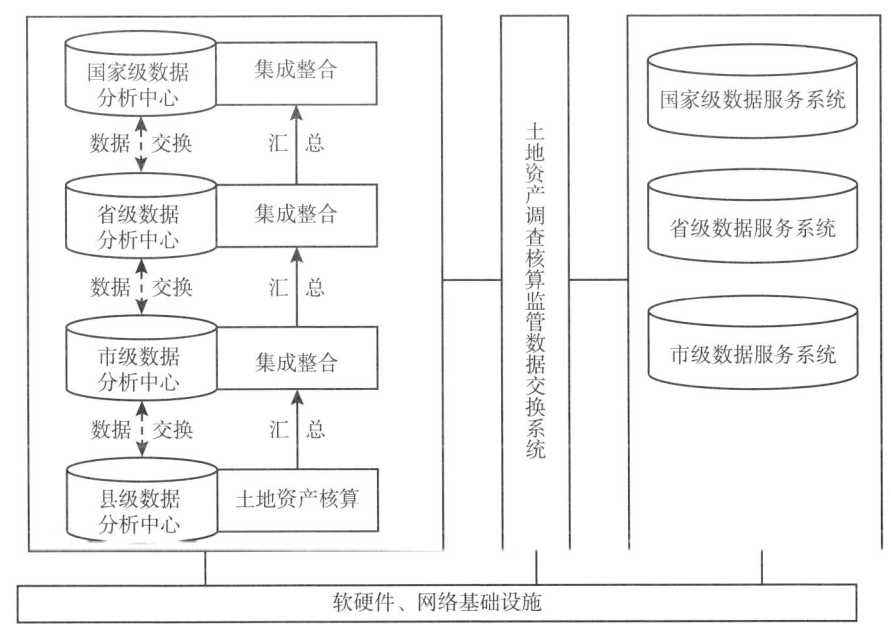

图 2-6　土地资产调查核算监管系统纵向结构

1. 数据分中心

数据分中心包括国家、省、市和县四级。各级数据分中心主要用于接收、处理、存储、管理和分发来自本级的土地资源数量数据和土地资产价格数据等，并与上下级数据分中心和数据处理系统交换数据。

2. 数据处理系统

数据处理系统同样包括国家、省、市和县四级。其主要作用是对本级数据分中心分发的土地资源数量数据和土地资产价格数据进行集成整合，并自动核算本级的土地资产总量。本级数据处理系统核算的土地资产成果数据需向上汇总。上级数据处理系统可利用下级汇总的数据对核算成果进行核查。

3. 数据服务系统

数据服务系统包括国家、省和市三级。各级数据服务系统的主要功能是通过互联网向社会提供土地资源数量、土地资源质量、土地资产价格、土地资产总量的查询服务，同时实时对监测监管的指标变化情况进行统计分析。

第二节 土地资产调查核算监管中的信息化建设方案

当前，国家发展战略调整、经济体制改革、国家治理体系和治理能力现代化持续推进全面深化改革与经济新常态叠加，土地利用管理工作面临新挑战，信息化、大数据、"互联网＋"等科技手段的发展和应用为提升土地领域的管理和服务水平提供了新思路。

近十余年来，土地资源主管部门在土地资产管理领域先后部署了多项基础调查工程，形成了大量调查数据，分散存贮于不同的数据库、文档、表单之中；随着土地资产管理工作的深化推进实施，诸多调查数据面临着持续更新和进一步精细化应用的需求。在此背景下，开发研建土地资产管理应用信息化工具，实现多源关联数据的集成管理，助力各类数据的整合分析、深度挖掘，提高对现有土地资产类数据的利用效率，促进土地资产监管模式和手段的转型升级，已成为全面提升监管与分析服务能力，适应土地管理新常态的迫切需求。

建立对土地资产基础数据统筹管理、集成分析的系统平台，加强在完善土地资产管理机制方面的技术应用，有利于形成科学的技术分析体系和决策支持体系。一方面，基于土地资产量核算方法研究和不同层面的调查数据，以及土地资产核算试点经验，研建形成可推广、易实施的土地资产量核算业务流程，通过信息技术手段辅助，可以快速推进基于全国、省、市、县层面的多尺度土地资产核算工程，核算成果纳入统一的平台管理，便于监测、监管；另一方面，实施全国土地资产核算监管工程，深入分析土地资产结构和空间布局、动态跟踪土地资产总量变化，通过应用数据分析服务，挖掘数据内在价值，加强数据的集成整合分析，可以进一步形成完善的数据应用服务体系，为自然资源资产管理相关工作提供辅助决策支持与数据支撑。

一、背景与基础

(一) 响应国务院和国土资源部大数据发展战略的基础性工作

2015年9月,国务院印发了《促进大数据发展行动纲要》,系统部署大数据发展工作。该纲要指出,"坚持创新驱动发展,加快大数据部署,深化大数据应用,已成为稳增长、促改革、调结构、惠民生和推动政府治理能力现代化的内在需要和必然选择"。部署三方面主要任务,一是加快政府开放共享,推动资源整合,稳步推进公共数据资源开放,统筹规划大数据基础设施建设;二是推动产业创新,发展大数据行业领域应用,形成大数据产品体系,完善大数据产业链;三是健全大数据安全保障体系。

2016年国土资源部研究制定了《关于促进国土资源大数据应用发展的实施意见》,提出"健全国土资源数据资源体系,实现国土资源数据的充分共享和适度开放,深化国土资源大数据的创新应用,不断提高国土资源参与宏观调控、市场监管、社会治理和公共服务的精准性和有效性,促进国土资源大数据应用新业态发展,形成国土资源大数据应用发展新格局",并明确了国土资源领域关于大数据应用下一步的工作任务和时间表。

土地资产调查、核算、监管工作作为《国土资源"十三五"规划纲要》中明确要求开展的专项工程,相关数据的集成、整合是基础性工作,是形成土地资产数据体系的重要内容,能够弥补国土资源大数据体系中土地资产数据的长期空白,是响应国务院和国土资源部大数据发展战略的基础性工作。有利于进一步推进国土资源数据共享与开放,充分发挥国土资源信息在实施国家大数据战略中的重要基础作用;深入推进土地调查评价信息化,全面快速掌握土地资源资产利用状况。

(二) 土地管理转向综合化、精准化、信息化的现代化治理的必然要求

中共十八大以来,土地制度改革与国家发展战略调整、经济体制改革、宏观治理体系转变等同步推进。系统化的改革进程中,土地利用管理的背景有所变化,对其在社会经济运行中的快速响应能力要求更高,管理对象更加

丰富，政策目标趋向综合，影响效果更为复杂，多因素联动的管理特征更为明显。因此，传统的管理技术必须适应综合化、精准化、信息化的管理需求。充分利用和挖掘多源数据，将土地资源、资产、资本的数量、质量、结构等指标在空间、时间、层级等多维度体系中全面展示，结合各类社会经济统计指标进行立体化、全流程、联动式的监测监管分析是满足新要求、新定位的有效技术途径。建立土地资产基础数据集成与应用分析平台（以下简称"土地资产平台"），一方面，是探索建立土地资产相关数据精准治理新模式，深化和拓展国土资源综合监管应用的举措，是土地市场要素管理转向综合化、精准化、信息化的必然要求，能够助力构筑国土资源信息技术体系和"国土资源云"建设；另一方面，有利于建立完善土地管理大数据体系，推进土地资产管理决策的科学化、智能化，有利于建立和完善信息化标准体系，促进形成规范、有序的土地资产管理信息化建设新局面。

（三）推动"大数据、大分析"实现成果共享的基础性工作

在全球信息化快速发展的大背景下看，大数据已成为重要的基础性、战略性资源资产。推动面向大数据的数据治理，促进数据共享，深挖数据分析，推进数据应用，实现用数据决策，靠数据创新的管理目标，业已成为国土资源管理深化，向自然资源管理转型升级的必由之路。长期以来，国土资源部在土地资源调查、土地利用规划、土地市场监管、土地价格监测、节约集约利用评价等领域持续部署国家级工程，积累了海量数据。随着第一次全国土地调查、新一轮国土资源大调查、第二次全国土地调查、年度全国土地利用变更调查监测与核查、资源一号 O2C 卫星和高分卫星应用系统建设等重大工程的开展，以及"十二五""十三五"期间各类信息化建设项目的实施，逐步形成了年度更新、覆盖全国的遥感影像和土地利用数据、土地评价数据及相关的基础地理、社会经济、自然地理等数据体系。2011 年，"全国土地基础数据库"挂牌，形成了以多年来积累的调查、监测、规划、评价等土地数据为基础，融合先进信息技术，集基础存储、海量空间数据管理、数据高效服务为一体的大型海量空间数据库，数据量累计已超过 400TB 以上，并且每年以 50~80TB 的速度增长。大数据发展已成为促进国土领域治理体系和治理能力现代化的有效途径，充分利用数据规模优势，实现数据规模、质量和

应用水平同步提升，挖掘和释放数据资源的潜在价值，有利于充分发挥土地资源数据战略性作用，有效提升国家竞争力。

为了实现数据成果的高效共享，从顶层设计出发，国土资源行业持续开展调查与监测工作，充实土地基础数据平台，加强数据共享与集成机制，充分挖掘土地价格、土地资产与其他数据间的内在关联和客观规律，初步提炼形成定位更为精准、内涵更为丰富、类型更为多样、表达更为灵活的大数据综合分析成果。在此基础上，土地资产基础数据库与数据集成分析平台的建设，将进一步满足社会经济转型对土地资产属性基础数据的需求，符合国家治理、国土资源管理的科学化导向，符合新技术、新思路发展的趋势。土地资产平台的建设，作为实现"大数据、大分析"成果共享的基础性工作，立足强战略、高占位，将有助于丰富土地数据全方位空间集聚应用。

（四）不动产统一登记及其他领域信息化建设提供了不断丰富完善的数据源和技术支撑

根据国土资源发展规划，在"十三五"期间，将基本建成覆盖全国的不动产信息平台，实现数据互通共享。重点推进全国不动产登记数据整合建库汇交，建立全国不动产登记数据库，完善数据实时更新机制，满足各级不动产登记机构登记业务办理和共享查询需要，逐步实现信息共享交换服务和信息依法查询服务。基于全国范围内逐步建成并平稳运行的不动产登记信息管理基础平台，将为土地资产综合平台提供更丰富的数据源。同时，城市地价监测数据、土地成本调查数据、土地市场监测监管数据、开发区集约利用评价数据、城镇地籍数据的持续积累，为土地资产数据的科学核算及土地资产平台的建设，提供了丰富的基础数据资源，也为数据的集成管理、综合分析与应用创造了技术手段和支撑渠道。

综上所述，着手开展服务于土地资产管理的数据集成与应用分析平台建设，以规范土地资产数据管理为载体，提升科学数据开放共享水平，以高质量、集成化、系统化的多元数据分析成果支撑新时期的土地利用管理，不仅符合当前的需求与方向，更具有现实可操作性。

二、目标、原则与定位

（一）总体目标

创新国土资源管理和服务的新思路、新模式、新应用，加强土地资产管理的信息化基础设施建设。全面建成国家级土地资产基础数据存储中心，支撑土地资产应用系统和数据的部署、存储、管理和运行，实现基础数据的集成管理及土地资产调查、核算、监管等业务的高度信息化，引入大数据、并行运算、数据融合和知识挖掘等现代信息技术，构建土地资产调查、核算、监管应用的指标体系，在确保网络和信息系统安全的前提下，全面实现土地资产管理中决策与服务的网络化和智能化应用。

建立健全数据统筹管理制度，实现各类专题数据的集成管理。推进土地资产和关联数据采集和处理的全数字化和流程化，实现土地资产数据获取的全面性和时效性。不断提升数据应用挖掘能力，促进土地资产管理信息化工作从静态积累到动态服务，优化完善土地资产变化自动比对分析，强化对地方政府土地资产管理水平和效率的评价，发挥信息化成果对土地资产业务工作的支撑效应。

研建可定制的业务应用模型和分析工具库，服务于业务需求。实现多源数据深度融合、知识发现、目标分类，支撑开展土地资产状况评估与风险预警评估等工作，为加强对土地资源资产的统一管理，提供更加坚实的信息支撑和技术保障，推进土地资产数据在行业内部和政府部门间的共享，有序开展国土资源数据向社会开放，逐步提升各级管理部门对土地资产的监管能力，推动政府管理职能转变。

（二）阶段性目标

1. "十三五"期间

拟完成现有各类数据的梳理、整合，建立多源数据标准化处理的技术方法与规范；构建可与现行"全国土地基础数据库"衔接的土地资产动态综合数据库；完成已有数据入库存储及部分功能模块的开发与试运行；基于平台开展高精度、广覆盖的土地资产量测算、分析工作，并探索测算结果在多领域的应用；着手研建基于多源数据的定量化分析方法与决策支持模型，通过系统实现模型的定量化分析。

启动初期，初步搭建土地资产平台，开展多源数据的集成整合和拟合分析，通过改变单一类型地价数据分析的传统模式，在技术和机制上突破不同来源、不同生产单位、不同内涵、不同空间表达的数据之间的应用壁垒，拓宽分析视野，充分挖掘土地价格、土地资产与其他相关数据间的内在逻辑关联和客观规律，提炼形成定位更为精准、内涵更为丰富、类型更为多样、表达更为灵活的综合分析成果，为实现土地资产监管模式和手段的转型升级，加强并提升监管与分析服务能力提供技术支持。

2. 远景目标

配合我国自然资源资产动态核算监管机制建设，提供专业技术支撑；完善相关数据的采集、整合方法及定量化分析模型；加强数据系统的整合，基本形成以土地资产平台为应用端，诸多土地资产相关数据库为信息源的数据服务体系，提供反应快速、数据准确、灵活表达的专题分析服务。

（三）基本原则

土地资产平台的建设需遵循以下原则：

1. 统一规范

在统一的国土资源信息化标准框架下，按照统一的数据库建设和系统开发标准和规程规范；土地资产平台是数据资源整合与管理层的核心，建设的目的是统筹各类多元数据，实现多元数据在交换共享、用户权限、数据安全等方面的统一管理。建设过程中，要遵循土地资产相关技术要求、规范和标准；数据交换，输入输出格式定义明确；数据形式完备，内容逻辑正确。土地资产领域各类专项数据库在统一的存储框架下相对独立存储，数据接口、数据调用、元数据标准等实行统一管理。

2. 弹性架构

土地资产平台应具有良好的扩展性，在架构设计上要预留数据资源与功能模块的拓展需求。总体来看，平台的主要构成模块包括数据库模块、统计分析模块、子系统调用模块等，可以灵活扩展，为土地资产数据大分析提供技术支撑。一方面，要能够通过各类工具的组合，实现土地资产相关数据的整合集成；另一方面，要满足用户能够嵌入大数据作业平台，从而用于数据日常处理加工的需求。弹性架构体现在：第一，从数据容量上看，首先要满足阶段性可预期的数据增长需求；从数据内容上分析，必须有灵活的数据结构、索引定制，以满足不同来源、不同类型、不同主题、不同表现形式的土地资产相关数据的扩展；第二，从系统接口上分析，土地资产平台需要支持对其他业务系统的数据调用，同时也能够为其他业务系统访问提供授权和约束性的访问；第三，从系统功能来看，在功能板块上应具有良好的可扩展性和灵活性，满足系统开发原则，满足用户对于数据查询、统计和分析的自定义需求。

3. 有效衔接

土地资产数据要求合理继承现有的土地资产数据管理和信息化建设成果和经验，避免重复建设，充分利用数据分析的成熟工具与方法，提高系统平台建设的效率和应用效果。在充分考虑全国土地基础数据库、全国城镇地籍数据库、城乡地价监测数据系统、基准地价备案系统、开发区土地节约集约利用分析平台等现有系统的基础上，设计土地资产平台总体框架，持续开展历史数据成果的整理，分步开展专题数据库建设，对已有的数据实现有效衔接，逐步形成覆盖土地业务、基础地理、社会经济、自然资源等领域的系列土地资产基础数据资源。

4. 统筹建设

纳入土地资产平台管理的数据内容多样，数量庞大，系统建设周期长，同时需要兼顾《国土资源"十三五"规划纲要》中土地管理业务发展需求，必须在开展周密用户调查、需求分析和系统设计的基础上，循序渐进，分步实施。首先，以需求为导向，统筹集成和分析。以土地资产平台的应用促发展，边建设、边应用；配合基础研究工作，通过信息化手段辅助土地资产核算体系、应用分析体系的建设，从而实现资产核算的自动化、土地资产分析的模型化，形成系统开发与业务应用相互促进的良性循环。其次，立足国土资源大数据体系建设方向，统筹土地资产平台与其他数据、系统的建设发展。以实施国家大数据战略和国土资源管理需求为导向，加强土地资产与土地资源大数据统筹建设。坚持统一标准、统一平台，共同发展，共同推动国土资源大数据应用发展。通过数据整合处理平台，进一步加工处理土地资产相关数据，为综合分析奠定数据基础。在集中管理的模式下，各类数据可以横向调用、跨库统计分析、多元化服务与综合展现。统筹规划海量数据存储环境，协调不同专题数据库之间的衔接关系，实现多源数据的统筹管理和综合调用，为数据的统一出口、统一管理提供技术保障。

5. 兼顾数据安全与共享开放

土地资产平台建设与发展要妥善处理数据开放与安全的关系，切实保障数据安全。根据相关数据的内容特性和应用范围，平台运行环境分为涉密与非涉密两种环境。涉密应用环境，以涉密机房为应用场地，主要用于涉密土地资产相关数据的浏览与加工。非涉密应用环境，以普通计算机终端设备为主要应用场所，用户可以通过管理授权，获得土地资产相关数据，实现查询、应用分析等工作；逐步建立科学规范的数据共享开放机制，推动土地资产数据在系统内及政府部门间的共享，稳步有序推进国土资源数据向社会开放。

（四）功能定位

1. 多源海量数据的整合平台

土地资产平台，是基于地理空间的各类国家级数据库的逻辑集合体，不仅高度集成社会经济数据，而且与土地基础数据库、各类专题数据库紧密衔接，需统筹规划海量数据存储环境，协调不同专题数据库之间的衔接关系，推进数据网格化统筹管理，实现多源数据的空间叠加与综合调用。

2. 数据模型的决策分析平台

多源数据的整合必将改变单一数据下的土地价格、土地资产分析技术方法，使得多因素、复杂模型的使用成为可能。各类模型的构建和应用研究以及模型工具库在数据服务平台中的集成也成为该工作的重要特征。

3. 高精度、可视化的成果展示平台

土地基础数据的网格化处理将具有空间标志的土地价格、土地资产等属性与网格化的土地利用、土地规划、地籍、社会经济等数据进行加工，生成土地资产的基础数据，可以实现基于网格空间上的拟合，提高分析精度，丰富各类分析成果可视化的空间表达方式。

三、工作现状

（一）信息化建设现状

1. 信息化基础设施与相关业务系统建设日趋完善

随着土地利用、土地规划、土地调查与评价、土地市场监管等领域国家级相关信息工程的实施，在系统硬件、平台支撑软件、网络基础设施、安全防护体系等方面已经卓有成效，日趋完善。目前已经形成，且稳定运行的各类业务信息系统成果丰富。例如：

（1）变更调查相关业务系统，涉及变更调查领域的数据库管理系统，数据质检、内外业核查、影像管理、数据汇总分析等；

（2）全国城镇土地利用信息系统；

（3）其他土地资源调查相关的业务系统，如耕地后备资源数据管理，成果汇总，数据检查等相关业务软件，等等；

（4）城市、开发区、高校节约集约利用评价系统；

（5）土地资产相关业务系统，包括城市地价动态监测系统、基准地价备案系统和土地成本采集与管理系统；

（6）土地基础数据底层存储系统，包括底层存储管理、数据管理、服务发布、资源目录、系统单点登录及安全管理等功能。

2. 数据共享与交互机制逐步形成

目前，土地基础数据底层存储平台已经初步完成了土地基础数据的采集、管理、数据共享交换、数据分析架构等。其中数据共享的方式主要通过服务实现，共享服务，就应用内容而言可以分为三部分：第一，是数据的统计分析，通过调用服务，传递参数，直接获取结果；第二，是数据内容获取，通过调用服务的方式，得到所需要的空间和属性数据实体文件；第三，是通过查询数据目录的形式，直接下载数据。

（二）数据现状

丰富的土地资源属性数据与土地资产等经济属性数据是土地资产平台建

设所必需的重要基础。结合现有调查工程与专项业务开展部署情况分析，目前除基础地理数据、宏观经济统计指标外，其他各专项调查工程形成的土地基础数据主要包括：

（1）第二次全国土地调查成果。包括第二次全国土地调查相关的土地利用现状数据、缩编数据库、影像数据、汇总表格、文字报告、专题图件等。

（2）全国土地变更调查数据成果。包括全国范围覆盖的历年影像数据、遥感监测成果、土地变更调查空间及属性数据。其中，属性数据包括年度土地分类的流向、流量、现状数据。

（3）年度城镇土地利用现状数据，部分城镇地籍数据。主要包括全国所有行政单位全覆盖的城市、建制镇建设用地内部分类细化数据，包括部分村庄内部分类细化数据、部分城镇地籍调查空间数据（含空间，利用现状和权属等内容）。

（4）开发区、城市建设用地，高校教育用地集约利用评价数据。包含全国开发区、城市区域和中心城区、高校范围内土地利用情况、人口、经济、投资、效益等数据项。

（5）全国建设用地、农用地质量评价与分等定级数据。

（6）土地价格与成本数据。包含地价监测数据，即全国主要监测城市[①]自2000年以来年份动态持续的综合、商业、住宅、工业监测地价数据；根据年份变化的全国标准宗地分季度、分用途的地价监测数据。

（7）全国土地成本费用调查数据。包括全国31个省（市、自治区）2800多个市县单元的新增建设用地从取得、开发到供地全过程中涉及的主要成本费用；以及工业用地出让最低价、基准地价、征地补偿标准等相关政策性地价标准。

此外，2017年10月，国务院下发《国务院关于开展第三次全国土地调查的通知》，决定自2017年起开展第三次全国国土调查（简称"三调"）。"三调"的对象是我国陆地国土。调查内容为：土地利用现状及变化情况，包括地类、位置、面积、分布等状况；土地权属及变化情况，包括土地的所有权和使用权状况；土地条件，包括土地的自然条件、社会经济条件等状况。

[①] 全国主要监测城市，包括北京市等106个城市（2018年）。城市名单详见中国地价信息服务平台，http://www.landvalue.com.cn/。

按照基本进度要求，2019年下半年，将完成调查成果整理、数据更新、成果汇交，汇总形成第三次全国国土调查基本数据。"三调"成果较现有的"二调"成果而言，内容更为丰富、具体，在空间与类型上更有利于与土地经济调查类数据相衔接，从而提升两类调查数据集成分析的可行性。

(三) 技术标准现状

目前，国土资源领域已经基本形成了包括土地调查标准、规划标准、评价标准、估价标准、集约利用标准、土地信息化标准等一系列的协调、统一、配套的技术标准体系。这些标准体系在土地资产调查、土地资产平台建设方面，提供了技术指引和支撑。相关工作实施主要参照技术标准，如表2-4所示。

表2-4 相关工作实施主要技术标准

标准分类	具体内容
1. 调查评价标准	(1) 第二次全国土地调查技术规程 TD/T 1014-2007 (2) 土地利用现状分类 GB/T 21010-2007 (3) 土地变更调查技术规程（试用）（2017年修订） (4) 地籍调查规程 TD/T 1001-2012 (5) 开发区土地集约利用评价规程（试行） (6) 建设用地节约集约利用评价规程 TD/T 1018-2008
2. 分等定级估价标准	(1) 城镇土地分等定级规程 GB/T 18507-2014 (2) 城镇土地估价规程 GB/T 18508-2014 (3) 农用地定级规程 GB/T 28405-2012 (4) 农用地估价规程 GB/T 28406-2012 (5) 农用地质量分等规程 GB/T 28407-2012 (6) 标定地价规程 TD/T 1052-2017
3. 数据库标准	(1) 土地利用数据库标准 TD/T 1016-2007 (2) 第二次全国土地调查数据库更新标准（试行）（2009年） (3) 第二次全国土地调查数据库更新技术规范（试行）（2009年） (4) 城镇地籍数据库标准 TD/T 1015-2007 (5) 开发区土地集约利用评价数据库标准（试行） (6) 市（地）级土地利用总体规划数据库标准 TD/T 1026-2010 (7) 乡（镇）土地利用总体规划数据库标准 TD/T 1028-2010 (8) 基本农田数据库标准 TD/T 1019-2009

四、土地资产平台的应用功能设计

土地资产平台设计的重要目标是实现多源数据在内涵、空间上的集成管理与综合分析,满足灵活多样、动态丰富的应用服务需求。结合国土资源管理领域现有工作基础,初步设计的系统平台主要应用于以下工作:技术体系完善、应用领域发现、决策数据支撑。随着自然资源管理领域的改革深化,土地资产平台可进一步拓展至自然资源领域,逐步实现与其他自然资源数据平台的整合协调,为建立自然资源资产统计制度,推动自然资源资产价值评估和资产核算分析等工作提供数据基础与信息化服务。

(一)辅助实现多层次、全覆盖的土地资产量测算与应用分析

1. 体现类型与结构特征的城乡土地资产量测算辅助工具

通过土地资产平台数据集成模块,在辅助土地资产量高效率、批量化测算的同时,能够结合地类结构、权属结构、空间分布等数据,实现内涵更加灵活的土地资产量的分类测算,体现土地资产的总量、结构、布局、资产质量及稳定性等特征,并能够按照国有土地与集体土地、建设用地与农用地、可显化资产与潜在资产、经济资产与生态资产,以及不同行政层级、不同空间分布、不同城市群、不同经济组团等多类别、多层次、多视角进行资产量归类统计,提供技术服务支撑,促进建立基础地理信息全覆盖、社会经济指标反映性强、数据完备并对行政管理支撑力度高的城乡土地资产核算监管工具平台。

2. 基于多维度、空间拟合的土地资产量应用分析技术

根据土地资产平台的数据特征,可以提取并统计高精度、广覆盖、多内涵、时序化的土地资产量数据,结合经济社会数据库、土地规划和利用空间数据库,通过数据调用与空间拟合,实现联动分析,支撑服务于多种目标的定量分析与专项工作。例如:

(1)对土地价值量时序数据的集成,可为编制自然资源资产负债表提供依据。

(2)土地资产核算体系与宏观经济核算体系相结合,可用于分析土地资

产在国家财富中的占比结构与时序变动特征，判断社会经济运行质量，辅助预警预测。

（3）通过平台协助完成土地资产量成果与土地利用中的结构、流量数据结合，进而从宏观、中观层次上分析我国城乡土地资产量的结构特征、变动特征、管理特征，支撑深化土地制度改革中的相关工作。

（4）通过数据库衔接和调用功能模块，与不动产数据结合，同时引入相关财政数据，支撑测算分析房地产税基规模，服务于房地产税及其他与不动产相关的税收征管工作。

（5）土地资产量的更新，与土地抵押数据变动结合，可用于分析土地金融市场的安全性等。

3. 基于土地资产平台的土地政策实施效果评估技术

土地资产平台能够实现对土地价格、土地供应、土地利用等多源数据的集成，通过平台整合、衔接和端口开放数据共享等服务，可用于进行定量化的土地政策实施效果评估。例如，与开发区土地集约利用评价数据库结合，对于已出台的节约集约利用政策，采集政策出台前后的土地供应数量、结构、来源、建设强度、价款等指标，结合各类地价、土地成本数据，分析政策出台前后的变化情况，建立政策评价模型，采用定性与定量结合的方法开展节约集约用地政策效果的评估，据此微调相关政策实施细节。

（二）统筹相关业务系统开展城乡一体化的地价综合分析

通过土地资产平台，集成现有地价动态监测系统、基准地价备案和管理系统、土地成本数据采集和管理系统等各相关业务系统的数据资源，深化地价数据的联动分析，可实现以下应用服务功能：

（1）通过基准地价备案系统，及时掌握全国基准地价更新情况，开展宏观层面的全国基准地价平衡体系研究，支撑土地资产量核算等相关工程。

（2）通过统筹不同地价子系统和土地基础数据库中的空间数据，实现地理空间要素与地价影响因素的结合，形成公示地价、交易地价、评估地价在全国、重点区域、具体行政单元的空间分布图。比较各类地价在时序与空间上的变化规律以及同一空间上各类地价间的差异幅度，结合土地供应中的规模、用途、结构、开发利用强度，以及社会、人口、经济等相关指标，可用于分析供求关系、地价走势、影响因素的变化，进而判断价格的合理性、市场运行的平稳性及采取相关政策措施的必要性。

（3）统筹不同地价子系统和土地市场动态监测监管系统，结合省、市、县等不同行政层级的土地利用现状，以不同形式的土地价格、土地供应、房地产市场数据为核心，结合不同城市的经济、人口、资源、定位、公共服务能力、发展空间等因素，开展综合分析，服务于房地产市场分类调控与风险评估。

（三）建设丰富的模型库，辅助决策分析

丰富多源数据序列，拓展研究视角，基于土地成本、土地价格、宏观经济指标的拟合分析，开展综合建模分析，能够为土地综合管理提供更为丰富的量化分析工具。土地资产平台通过建设丰富的模型库，提供各类可扩展、可定制的业务模型，实现多元化的数据集成展示和分析，形成较为直观和综合的分析结果，为决策建议提供强有力的数据支撑。根据已有研究成果，初步设计了基于现有数据的模型集成应用方向，例如：

（1）通过成本—效益模型、生产函数模型等，可测算各用途、各行业土地的要素价格、可产生的综合收益及其在产品中的贡献率，进而分析核定各类地价的合理性区间、各行业对土地要素的可支付能力，为建立科学的地价形成机制与差别化地价政策提供评判指标。

（2）通过土地资产要素与经济产业指标的关系模型，例如，一般均衡模型（CGE模型）、产业结构高度模型、多要素产业发展雁行模型等，可将土地供应数量、价格两类因素纳入地区宏观经济增长、产业发展与协调性分析，从土地资源资产投入视角研究宏观政策的综合效果。

此外，通过建立丰富的模型库，辅助嵌入第三方软件，可以实现对土地资源资产数据、社会经济数据的模拟学习、预测和评价功能。通过提供多种算法工具，基于面板进行数据分析、评价、预测，实现基于经济要素相邻效益、布局效益和聚集效益理念，城市发展阶段、产业发展水平与土地资产之间的协同研究，研究土地资产在国际市场的位序水平，对经济发展的贡献力度以及辅助构建对经济安全性的预测预警体系等。

（四）辅助实现对土地资产的全方位立体监管

（1）细化土地资产管理对象，实施高精度网格化管理。土地资产量化数据成果与现有的土地利用数据、土地规划数据、土地地籍数据、社会经济数据实现空间上的拟合，可以细化土地资产的现状表征。根据对土地基础数据实施网格化管理的目标设计，将以县为单位的土地调查数据进行网格化处理，并对多个县级网格化数据综合处理形成地级市矢量格网化数据，逐步形成省级、全国的格网数据。随着用于土地资产量测算的土地面积、土地价格体系数据的适时完善和更新，结合网格内其他土地调查数据，能够实现土地资产量在多维分类体系中的灵活表达，有利于监管工作的精细化。

（2）把握数据变化规律，建立良性的信息反馈机制。借鉴现有土地资源数量、质量、价格监测监管机制体系，通过实时更新资产量等数据，结合土地利用变更调查确定各地类实际变化情况，根据地类、面积、利用现状的变化，可以动态核查国有土地资产运行状况，为土地资产管理提供现势、翔实、准确的基础数据支撑。通过监测土地资产的变动规律、分析土地资产与土地资源利用数据、社会经济运行数据之间的相关性，辅助实现经济安全评价，为管理部门掌握土地资产变化规律、完善相关管理机制提供周期性信息反馈。

五、土地资产平台建设总体思路

根据目前土地管理业务系统的建设及专题业务数据积累情况、未来发展趋势，设计土地资产平台的中长期总体建设思路，提出实现多源数据整合挖掘的技术路径，形成"十三五"期间土地资产平台的总体建设规划方案。

从平台建设阶段看，可分为分析阶段、设计阶段、研发阶段、实施及后期运行等阶段，各个阶段在不同层次对应的工作内容不同，具体又可以分为若干层级，例如，管理控制层、基础设施层、数据架构层、应用架构层等；不同阶段、不同层级的设计构成平台建设整体思路的两个维度。

土地资产平台建设整体思路，如图2-7所示。

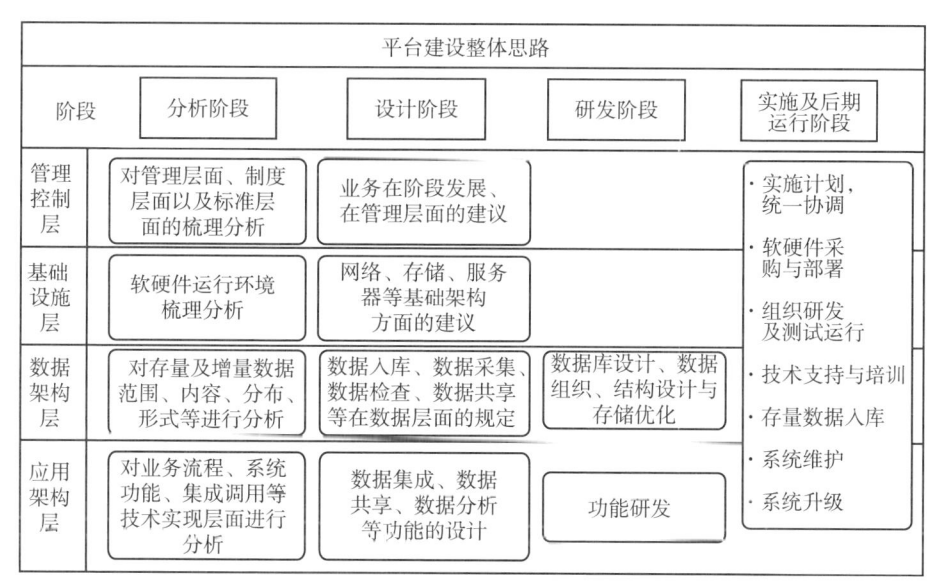

第二章 土地资产调查核算总体方案设计

平台建设整体思路				
阶段	分析阶段	设计阶段	研发阶段	实施及后期运行阶段
管理控制层	对管理层面、制度层面以及标准层面的梳理分析	业务在阶段发展、在管理层面的建议		·实施计划，统一协调
基础设施层	软硬件运行环境梳理分析	网络、存储、服务器等基础架构方面的建议		·软硬件采购与部署 ·组织研发及测试运行
数据架构层	对存量及增量数据范围、内容、分布、形式等进行分析	数据入库、数据采集、数据检查、数据共享等在数据层面的规定	数据库设计、数据组织、结构设计与存储优化	·技术支持与培训 ·存量数据入库
应用架构层	对业务流程、系统功能、集成调用等技术实现层面进行分析	数据集成、数据共享、数据分析等功能的设计	功能研发	·系统维护 ·系统升级

图 2-7 土地资产平台建设整体思路

各阶段的主要任务如下：

1. 分析阶段

主要对土地资产基础数据情况进行需求调研，对现状进行分析，并充分考虑将来的发展。分析阶段要考虑在管理控制层面、基础设施层、数据架构层、应用架构层等各方面的内容。

2. 设计阶段

在各个方面提出建议及解决方案。

（1）在设计阶段需要综合考虑至未来某一时段中，具体业务发展、制度设定、规程确立、工程推进等多方面要素。

（2）结合现有条件，对网络环境、存储设施、服务器和支撑软件平台进行合理化建议。

（3）在数据整理、数据检查、数据转化、数据入库、数据调用、数据存储等各方面提出系统规则。

（4）对平台的数据采集、数据入库、数据集成、数据调用、数据统计查询、数据分析等功能进行设计。

3. 研发阶段

主要面向数据层与应用层，根据设计规定，对系统进行组织研发、测试与试运行。

4. 实施和后期运行

包括确立实施计划、进行软硬件采购与部署；进行系统设计研发、测试、部署；提供系统的使用培训、技术支持、调试；系统进行适应性维护与完善性维护；随着业务工作的延续和发展，对系统进行升级等。

总体来看，土地资产平台的建设方向是集多源数据集成、多维度分析于一体的应用服务平台，在综合数据库、模型工具库、多源数据交换标准及共享共建机制支撑的基础上，实现功能灵活、界面友好、城乡一体的土地资产信息管理与服务。同时，通过服务型网站的建设，实现非涉密数据、成果的同步公开，提升公共服务能力。

为满足各类数据与多源空间要素叠加分析的需求，应尽可能补充完善现行土地资产性调查数据的地理空间标志，并预先考虑与土地规划、土地审批、变更调查、地籍调查、节约集约用地评价等相关数据平台的接口，以利于实现多源数据在内涵、空间上的可衔接、可分析，适应未来的管理需求。

六、主要技术任务与实施路径设计

（一）土地资产平台架构搭建

对现已形成的数据和未来预期形成的数据成果进行统筹规划与整合，在数据标准建设的基础上，构建包括各类土地价格、土地市场、土地成本等核心数据在内的土地资产基础数据库；以多源、海量数据的管理和应用为目标，在统一底图、统一存储、统一管理标准的整体框架下，以基础地理信息为基础，实现土地资产数据与以土地资源数据为核心的全国土地基础数据库的无缝衔接，搭建土地资产动态综合数据应用分析体系。

该部分工作内容包括构建土地资产基础数据库管理平台，完成存量数据建库，丰富和拓展相关数据源，建立数据动态更新机制等若干部分。

1. 主要内容

（1）完成现有各类数据的梳理、检查、整合，建立多源数据的标准化处理技术方法与规范。

（2）在相关标准建设的基础上，结合成熟的 GIS 和数据库技术，开发土地资产基础数据统一管理平台，实现对多源，海量土地资产数据的统一管理与维护。

（3）加强土地资产数据资源建设与整合，通过对存量数据整合建库，专项业务数据更新，专题数据库成果制作等，充实土地资产基础数据源。

（4）积极采集和汇聚土地资产外延数据。为实现国土资源与相关行业数据的关联分析提供基础。

（5）确立数据动态更新机制。在数据库管理系统和数据整合建设的基础上，与土地资产相关业务系统有效集成，结合相关制度规范，形成土地资产基础数据库动态更新机制。

2. 逻辑架构

土地资产平台总体逻辑架构采用分层思想设计（如图 2-8 所示），形成基础设施层、数据层、应用层和用户层等多层分布式应用体系结构。

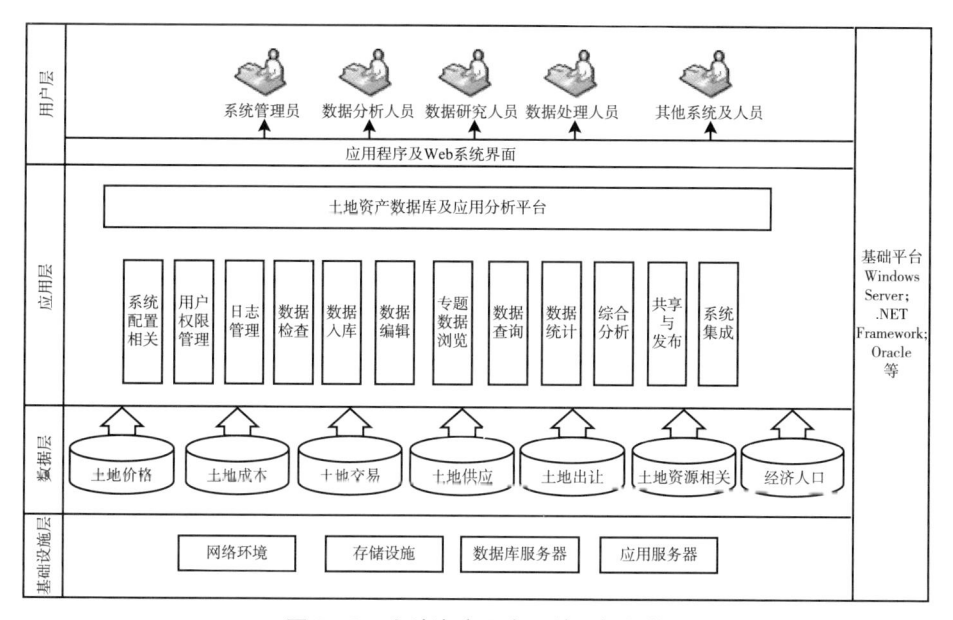

图 2-8　土地资产平台系统逻辑架构

（1）基础设施层。基础设施层是系统运行的基础环境，是系统运行所需要的网络环境和硬件基础设置，包括数据库服务器，应用服务器等。

（2）数据层。数据层定义了系统运行所需要的各类基础表结构，包括地价动态监测数据、土地交易数据、开发区集约利用评价数据以及需要从其他数据库和系统中调用的社会经济数据，城镇地籍数据和全国土地成本费用调查数据等。土地资产数据库具有海量、数据关系复杂、动态更新等特点，因此数据库采用 Oracle 大型数据库管理平台，实现数据的存储和各种高效的分析应用，满足土地资产数据的管理与应用要求。

（3）应用层。应用层即逻辑层，包含了土地资产基础数据及应用分析平台的主要系统功能，除了常规的系统配置、用户权限、日志管理等系统管理功能外，其他主要功能包括：数据入库、数据编辑、数据浏览、数据查询统计、数据综合分析、数据发布与共享等功能。从使用方向上，可以分为集成和分析两个方面。

（4）用户层。是为用户提供交互式操作的界面，各类用户对系统的访问都通过用户层进行。土地资产平台的用户账号通过系统管理员统一分配，针对不同的人员具有不同的权限。用户层主要包括系统管理人员、数据分析/研究人员、数据处理人员等。

①系统管理人员。主要从事土地资产平台的系统管理工作，负责用户权限的分配，系统数据的备份及维护等工作，具有土地资产平台管理和操作的最高权限。

②数据处理人员。主要从事社会经济数据、国土资源调查和评价数据、土地资产数据入库工作，对入库前数据统一转换、检查、处理、数据更新，其应用需求是系统的数据检查、数据编辑、数据处理、数据入库功能。

③数据分析/研究人员。此类用户是经过授权的，可以从事相关土地资产管理、土地资产应用研究分析的人员，其主要应用需求是浏览、查询、统计、输出数据，以及基于数据模型开展应用分析等。

（二）土地资产基础数据库构建

数据库建设内容主要分为存量数据入库、数据更新入库、数据采集入库三个部分。

1. 存量数据入库

存量数据主要来源于已经存在、分散存储或形成于不同业务系统、业务工作中的数据，其中包括部分非格式化数据。对存量数据实现批量处理、入库，需要经过数据整理、检查、入库若干个步骤。对于空间数据还需包括数据的格式转换、坐标变化、重投影等处理工作。主要流程如图2-9所示。

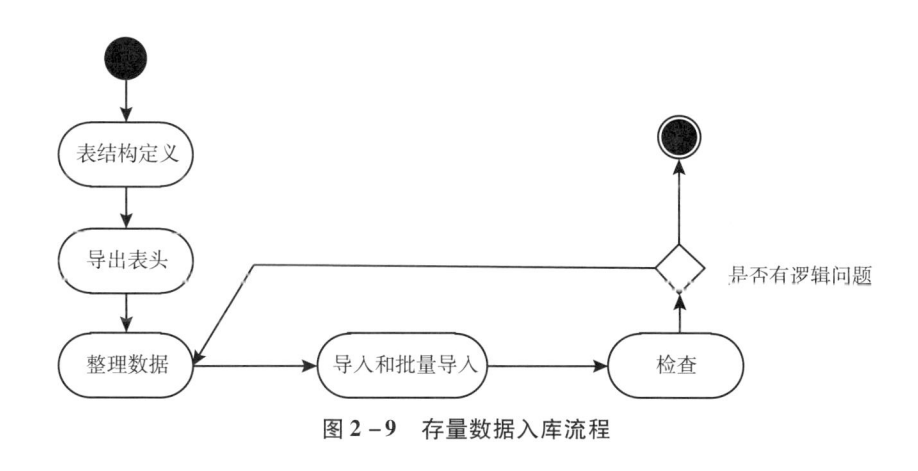

图2-9 存量数据入库流程

2. 数据更新入库

持续更新的数据源为各类土地资产相关业务系统产生的数据，数据入库更新的方式分为自动更新或者半自动更新。

（1）自动更新。对于与土地资产平台同处于相同网络环境中的其他业务系统数据，当其产生数据更新时，土地资产平台可自动读取，将数据复制到系统平台数据库中。

（2）半自动更新。对于与土地资产平台处于不同网络环境中的其他业务系统数据，可根据数据特征要求，利用媒介进行数据的导入导出，定期将数据更新入库。

3. 数据采集入库

针对不同类别的数据库，数据采集入库的方法不同。

（1）对于具有数据结构标准、数据量较小、数据更新周期较长的数据，例如，经济社会发展数据、部分土地资源调查和评价数据等，可获取所需要的成果表，通过中间文件交换的方式实现。

(2) 对于基础数据量较大，结构复杂，更新周期较短的数据，则采用服务调用的方式进行抽取，入库保存。

（三）业务系统与基础数据存储平台集成

1. 目标设计

主要面向土地资产基础数据库管理系统与土地资产业务系统、土地基础数据底层存储平台间的系统集成。

（1）通过标准化数据接口的制定，实现土地资产基础数据库平台与地价监测系统、基准地价备案系统等非涉密业务系统在数据层面的衔接；同时，通过面向服务方法实现各类业务系统在应用层面的集成。

（2）依据相关制度和技术标准，在确保符合保密规则的前提下，设计与国土空间规划、变更调查、地籍调查和不动产登记、节约集约利用评价等相关数据平台的接口与匹配方法，以实现多源数据在内涵、空间上的衔接，适应未来管理需求。

（3）通过面向服务方法，与土地基础数据底层存储系统在数据和应用层面衔接。通过数据存储系统单点登录接口完成系统之间的安全访问授权；基于 Rest 服务技术体系完成数据存储系统在模型方法的调用和数据协调。

2. 工作路线与方法

土地资产平台的数据集成主要类型分为三类：

（1）文件传输共享实现。

文件传输共享是实现数据集成的关键方法，制定数据接口文件的种类、结构与格式，通过软件开发各类接口的方式实现。文件传输共享方法示意图，如图 2-10 所示。

图 2-10　文件传输共享方法示意图

文件传输共享主要应用在以下场景：

系统跨物理网段（如跨互联网与数据存储网）时，表格和空间数据提取、分发与应用；数据交换频率根据土地资产平台的应用需求实施；可以根据时序特征进行数据集成联动分析。

（2）数据库直联方法实现。

通过各个系统开放数据库授权的方式，由系统直接进行数据库读取，可以兼顾数据及应用层面的集成。该数据集成的实现，需要系统支持多种数据库操作系统，适用于多个系统隶属于同一宏观业务系统，且位于同一个物理网络环境时。数据库直连方法示意图，如图 2-11 所示。

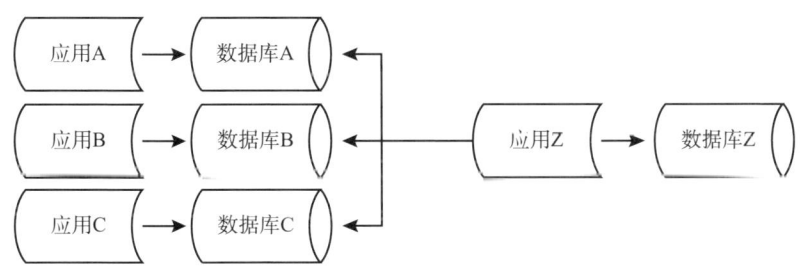

图 2-11 数据库直连方法示意图

（3）基于面向服务架构实现。

在相同物理环境中，多个独立的软件系统下，通过设计良好的外部接口与服务框架，技术层面以 Rest 服务、Web 服务等提供 API 调用，实现应用集成。面向服务架构示意图，如图 2-12 所示。

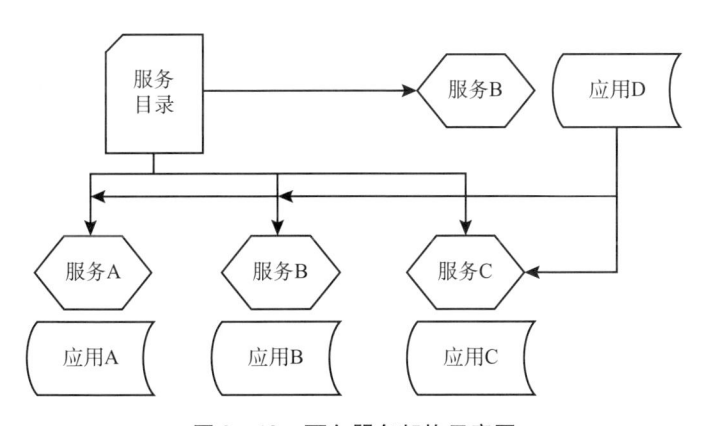

图 2-12 面向服务架构示意图

如图 2-10 至图 2-12 所示，每个应用系统对外发布服务接口，同时在服务目录中注册，客户端调用时，通过目录中查询，定位服务发布系统，实现调用。

土地资产相关业务系统之间的集成，方式可采用第一种和第二种方式。与基础数据存储平台集成主要采用第三种方式，其中，涉及空间数据、属性数据的基于文件形式的交换，也通过第三种方式进行 API 封装，方便客户端调用。

（4）土地资产平台与其他业务系统的关系。

土地资产平台与现有其他相关系统平台的关系，如图 2-13 所示。

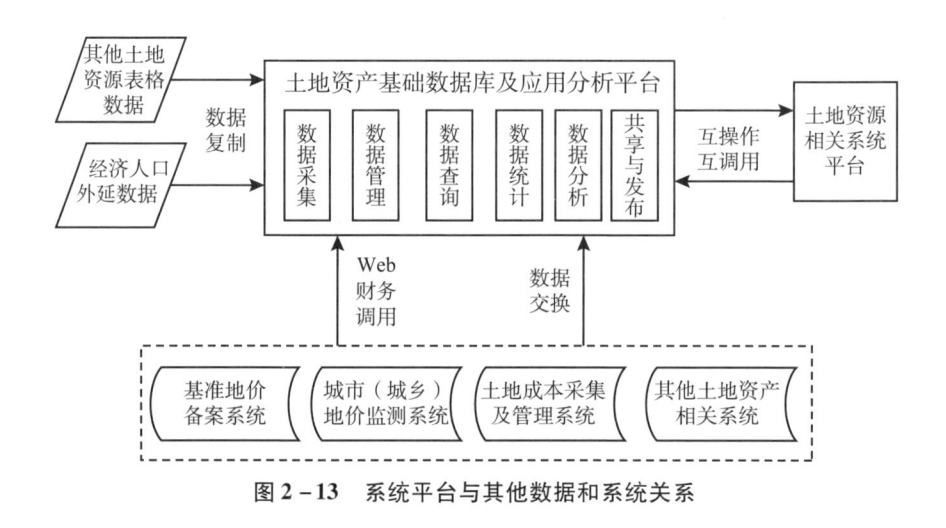

图 2-13 系统平台与其他数据和系统关系

（四）土地资产基础数据共享交换系统建设

1. 目标设计

通过制度设计与系统构建，实现土地资产数据与各级管理单位、不同部门间的信息共享。

（1）依据国土资源部数据共享实施计划，建立健全数据共享与交换的相关制度，落实数据共享与交换相关主体的权利、责任和义务，整理土地资产相关数据资源目录，接入统一的数据管理与共享平台。

（2）在统筹规划和统一标准的基础上，理清共享数据的范围、边界和使用方式，确保共享内容和质量要求，完成土地资产平台跨部门资源共享目录，形成国土资源数据在系统体系内和政府部门间的充分共享。

（3）在接入数据共享平台的基础上，为服务于国土资源内部管理需求，在业务层面与"一张图工程"等系统进行衔接，为相关管理工作提供决策参考。

2. 工作路线与方法

（1）国土资源系统内部数据共享遵循"物理分散，逻辑集中"的原则。

（2）数据共享需要按照统一技术规范和安全体系进行土地资产数据资源的整理，并通过系统接入国土资源部数据管理与共享平台。

（3）通过面向服务方法（Rest 服务及 Web 服务）实现空间数据的共享，属性表格、功能 API 的发布，实现"一张图工程"及相关业务审批系统衔接。

（五）土地资产数据发布系统建设

1. 目标设计

（1）遵循适度开放和安全可靠的原则，通过物理环境分割，抽取数据开放子集，构建开放系统，实现土地资产数据的有序开放。

（2）开发数据公布产品，开展数据普适化的产品制作，形成多样化的各类公众版信息产品，以多种形式为社会提供服务。

（3）与国家政府数据统一开放平台对接，实现数据推送，从而助力政府数据共享，服务经济发展。

2. 工作路线与方法

（1）数据的开放关键在于数据的甄别与内容的筛选。

（2）数据公示可通过网站提供报告文本、表格、目录、数据下载等形式，同时结合当前移动互联网技术，制作专题 App 与公众号等应用进行推广。

（3）实现对国家政府数据的推送，需要按照相关标准和规范，在国土资源部统一框架下进行。

（六）数据测算与应用分析系统建设

本系统是土地资产平台核心功能的体现，前述应用设计部分的各项功能和应用服务目标均需通过本系统功能实现。在多源数据整合、共享、交换、集成管理的基础上，建立多源数据间的匹配规则、逻辑关系，以及开发研建各类测算与分析模型是土地资产平台有效运行的关键所在。本部分各功能模块的开发需要土地资产评价分析专题研究成果的支持，前期可通过嵌入成熟办公软件和统计分析软件，实现一般性、基础性分析，随着土地资产量应用评价方法与指标体系研究的深入，逐步开发研建自定义专题分析模型，并进行封装，以服务接口的形式发布在存储平台。在功能的开发实现过程中，遵循逻辑分层原则，即数据层、逻辑层与表现层分离，满足各算法数据来源分散化，视图表现多样化的需求。

（七）系统部署运行环境

土地资产基础数据是开放的，但在数据集成过程中，需要调用包括城镇地籍数据、开发区土地集约利用评价数据、土地出让数据、土地抵押数据、土地变更调查数据、土地规划数据等资源数据，受制于部分数据的保密性特征，按照相关要求，可将数据分析和加工形成的产品进行结论性展示，但不能将数据统筹到外网平台进行调用分析。因此，土地资产平台系统部署要求分为内部数据存储网（内部保密网络）和公共互联网两种方式。具体如图2-14所示。

系统部署特点如下：

（1）统一部署，但网络独立。国家级土地资产基础数据库及应用分析平台分外网版和内网版，内部存储网与公共互联网物理隔离。

（2）存储内容有所差异，区分用户对象。系统平台在进行涉密土地资源数据调用功能时，只能在内部存储网上运行；其他机构和公众需要访问数据，必须通过公共互联网途径。

（3）结构稳定，存储安全。系统的数据库管理模式采用主从式架构，保证系统稳定运行，两种环境下数据的同步可通过标准格式表格输入输出，通过涉密光盘刻录的形式传递。

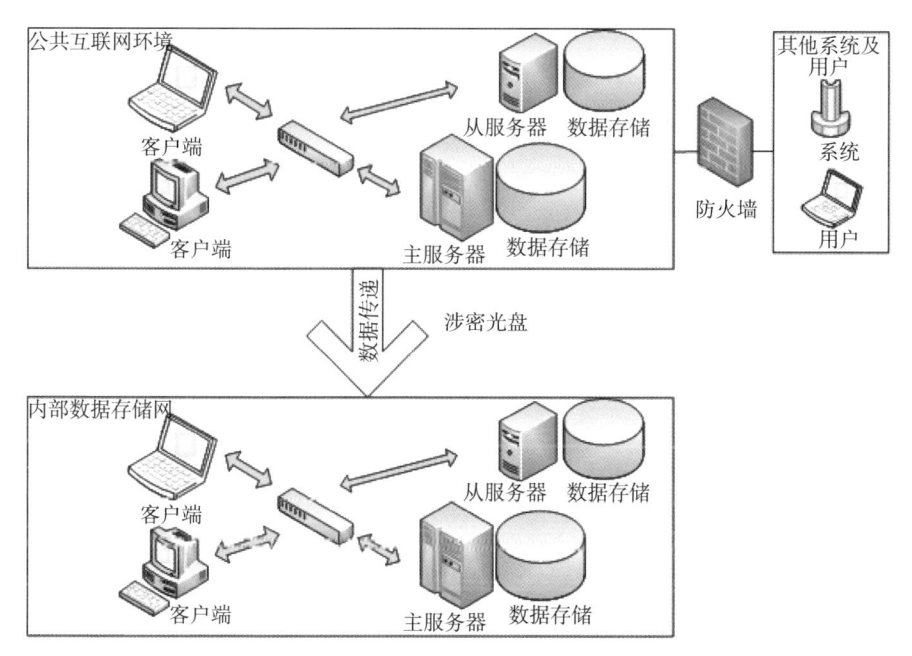

图 2-14 土地资产平台系统部署要求

第三章
国有建设用地资产量核算实践探索

第一节 概 况

土地资产核算的实施兼具理论方法研究与工程技术推进双重特征，为保证方法研究与工程化实施的衔接，提升研究成果的实践可操作性，并以实践中的经验和教训辅助完善研究成果，本书设计了基础研究与试点实验同期推进的技术路线。

2016~2017年，本书选择上海、西安、株洲分别作为不同区域、不同规模的典型城市实施了国有建设用地资产核算的试点工程。鉴于三城市各具特征，基础工作情况有所差异，课题组在统一提出试点工作要求和总体技术方案的基础上，鼓励城市以完成区域内中高精度的土地资产核算为目标，结合城市特点进行方法上的探索，并总结经验教训，形成本城市的土地资产核算技术路径。

考虑到在不同空间尺度、地域范围、行政层级，以及不同精度和作业周期的要求下，进行土地资产核算采取的方法、工作组织模式、遇到的实际问题均存在差异，且全国各地的相关基础工作水平、资料积累情况明显不同，2017~2018年，先后在四川、山东、广东、湖南、甘肃等省部署开展了省级国有建设用地资产量核算试点工作，旨在完善不同条件、不同尺度的土地资产核算方法技术体系，研究在更大规模上开展工作的适宜模式。

试点工作取得了预期效果。城市层面的试点，进一步明晰了各类方法实施中的细节处理，验证了多种方法的精度及现实可操作性。省级层面的试点，进一步摸清了土地资产核算所需基础工作在省域范围内的推进情况，以及基础资料的完备程度；同时显化了不同组织实施模式对于工作效率、工作投入，以及核算成果精度的影响。

试点实践结果反映，现行土地资源调查和价格体系建设的支持下，在全国统一部署、实施土地资产调查核算工作已具备基本的工作基础与技术条件，但在不少地区仍存在基础工作不扎实、体系不健全、资料连续性与完备性较差等问题。实践经验与教训的总结，对于深入评估该项工作在全国工程化实施的难度与可行性，进一步完善土地资产核算技术方法，优化全国土地资产调查核算监管体系建设总体方案，具有重要意义。

以下分节对部分地区的试点成果进行梳理总结。

第二节　上海市土地资产量核算试点成果简介

上海市作为工作基础较好，技术实力较强的东部特大城市、直辖市纳入本次试点，试点实施单位为上海市地质调查研究院。

试点过程中，将核算区域分为中心城区和桃浦工业区两部分，分别采取了不同精度的核算方法。在中心城区，采用了中观层次，一般精度的核算，即通过基准地价、监测地价、交易地价等不同特征的地价指标分别确定设定容积率下的区域平均地价，根据宗地所在区域的平均地价与宗地面积结合，测算土地资产量；在桃浦工业区，提升核算精度，具体测算每一宗地的实际容积率，基于基准地价，通过期日、容积率、特殊用途修正等逐宗测算土地资产量，并对现状条件下和规划条件下的土地资产量结构、变化进行了深入分析。

上海市本次试点成果的特点在于：分别进行了区域和宗地两种尺度、两种精度下的核算；在处理土地价格数据时，遵循中等或不偏高原则；在宗地价格核算中，对宗地拆分、合并以及混合宗地的容积率测算过程进行了细节处理，使之更符合实际；进行了规划条件与现状条件下土地资产量的核算和对比分析，所关注的视角有助于进一步开展土地资产核算应用研究。

一、试点范围

（一）区域范围

以上海市中心城区（外环线以内约 660 平方公里）（见图 3-1 和图 3-2）为基础，完成面上的国有建设用地土地资产量核算。同时，选定桃浦工业区（见图 3-3 和图 3-4）为试点，研究精细化的土地资产量核算方法。中心城区和桃浦工业区的不同核算条件对比情况如表 3-1 所示。

图 3-1 中心城区在上海市区域的位置图

图 3-2　中心城区范围示意图

图 3-3　桃浦工业区在中心城区的位置图

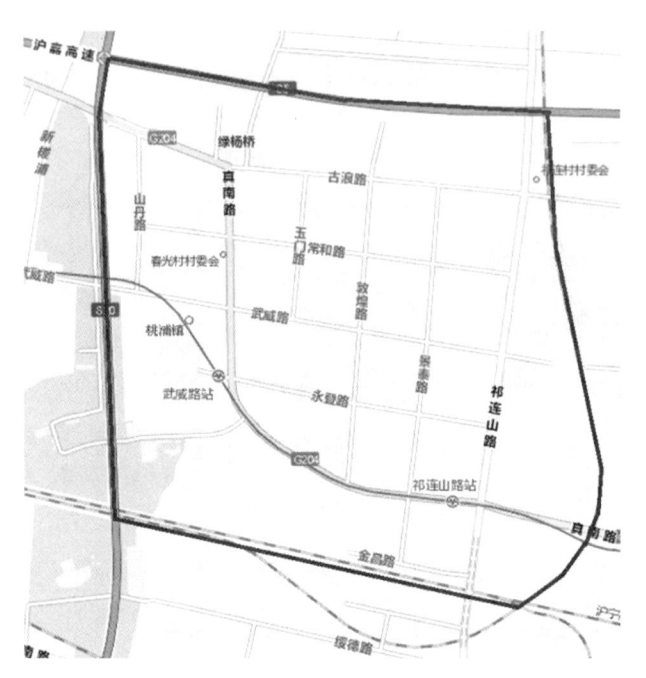

图 3-4 桃浦工业区范围示意图

表 3-1　　　　　　中心城区和桃浦工业区土地资产核算条件对比

项目	中心城区	桃浦工业区
区域范围	外环内约 660 平方公里	4.09 平方公里
核算精度	按区域核算	逐宗地核算
区域划分	按地价级别划分	均质性强，不划分
数据条件	土地利用现状、地价数据	地籍数据、规划数据、地价数据
土地类型	按现状用途分类	按用途、权属、规划条件分类
开发强度	设定容积率	实际容积率
地价类型	基准地价、监测地价和交易地价等	
核算方法	区域价格平均法	基准地价修正法等

(二) 地类范围

纳入核算的地类为区域内的国有建设用地，不包括农用地、未利用地、农村宅基地、自然河流水面等地类。

二、原则与技术路线

根据试点工作的任务要求，本次土地资产核算试点既要符合相关标准规范，又要兼顾上海城市发展和土地利用的特殊性，确保土地资产核算的科学性、客观性和合理性。因此，遵循以下四个基本原则。

（1）科学性原则。本次试点工作以科学的理论方法为基础，研究形成适用于大型城市的科学合理、适宜实用的土地资产核算方法。

（2）简便性原则。由于项目时间紧，工作难度大，为确保按时完成工作，遵循在科学性原则的基础上，化繁为简，突出方便实用。

（3）合理性原则。此次核算遵守不高估土地资产价值量的原则，在处理有关土地价格数据时，使用中等或不偏高的数值进行计算，确保测算出的土地资产量稳妥和可靠。

（4）现状和规划相结合的原则。此次城市土地资产核算以现状条件为主，同时在桃浦工业区试点中，适当考虑近期城市规划条件核算，对不同时序条件下的土地资产量进行分析研究。

基于上述原则，本次核算试点的总体技术思路是：在相关数据收集、内涵界定的基础上，通过基准地价、监测地价、交易地价等多种不同层次、不同特征的地价指标确定区域平均地价，根据宗地所在区域的平均地价与宗地面积，测算土地资产量，具体技术路线如图3-5所示。

三、基础数据情况

（一）地籍数据基础

上海已基本实现地籍信息数字化管理，并逐步构建起市、区县、街道（乡镇）三级规划和土地管理部门组成的业务网络。2008年，建立了包括测绘、成果管理、基础数据维护在内的集中测绘成果管理系统，把全市房地产

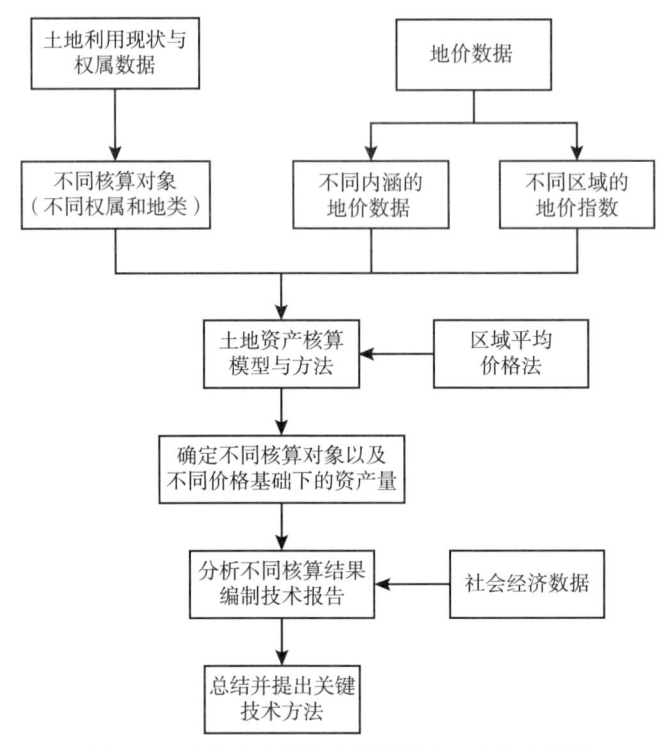

```
┌──────────────┐                    ┌──────────┐
│土地利用现状与│                    │ 地价数据 │
│  权属数据    │                    └────┬─────┘
└──────┬───────┘              ┌──────────┴──────────┐
       │                      ▼                     ▼
┌──────▼──────┐        ┌────────────┐        ┌────────────┐
│不同核算对象 │        │不同内涵的  │        │不同区域的  │
│(不同权属和  │        │ 地价数据   │        │ 地价指数   │
│  地类)      │        └─────┬──────┘        └─────┬──────┘
└──────┬──────┘              │                     │
       │                     │                     │
       └──────────┬──────────┴─────────────────────┘
                  ▼
          ┌──────────────┐         ┌──────────┐
          │ 土地资产核算 │◄────────┤区域平均  │
          │  模型与方法  │         │ 价格法   │
          └──────┬───────┘         └──────────┘
                 ▼
       ┌──────────────────┐
       │确定不同核算对象以及│
       │不同价格基础下的资产量│
       └────────┬─────────┘
                ▼
       ┌──────────────────┐        ┌──────────┐
       │ 分析不同核算结果 │◄───────┤社会经济数据│
       │  编制技术报告    │        └──────────┘
       └────────┬─────────┘
                ▼
       ┌──────────────┐
       │总结并提出关键│
       │  技术方法    │
       └──────────────┘
```

图 3-5　上海市土地资产核算试点工作技术路线

的地籍图、楼盘表和权属登记信息，都统一到一个集中的信息系统平台上进行操作。实现了全市房地产权籍管理信息资源的共建共享。上海土地管理部门依靠地理信息技术采用数据模型定义了地籍客体要素，实现了地籍信息数字化，组建了覆盖全市范围的地籍信息基础数据库，并实现了与房屋土地登记信息和土地审批信息数据库的联动，三者构成了统一的房屋土地管理基础数据库，为土地规划、产权保护、占补平衡、耕地保护、土地执法监察等提供了可靠的地籍基础数据，还提供了地籍信息公共查询平台，对活跃房地产和土地市场起到了积极的作用，同时使得地籍更新的成果数据能够在多个领域得到更好的应用。

(二) 地价数据基础

1. 基准地价

试点期间,上海市在用的基准地价为 2013 年版基准地价,基准日为 2013 年 1 月 1 日,采用分类定级的方式,即依据不同用途划分土地级别,住宅、商业和办公用途分为 10 个级别,研发总部、工业用地分为 9 个级别。

2. 监测地价

上海市自 1999 年开展城市地价动态监测工作,按照相关技术规范建立了城市地价监测体系(如表 3-2 所示),划分监测区段 528 个,设立住宅、商业、办公、工业地价监测点共计 820 个。

表 3-2　　　　上海市地价监测区段及监测点情况汇总　　　　单位:个

地类	监测区段数		监测点数	
	全市	外环内	全市	外环内
住宅	187	110	291	129
商业	127	86	154	92
办公	101	65	174	105
工业	113	53	201	62
总计	528	314	820	388

资料来源:中国城市地价动态监测资料。

3. 交易样点

上海市 2009~2016 年的土地出让样点共有 3827 个,按用途分类统计的样点详细情况如表 3-3 所示。在地类统计中,商住办综合用地、商住综合用地、住办综合用地、动迁安置房用地类型的交易样点全部统计为"住宅用地"样点。商办综合用地、办公用地的交易样点统计为"办公用地"样点。商业用地样点仅包含纯商业用途用地的交易样点。工业用地样点仅包含纯工业用途用地的交易样点。

表 3-3　　　　　2009~2016 年上海市样点分类统计　　　　　单位：个

地类	全市	外环内
住宅用地	944	127
商业用地	256	81
办公用地	388	179
工业用地	2239	597
合计	3827	984

考虑到样点数据的时效性，本次筛选 2014~2016 年的出让样点 696 个。其中住宅样点 177 个，商业样点 64 个，办公样点 90 个，工业样点 365 个。外环内中心城区的有效样点 164 个，其中住宅样点 34 个，商业样点 52 个，办公样点 42 个，工业样点 36 个。详细情况如表 3-2 所示。

表 3-4　　　　　2014~2016 年上海市样点分类统计　　　　　单位：个

地类	全市	外环内
住宅用地	177	34
商业用地	64	52
办公用地	90	42
工业用地	365	36
合计	696	164

四、土地资产量核算方法

（一）相关界定

地价期日：2016 年 1 月 1 日。

土地利用条件：土地开发程度为七通一平或五通一平；中心城区土地资产核算时，容积率按所在土地均质区域的平均容积率计；桃浦工业区高精度土地资产核算时，现状条件下的，按现状实际容积率计，容积率不足 1.0 的，按 1.0 计，空地按区域设定容积率计；规划条件下的，容积率按规划指标设定。

土地使用权性质：国有出让土地使用权。

年期设定：各用途的法定最高年期。

用途分类对照关系：综合考虑现有地价体系对应的用途分类与土地利用现状分类的内涵，形成地价分类与利用分类的详细对应关系。

（二）核算方法

采用第一章第三节所述的中观核算方法，分别以基准地价、监测地价和平均交易地价作为各类用地均质区域的平均价格，经过必要的修正后（如期日修正），与相应土地面积结合，测算了中心城区土地资产量值。

采用微观核算方法，以基准地价系数修正法为基础，根据各宗地的实际情况（实际容积率等），逐宗地进行容积率修正、期日修正、特殊用途修正后，以具体宗地价格与宗地面积结合，核算了桃浦工业区土地资产量值。

五、中心城区土地资产核算实施要点

（一）现状数据情况

2014 年土地利用现状数据包括图形数据和属性数据。图形数据包括地块矢量图形和坐标等，属性数据包括地块编号、土地坐落、土地面积、试行地类代码、国标地类代码等。

将土地利用现状进行分类统计，上海市中心城区总计地块 105221 个，土地面积 666.49 平方公里（各用途用地统计表略）。

（二）资产量核算实施中的要点

利用基准地价核算时，使用基准日为 2013 年 1 月 1 日的基准地价体系，依据监测地价指数计算期日修正系数，将地价修正到 2016 年 1 月 1 日；涉及本次资产核算的土地用途包括住宅用地、商业用地、办公用地和工业用地四种，各用途各级别用地的容积率、开发程度按基准地价体系内涵设定。

利用监测地价核算土地资产量时，使用与设定时点相同的 2016 年最新监测地价数据，无须进行期日修正；对一些特殊用途的土地按既定的特定用途比例进行修正。

利用交易地价核算土地资产量时，除容积率、期日、特定用途修正外，对于综合用地的交易样点，以主要用途归类计算，归类原则如下：第一，商住办综合用地、商住综合用地、住办综合用地、住宅用地归"住宅用地"用途。第二，商办综合用地、办公用地归"办公用地"用途。此外，由于交易样点集中分布在外环附近，内环内交易点较少，核算中将 1～3 级地进行合并，再取交易样点的平均价作为 1～3 级的平均交易地价。

（三）核算结果

基于不同地价数据的中心城区土地资产量核算结果如图 3-6 所示。

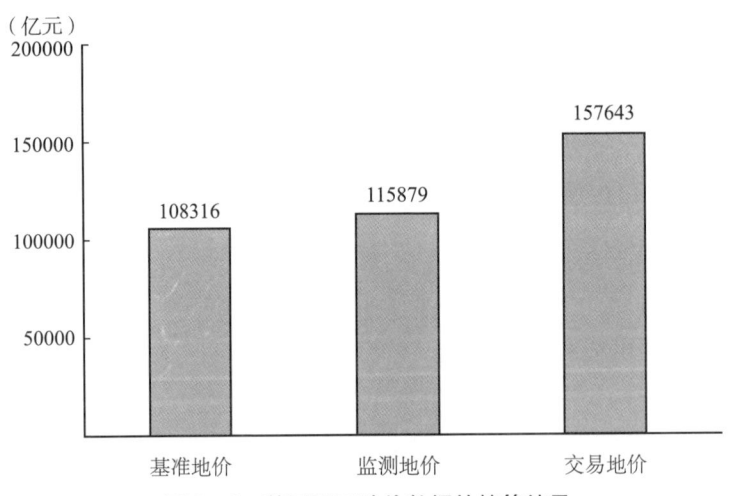

图 3-6　基于不同地价数据的核算结果

基于不同地价数据、不同用地类型的中心城区土地资产量核算结果如图 3-7 所示。

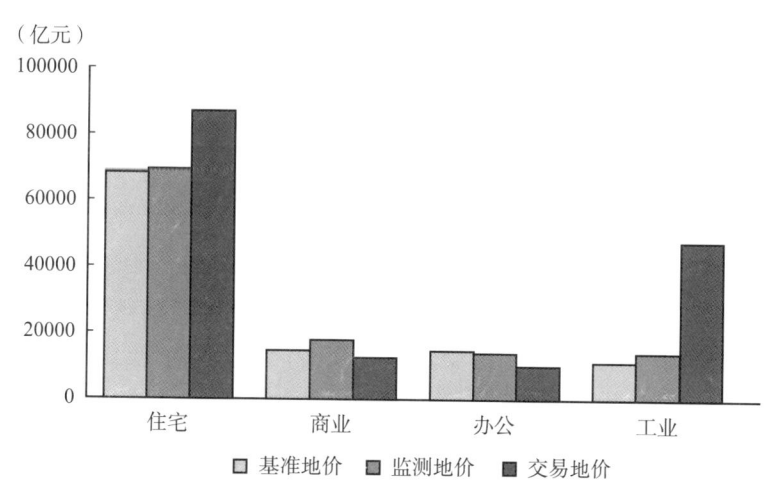

图 3-7 基于不同地价数据、不同用地类型的核算结果

从以上图可以看出：

（1）基于不同地价数据的核算结果对比显示，利用基准地价核算所得的土地资产量最低，基于监测地价的土地资产量略高，而交易地价土地资产量核算结果最高。

（2）监测地价土地资产量略高于基准地价土地资产量，但二者核算结果数值较为接近，交易地价土地资产量明显升高。核算结果与三种地价数据的内涵相吻合，也符合真实的地价情况。

（3）从用地类型来看，基于三种地价数据核算结果均表现出住宅用地资产量最大，且明显高于其他用途。一是由于住宅用地在土地总面积中占比最高，二是由于住宅用地的地价相对较高。

（4）商业用地和办公用地的地价核算结果较为接近，但交易地价核算结果低于二者，异于一般正常情况，这是由于一、二级区域内没有近三年的土地交易样点，使用三级区域的平均交易地价，拉低了一、二级区域的实际交易地价，而商业用地和办公用地大多集中分布在一、二级区域范围内，因此造成交易地价核算结果偏低的现象。

（5）用交易地价核算工业用地的结果明显偏高，这是由于中心城区近年来大规模发展转型，积极推进"退二进三"，工业用地成交价格大幅度提高，高于基准地价和交易地价造成的。

六、桃浦工业区土地资产核算实施

(一) 桃浦工业区概况

桃浦工业区位于普陀区的西北部，南临312国道和沪宁高速公路，西傍外环线，204国道横穿镇域东西；南北向的外环线、祁连山路、真北路把312国道、204国道、沪嘉高速、沪宁高速连接成四通八达的快速干道网络。规划中的地铁R3线横贯桃浦，并在桃浦镇域范围内设立三个地铁站。桃浦镇曾是上海的精细化工基地和农副产品生产基地，在产业结构调整中脱胎换骨，发展形成了现代物流业、现代都市型工业和房地产业三大支柱产业，正致力于发展现代服务业。

桃浦工业区占地面积18.83平方公里，其中桃浦科技智慧城占地面积约7.93平方公里，分为核心区和拓展区，核心区为先行启动区域，占地4.23平方公里。整个科技智慧城涉及企业1500多家，包括市属企业、民营企业、外商独资企业、合资企业、集体企业等多种情况。按照"黄浦江两岸开发标准和现代化国际大都市中心城区一流标准"，坚持小尺度、高密度、人性化、高贴线率，建设上海转型发展示范区，全面发展科技和现代服务经济。到2017年，基本建成中央绿地，基本完成土地收储。到"十三五"末，区域转型取得实质性突破。根据发展战略规划，在桃浦科技智慧城会设置一处地区级公共活动中心，包含商业、文化、休闲、娱乐、运动等综合性设施。

(二) 基础数据

收集到桃浦工业区范围内现状条件下的基础数据，包括2014年土地利用现状数据、2016年地籍数据、2016年房地产登记数据。

1. 土地利用现状数据

从土地利用现状数据可见桃浦工业区范围内工业用地超过八成，其他类型用地不足两成（详细统计表、分布图略）。

2. 地籍数据

通过查询本市地籍管理信息系统，可以获得桃浦工业区范围内最新的地籍图形数据和属性数据。具体包括：

（1）地籍图形数据如宗地图、宗地背景（地形、地物）和其他地籍图形（供地、队界等）等。

（2）地籍属性数据如宗地编号、土地坐落（行政区划、街道镇）、土地用途描述、土地权属性质（国有、集体）、土地来源、土地权利人、宗地测量面积等。见图3-8、图3-9。

图3-8 桃浦工业区地籍图形数据示意

A	B	C	D	E	F	G	H	I
宗地号	地块编号	区县	街道	街坊	宗地分子	宗地分母	测量面积	发证面积
		普陀区	桃浦镇	634街坊			41387.84	
		普陀区	桃浦镇	634街坊			2874.51	
		普陀区	桃浦镇	634街坊			20209.42	
		普陀区	桃浦镇	634街坊			2251.61	
		普陀区	桃浦镇	634街坊			14033.77	6452
		普陀区	桃浦镇	634街坊			4817.98	4293
		普陀区	桃浦镇	634街坊			47798.22	47697
		普陀区	桃浦镇	634街坊			764.51	

J	K	O	P	S	T	U
土地权属	土地用途	空间状态	环线位置	土地用途（试行）	土地用途（国标）	土地权属状况
国有	绿化用地	地面	郊环线内	瞻仰景观休闲用地	公园与绿地	
国有	其他用地	地面	郊环线内	街巷	街巷用地	城市公地
国有	绿化用地	地面	郊环线内	瞻仰景观休闲用地	公园与绿地	
国有	其他用地	地面	郊环线内	街巷	街巷用地	城市公地
国有	水域	地面	郊环线内	河流水面	河流水面	城市公地
国有	绿化	地面	郊环线内	瞻仰景观休闲用地	公园与绿地	
国有	绿化用地	地面	郊环线内	瞻仰景观休闲用地	公园与绿地	
国有	绿化用地	地面	郊环线内	瞻仰景观休闲用地	公园与绿地	

图3-9 桃浦工业区地籍属性数据查询结果示意

3. 房地产登记数据

上海市已建立覆盖全市的"地—楼—房"基础数据平台，建立了"市—区—街道（乡/镇）"三级数据网络，开发了基于基础数据平台并且集规划、土地、房产等信息数据于一体的管理系统。

通过查询上海市房地产管理信息系统楼盘表，可以获得桃浦工业区范围内最新的房地产登记数据，包括建筑物楼栋信息和房屋户数据。具体包括：

（1）建筑物的楼栋信息。地块编号、楼栋编号、门牌号、建筑物名称、建筑面积、地下建筑面积、建筑物占地面积、其他面积、房屋类型、房屋结构、竣工日期、地上楼层数、地下层数、地下深度、建筑物高度等。

（2）房屋户信息。户号、楼层、权利人、建筑面积、套内建筑面积、分摊建筑面积、分摊系数、土地面积、共用土地面积、分摊土地面积、独用土地面积、土地实际用途、房屋用途、房屋类型、房屋分类、权属性质、数据来源、房屋利用现状、灭失标志等。

4. 规划基础数据

收集到桃浦工业区的控制线详细规划,具体包括:规划地类用途及分布、规划容积率分布图、规划总平面图等。

(三)现状条件下土地资产核算

1. 基本思路

桃浦工业区采取微观尺度上精细化方法逐宗地对土地资产量进行核算。基本思路是首先基于2014年土地利用现状数据,套叠2016年地籍数据,将土地利用的图形数据和属性数据更新到2016年。然后查询房地产登记信息,获得每一宗地的建筑面积,计算出宗地的现状容积率。最后基于基准地价修正法,进行期日修正、容积率修正、特定用途修正等修正,对每宗地计算土地资产量,从而核算出现状条件下的土地资产量。

需强调的是,在测算每宗地的现状容积率时,对于宗地合并、拆分以及混合宗地进行了精细化处理,即通过查询获得的每栋地上建筑面积,与合并、拆分后或分摊后的宗地面积一一对应,测算容积率,从而提高了细节上的处理精度与合理性。

2. 现状条件核算结果

根据以上思路,计算得到各块土地的价值量,汇总得到桃浦工业区基于基准地价计算的土地资产量114.51亿元各用途类型、权属类型所占土地资产量比例分别如图3-10和图3-11所示。

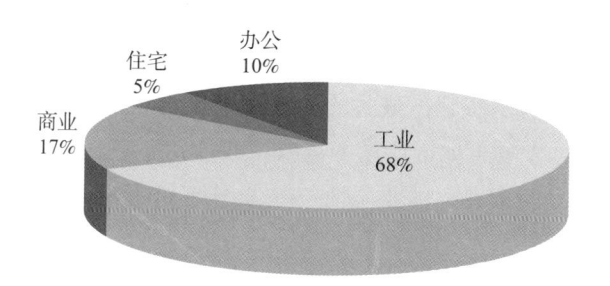

图3-10 各用途所占比例

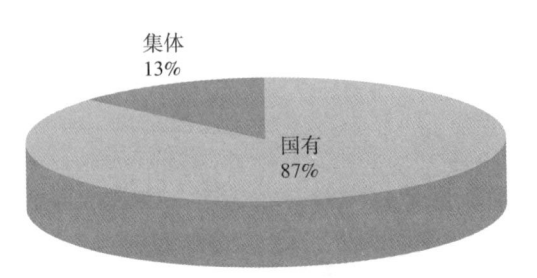

图 3-11 各类权属所占比例

（四）规划条件下土地资产核算

1. 基本思路

规划条件下采用基准地价修正法核算土地资产量，按规划土地用途分类，按规划容积率进行修正。期日修正与现状条件相同，即为 2016 年 1 月 1 日。

2. 规划条件核算结果

根据以上思路测算各块土地规划条件下的价值量，汇总得到桃浦工业区规划条件下，分属近二十个细类的土地资产总量共计 346.39 亿元。

（五）核算结果对比分析

基于现状条件、规划条件，采用基准地价修正的方法，分别核算桃浦工业区各用途土地的资产量（核算结果对比图略）。通过对比可以看出：

（1）在相同区域范围、地价数据、时点日期等条件下，采用规划数据核算的土地资产量远大于现状数据核算的土地资产量，对于桃浦工业区来说，前者大约三倍于后者。说明土地资产核算结果受数据条件的影响比较大。

（2）规划数据与现状数据最大的区别在于土地用途类别，说明城市建设用地的实际用途是影响土地资产量的重要因素。

（3）从用途分类来看，商业用地、办公用地和住宅用地的规划资产量大于现状资产量，介于 3.7~13.9 倍之间，这是由于桃浦工业区转型升级，规划的商业、办公、住宅用地和建设体量都大幅度增加。

（4）办公用途的规划资产量远远大于现状资产量，这与桃浦工业区规划成智慧办公区域的定位相吻合，规划区域内以科研设计类办公设施为主。

（5）工业用地规划资产量则小于现状资产量，说明规划的工业用地大幅度减少。

七、核算方法分析与建议

在总结土地资产核算工作开展中的关键问题、经验与教训的基础上,试点单位提出以下值得关注的问题和建议:

(1) 混合用地在城市建设用地中大量存在,而且呈现越来越多的发展趋势,亟待研究一种简单快捷、有效可靠的土地资产核算方法。

(2) 对于规划条件下的土地资产核算而言,开展规划时点和规划用途条件下对土地资产进行核算具有深远的重要意义,本次试点限于时间和数据原因,未能针对未来规划时点下的土地资产量进行核算研究,这将是今后研究的方向之一。

(3) 对于城市绿地、自然河湖水面等生态用地,不仅要考虑经济价值,其蕴含的生态价值不容忽视,如何建立一套科学、合理、可靠的评估方法尚有待于研究。

(4) 对于农用地、未利用地以及农村宅基地等未列入此次核算内容的非城市建设用地还有待于研究和论证其土地资产核算方法。

第三节 西安市土地资产量核算试点情况简介

西安市作为工作基础较好,技术实力较强的西部省会城市纳入本次试点,试点实施单位为陕西华地房地产估价咨询有限公司。

试点过程中整理分析了国内外土地资产及相关财富核算体系建设、核算方法及核算成果应用等领域的已有成果,在此基础上,结合我国土地管理及地价体系现状,提出了分别以区域和宗地为核算单元的核算方法体系;在界定本次西安市核算试点内涵的前提下,采用基于基准地价的推算、基于监测地价的推算、基于平均交易地价的推算、基于市场比较法的单宗地核算、基于基准地价系数修正法的单宗地核算、基于概率统计的推算(含简单随机抽样和分层抽样)、基于多元回归建模推算等多种具体方法,对西安市中心城区国有建设用地资产量进行了核算，在宏观、中宏、微观不同尺度、不同精度上进行了实证试点，并对各方法在各类用地资产量核算中的适用性进行了深入分析。

西安市本次试点成果的特点在于：基础研究扎实、试点内容丰富、成果紧扣试点工作要求。实施中进行了多种方法探索，且在过程中注意细节处理的规范性、严谨性。由于本次试点成果的精度较高，核算单元具体到每宗土地，在与宗地权属信息结合的条件下，试点单位对西安市土地资产量的现状、用途结构、可显化的资产与潜在资产、经营性资产与非经营性资产、政府企业与个人分别占用的资产等多角度进行了分析，有助于进一步开展土地资产核算成果的应用研究。

一、试点范围

（一）区域范围

本次西安市土地资产价值核算工作范围为西安市中心城区城六区（新城区、莲湖区、碑林区、雁塔区、未央区和灞桥区）内的国有建设用地，占地面积为356.45平方公里。

（二）地类范围

本次试点仅核算国有建设用地，不包括集体建设用地和农用地资产。但对于基本无交易市场、地价影响因素难以收集、土地价格暂时难以量化的国有土地类型，例如，公共管理与公共服务用地中的公园与绿地、风景名胜用地，交通运输用地中的公路用地、街巷用地等，暂不核算其土地资产价值。

本次仅核算的地类界定为：国有建设用地中的商服用地、住宅用地、工矿仓储用地、公共管理与公共服务用地（包括机关团体用地、新闻出版用地、科教用地、医卫慈善用地、文体娱乐用地、公共设施用地）、特殊用地、交通运输用地（包括铁路用地和机场用地）以及城市建设储备用地。

（三）范围内实物量统计

西安市土地资产量核算区内国有建设用地土地利用现状统计情况：商服、

住宅、工矿仓储用地（"商住工"三大类）合计面积占比达53.28%；按使用权类型统计显示，出让、作价出资（入股）、授权经营和租赁三种有偿使用的土地合计占比为36.41%，划拨土地面积占比为59.65%，储备地占比为3.94%。

二、原则与技术路线

本次土地资产价值核算遵循以下原则：

（一）与国民经济核算体系相衔接

土地资产量核算试点的目的不仅在于建立核算的技术标准体系，更是要全面、真实评价土地资产对国民经济和社会发展的作用和贡献，反映经济活动对土地资源的消耗和使用。土地资产核算是国民经济核算体系的重要组成部分，与国民经济核算体系相衔接，才能指导土地政策更好地服务于国民经济。

（二）与土地资源调查成果相衔接

土地资源调查数据是土地资产量核算的基础，核算必须立足于我国的基本国情和土地调查成果，实现经济统计数据、地价体系与土地资源数据的有机结合。同时作为土地资源调查类项目的重要组成部分，土地资产量核算的完成是对国土资源调查类项目成果的丰富，填补土地资产价值信息的空白。

（三）核算精度与效率统一原则

土地资产量是总量概念，理论上的总量是分量的合计值。由于土地价格的实质是土地权益的价格，土地权益的最小单位是宗地，城市土地资产量就是城市内各宗地价值的合计值。从实际使用意义和核算对象数量角度考量，城市土地资产量核算适宜定位在概算范畴，在保证核算精度的同时，必须兼顾核算效率。因此，在不违背土地估价理论的前提下，探索快速核算的方法，是整个核算试点的重要内容。

（四）兼顾分类统计原则

为了使土地资产量核算成果具备更多的应用价值，能够满足应用中基于产权人类型、土地使用权类型、土地用途、存量、流量等不同方面进行分析统计的需求，在核算过程中，应以能够实现土地资产量分类统计为目标。

（五）全面统筹考虑、突出重点原则

土地资产价值核算是一项较为复杂的工作，涉及的资料、数据类广量大，需要全面统筹考虑土地用途、土地价格水平、方法可行性等多方面因素，但同时又要抓住重点，才能更易实现市域土地资产量的核算目标。

在具体核算中，注重了市场价值、主导因素、综合性、定量与定性相结合、可操作性以及符合土地估价相关技术规范等技术原则。

本次核算试点工作的总体技术路线，如图3-12所示。

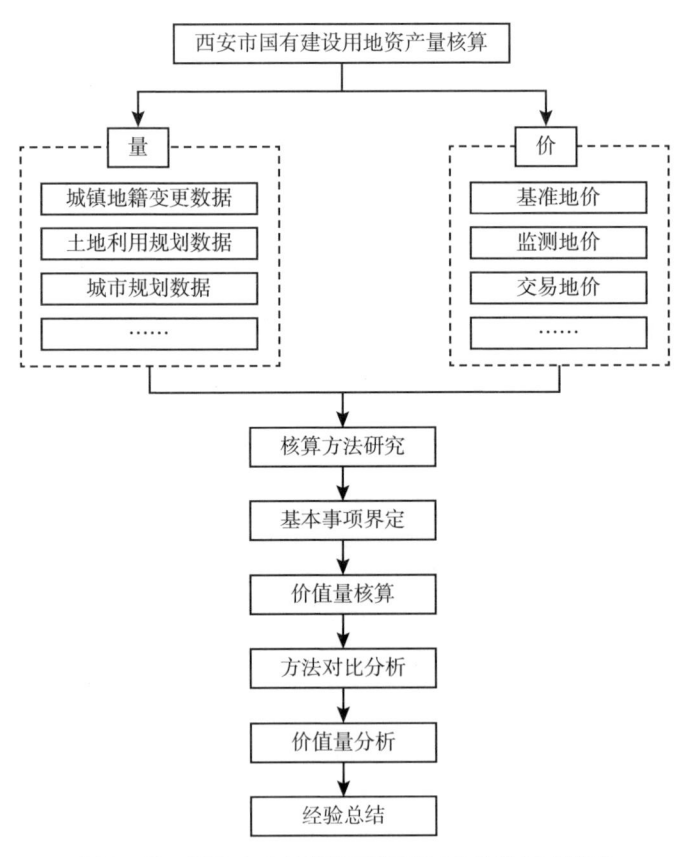

图3-12 西安市土地资产量核算试点总体技术路线

三、基础数据情况

（一）城镇地籍变更调查数据库

西安市在第二次全国土地调查的数据基础上建立起城镇地籍变更调查数据库，并成立了信息中心，保证日常变更维护工作，但整体维护更新相对滞后，具体数据缺项内容较多，因此在获取数据库后，实施队伍借助日常评估积累资料以及通过承担的西安市"以地控税、以税节地"项目，逐一完善了数据库中的宗地信息，包括西安市范围内建设用地的宗地空间信息和属性信息，属性信息主要有宗地唯一标识码、宗地面积、宗地周长、宗地号、权利人、权属性质（国有、集体）、土地使用权类型（出让、划拨、作价出资、入股、授权经营、租赁等）、土地用途（二级类）、容积率等。对于数据库中缺失的信息，如容积率等，通过典型调查或者影像图对比分析确定。

（二）交易地价

根据承担单位多年的国有土地评估业务，对经手的每一宗地进行了跟踪调查，项目现整理出了土地一级市场中所有净地的成交价格信息，并对成交案例进行了矢量化，形成了相应的案例数据库，包括案例的空间信息和属性信息，属性信息包括案例标识码、宗地号、土地用途、使用权类型、土地面积、交易方式、容积率、使用年限、宗地内基础设施状况、宗地外基础设施状况、权利人、评估目的、成交日期、成交价格、所在土地级别、评估方法等内容。2013~2015年核算区域内出让土地成交案例共986余宗，分布以城市新建区、集中改造区较为密集，其他区域多为零星分布。

（三）监测地价资料

西安市是国土资源部部署开展地价动态监测的城市之一，地价动态监测工作已经持续十余年，在2015年第四季度，即12月31日，共有监测区90个，监测点219个；其中，住宅用地监测区31个，监测点89个，基本覆盖市域的住宅区；商业用地监测区40个，监测点80个，基本覆盖市域的主要商业区；工业用地监测区 19 个，监测点 50 个，全部设置在工业限制区以外的工业集中区。实施中建立了监测地价数据库，其中包括监测区的空间信息和属性信息，监测点的空间信息和属性信息，监测点的属性信息包括土地利用现状条件和设定条件下的使用年期、容积率、详细土地用途、宗地内外基础设施状况、规划限制条件等与地价相关的信息以及土地利用现状条件下的价格和设定条件下的价格。

（四）基准地价资料

西安市目前实施的基准地价公布于 2012 年，试点期间正在进行新一轮中心市区土地级别和基准地价更新，于 2016 年 5 月通过陕西省国土资源厅验收。最新一轮基准地价的期准日为 2015 年 12 月 31 日，用途包括商服用地、住宅用地、工矿仓储用地、公共管理与公共服务用地四类，其中商服用地、工矿仓储用地和公共管理与公共服务用地包括其全部二级类。对于交通运输用地和水域水利设施用地参照工矿仓储用地，对于特殊用地参照公共管理与公共服务用地。新基准地价成果现势性强，内容丰富，不仅包括基准地价的栅格图、矢量图，同时也建立了基准地价的数据库，包括各个级别的空间信息和属性信息、线状地物、行政区划等辅助信息；文本成果包括基准地价的工作报告、分析报告，基准地价表和完善的因素修正体系。

（五）影响地价的区域因素数据库

在基准地价更新过程中，搜集汇总了地价相关的众多因素的信息，矢量化了因素，形成了西安市影响地价的区域因素数据库。因素的空间信息主要来自城镇地籍数据库、地图网站上的搜索信息，收集到的相关图件，其他文件的描述和外业调查；因素的功能分计算依据信息来自搜集到的文字资料、相关网站资料等。

（六）城市规划资料

包括《西安市城市总体规划（2007 - 2020）》以及西安市土地利用总体规划等。

四、土地资产量核算方法

结合基础资料情况与试点工作要求，在试用性分析的基础上，形成西安市国有建设用地资产核算的方法体系，具体如图 3-13 所示。

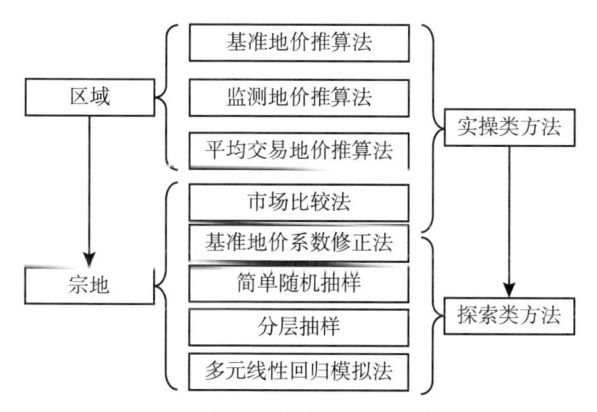

图 3-13 西安市国有建设用地资产核算方法

根据方法的实践性，将方法划分为两类。一类为实操类方法，即工作中实际做到的方法；另一类为探索类方法，这些方法体系属于其他学科的研究内容，需要做科学可行的规划和设定才能具体应用在资产核算中，在本次工作中，仅进行了尝试性的研究，其结果并不用于具体的资产量分析。

各方法的基本思路详见本书第一章第三节所述。

五、土地资产量核算实施

（一）相关界定

核算时间点：本次西安市土地资产价值核算期日确定为 2016 年 12 月 31 日。

核算土地类型：根据西安市地价管理体系，按照用地类型划分为四大类进行核算，即商服用地、住宅用地、工矿仓储用地和公共管理与公共服务用地。对于交通运输用地参照工矿仓储用地确定其价值，对于特殊用地参照公共管理与公共服务用地确定其价值。城市建设储备用地参照规划用途测算其潜在资产价值。

土地利用条件的选择：对于用途、容积率、开发程度等土地利用条件，均基于宗地现状利用情况取值，其中，对宗地外土地开发程度按现宗地所在区域的现状条件确定，宗地内开发程度设定为"场地平整"。以规划利用条件为基础计算储备地的潜在资产价值。

土地使用权类型：国有建设用地涉及的土地使用权类型为：划拨、出让、作价出资（入股）、租赁、授权经营。在核算阶段，全部视为出让土地使用权处理；在分析阶段，对划拨、授权经营、租赁三类使用权按出让土地使用权价值的60%进行折算处理后使用。

土地使用年期：出让类型的土地使用年期采用法定最高出让年限；划拨类型的土地使用年限为无年期限制。

相关参数：根据评估经验和当地市场一般规律，本次核算中涉及各类用地的还原率在6.5%~7.5%取值。

（二）方法运用情况

根据各类用地的特征及相关资料支撑情况，选择适宜的方法对各类用地资产量进行核算，在不同地类中的应用有所侧重，如表3-5所示。

表3-5　　　　　　　　不同地类的核算方法应用

地类	基于基准地价的区域价值推算法	基于监测地价的区域价值推算法	基于平均交易地价的区域价值推算法	基于市场比较法的单宗地核算汇总法	基于基准地价系数修正法的单宗地核算汇总法	基于简单随机抽样的推算法	基于分层抽样的推算法	多元回归分析建模推算法
商服	√	√	√	√		√	√	√
住宅	√	√	√	√		√	√	√
工矿仓储	√	√（不含工业禁止区）	√	√		√	√	√
公共管理公共服务	√		√	√	√	√	√	√

为了便于核算方法的结果分析，试点中基于各种方法先核算出全部在出让状态下的土地资产价值，在对比分析方法的可行性之后，再计算不同土地使用权类型下的土地资产。

（三）各类型用地、各方法应用中需说明的具体情况

1. 基于基准地价的区域价值推算法

基准地价并未覆盖所有土地用途，对于未制定基准地价的用地类型，按照基准地价内容，参照相关地类地价水平核算。理论上，每一种特殊土地用途均有其可参照的相关土地用途，因而可以核算出全域内土地资产总量。

2. 基于监测地价的区域价值推算法

现行监测地价体系中并未包括公服类用地的地价体系，范围没有涵盖工业限制区内的土地，对核算范围内外围少量的商服用地和住宅用地也未纳入监测范围，对于上述问题，进行如下处理：其一，对公服类用地，不基于该方法核算土地资产；其二，工矿仓储类用地仅核算监测范围内土地的土地资产；其三，对外围少量的商服用地和住宅用地，通过增设监测区段和标准宗地，完成该类用途的土地资产量核算。

3. 基于平均交易地价的区域价值推算法

核算中采用西安市 2015 年成交案例共计 250 宗，其中商服用地 40 宗、住宅用地 86 宗、工矿仓储类用地 59 宗、公共管理与公共服务类用地 15 宗，商住混合用地 53 宗。

4. 基于市场比较法的单宗地核算汇总法

对商服、住宅、工业分别选择了 325 个、212 个、106 个成交案例完成了范围内全部宗地的价格测算。对于公共管理与公共服务类用地，因 2013～2015 年实际成交案例仅 31 宗，剔除掉异常案例，仅余 26 宗，且分布不均，故未应用此法进行核算，代之以基准地价系数修正法估算公共管理与公共服务类宗地的土地资产量。

在为每宗地选择 3 个交易案例，确定各因素修正系数过程中，灵活应用了 GIS 系统的空间分析功能，辅以人工判断干预，批量完成了复杂的修正系数赋值过程。

经验证分析，对一些与实际差异较大的情况需进行特殊处理，例如：对

商服用地，第一次核算结果显示，临街状况因素对于宗地的价格影响较大，而在计算结果中并未体现出来，根据验证结果对比发现区域因素中，对商服用地质量影响大的是"临街状况"因素，而非"道路通达度"因素，而且"临街状况"在一定程度上包含了"道路通达度"因素的影响，故将"道路通达度"因素变更为"临街状况"因素，以此调整修正体系；考虑到采用"最近距离"条件来选择商服用地比较实例是导致结果差异较大的主要原因，因此，调整案例选择条件，以"区域因素分值和个别因素修正综合分值修正幅度较小"为原则，选择最近距离的3个案例，继而估算商服用地宗地价格。

核算工业用地时，进行了特殊处理：由于工业用地样本分布极不均匀，主要集中于开发区及老工业集聚区，其他区域尚存有大量工业用地，但是缺少临近时间段内的可用案例资料。基于现状样点，按临近距离直接比较计算，发现样点缺少区域地价水平与估价师掌握的价位水平有明显出入。因此对其进行了处理，对样本缺少区域先确定标准宗地，再由估价师按传统评估方法进行估价，以估价值作为案例样本参与计算。

5. 基于基准地价系数修正法的单宗地核算汇总法

本次仅在土地市场不发达的公共管理与公共服务设施用地中使用了该方法。

6. 基于概率统计推算法——简单随机抽样和分层抽样

在市场比较法和基准地价系数修正法结果上，结合统计方法，可得出各类用地抽取的样本量。样本量受地价的差异、置信区间、绝对误差三者共同影响。同等条件下，置信区间越大，所需抽取的样本量越多；允许的绝对误差越小，所需的样本量越多。同样的绝对误差和置信区间下，分层抽样的样本量均显著小于简单随机抽样的样本量。

将两种方法的置信区间与绝对误差设为一致，对比简单随机抽样和分层抽样的样本量差异。分层抽样中，商服用地、住宅用地、工矿仓储类用地、公共管理与公共服务类用地分别采用商圈（95个）、街坊（71个）、开发区（14个）、城市环线（一环、二环、三环）结合土地用途差异进行分层。以商服用地为例，两种方法中用地抽取的样本量如表3–6所示。

表3-6　　商服用地简单随机抽样与分层抽样抽取样本量对比

地价标准差 （元/平方米）	绝对误差 （元/平方米）	90%置信区间		95%置信区间		99%置信区间	
		简单随机 抽样 （宗）	分层 抽样 （宗）	简单随机 抽样 （宗）	分层 抽样 （宗）	简单随机 抽样 （宗）	分层 抽样 （宗）
5106	200	1763	843	全部宗地	1192	全部宗地	2066
	300	784	375	1113	432	1922	918
	400	441	211	626	299	1081	516
	500	282	135	400	191	692	330
	600	195	94	278	133	480	230
	700	144	69	204	98	353	169
	800	110	53	157	75	270	129

7. 基于多元回归分析建模的推算法

经统计分析后，建立多元回归模型（略）。经深入分析发现，数据软件在建立模型时，更加注重数据之间的关系，追求最佳的拟合程度，忽略某些因素实际对价格的影响，故会存在与实际不相符的逻辑关系，需进行修正调整。

（四）不同方法核算的国有土地资产量结果比较分析

1. 实操类方法测算结果的比较

本次西安市国有建设用地资产量核算中各种实际操作类方法的结果汇总表（略）。对比各种方法核算结果，可得到以下结论：

（1）基准地价法推算土地资产总量结果远低于其他几类方法的核算结果，究其原因，一是基准地价是政府管理调控土地价格的重要手段，政府出于稳定市场、宏观调控等需要，基准地价水平一般偏保守；二是基准地价内涵确定唯一，是某类用途在某个地价内涵下的区域平均价格水平，具有宏观性和概括性，因而其推算结果难以反映级别区域内部的地价差异，忽略了宗地的个别因素和微观的区域因素，而以宗地为单位的核算考虑到了多种影响因素。基于以上两点，基准地价概算出的土地资产量与以宗地为单元核算内涵下的土地资产量相差明显。

（2）监测地价仅能核算部分用地类型中监测范围内的土地资产，地类不完善和范围覆盖不全是该方法的显著缺陷。但监测地价每季度更新，土地资产量也能相应实现季度更新，从而及时形成对宏观经济政策的反馈。以住宅用地和商服用地为例，监测地价设定条件和现状条件下的土地资产分别与宗地核算结果接近，略低于平均交易地价法推算结果，远高于基准地价推算结果。进一步考察住宅用地各个监测区段内不同方法核算结果的差异，差异显著，整体介于 -30% ~ 40%，大部分位于 -20% ~ 20% 之间。其原因，一方面是现行监测区段范围较大，监测点的区段代表性不够理想；另一方面监测点评估出的地价是已建成的不动产价值中分割出的土地价值，已经包含了建筑物建成后土地的增值，而市场比较法核算出的结果是土地的净地价值，并不包括土地的增值，从住宅用地核算结果中看到，大多数监测区内市场比较法概算出的结果低于监测地价推算的资产量。监测地价用于土地资产量核算，还需在扩大覆盖范围、拓宽土地用途、细化监测地价区段、充实监测点数量等方面进行完善工作。

（3）平均交易地价推算资产量与以宗地为单元核算的总资产量结果较为接近，但在各类用途中，这两种方法的结果差异较大，这些差异源于当年的实际成交宗地地价与城市用地地价的平均水平。根据西安市 2015 年出让用地情况来看，商服用地主要供应在二环至三环区域，远离城市传统商服中心，作为新兴的商业中心，其地价水平并不能代表全市的平均水平；住宅用地成交地块则以城市新区住宅为主，以城市外围和集中改造区居多；工矿仓储类用地主要供应在开发区，价格水平较低，而地价较高的城市存量工业用地并无成交案例，仅以开发区的地价水平难以代表全市工矿仓储用地地价水平，致使核算结果较宗地核算结果低；公共管理与公共服务类用地种类较多，2015 年成交土地以科教用地等协议出让为主，其地价水平在该类用地中属于较低水平，用地价水平较低的土地价值推算资产量，难免会使核算结果低于实际水平。因此，就西安市而言，以平均交易地价法推算城市土地总资产量难以反映其实际资产量水平。

2. 探索类方法测算结果的比较

在本次核算阶段，并未实际采用抽样方法核算土地资产，在此仅以多元线性回归建模推算法的结果与基于市场比较法的单宗地核算法结果进行比较分析。

以商服用地、住宅用地、工业用地三类用地的核算结果对比来看，总资产量差异不大，但对比每一宗地的价格，差异显著。以住宅用地为例，大部分宗地价格差异在-20%~80%之间。这些差异，首先是多元线性回归模拟法在本次核算中的应用尚不成熟，其中一些因素与地价分布规律、经验不符；其次，在核算范围内仅建立1~2个推算模型，太过粗略，在不同的区域内，某项因素对地价的影响程度可能不同，简单以相同的系数值决定所有宗地的价格，并不合理。

该方法作为探索性方法，从技术方面而言具有一定意义；从对资料的要求、工作量来看，基本与市场比较法接近；然而模拟结果的合理性却难以论证，其中不乏与经验存在悖论之处，因此，当前状况下，其适用性尚难把握。

六、不同核算方法的比较分析

（一）基准地价和监测地价的区域价值推算法

1. 特点与优势

采用基准地价和监测地价推算法核算区域土地资产量，均是基于地域分异和土地收益差异原理，将核算区域划分为土地级别或均质区域，利用其平均地价水平的代表性，作为土地级别或均质区域的"基价"，从而依据土地利用现状数据核算出土地级别或均质区域内各类用地的价值，再汇总得出核算区域土地资产总价值。这种基于土地级别或均质区域地价核算的方法，在当前我国地价管理现状和体系下，具有核算便捷、快速高效的优点。特别是基准地价，作为我国当前公示地价体系中覆盖面最广的一类地价，在进行宏观层次，如全国、全省的土地资产量概算时，该方法工作量较小，尤其在市场化程度不高的小城镇，具有一定的可靠性。此外，从我国当前地价体系来看，基准地价和监测地价都是在严格规程和规范的指导下形成的价格，并经政府确认、公布或组织实施，具有很强的权威性，因此采用这类地价作为核算城市土地资产量的依据，具有较强的现实意义。

2. 缺陷与不足

（1）对于中观层次的市、区县级土地资产量核算，以及微观层次的地价管控来讲，基于基准地价的区域推算法精度不够，不能为地方政府提供切实可行的土地资产量管理建议。而监测地价，目前全国仅100余个城市开展，少数省份开展了省级监测，将地级市纳入监测中，因此采用该方法核算土地资产量仅限于这类城市，若开展全国全域土地资产量核算，推广的意义不大。

（2）城市基准地价和监测地价均有明确的覆盖范围，基准地价一般以城市土地利用总体规划确定的可建设用地范围为界，监测地价范围为城市建成区。对于城市整体土地资产量核算，其边界理论上是城市行政区范围，因此，存在空间上的不衔接。

（3）基准地价和监测地价在制定和设置时，均有明确的用途种类，用其进行核算时，仅能准确核算其对应用途的土地资产量，对于其他用途，核算的"基价"无法确定。可见，应用这两类地价核算城市土地资产量，在全用途覆盖上均具有一定的局限性，其核算结果仅能准确到"部分"土地资产量，而非全部。

（4）基准地价和监测地价均是明确设定内涵下的地价，其地价水平的平均性、代表性特征显著，因而也就抹杀了宗地的个性特征。但在实际中，由于宗地之间个性差异大，基准地价或监测地价设定内涵条件与级别范围或均质区域内同用途宗地的平均使用条件之间的一致性难以保证，因此直接以基准地价或监测地价作为宗地市场价格，与真实的土地市场价格差别会较大。此外，基准地价往往更新的及时性不足，在时效上会滞后于核算期日，对其核算成果现势性影响较大。实际中可以通过期日修正的方法解决这个问题，但若基准地价的基准日距核算期日过长，资产核算结果准确性会大打折扣。

（二）基于平均交易地价的区域价值推算法

采用平均交易地价的区域价值推算法推算城市土地资产量，是以城市有数量足够且分布均匀的交易地价为前提，将某类用地整体交易地价的均值视为该类用地的平均价格水平，以此求得某类用地土地资产量。这种方法的优点是价格紧随市场，能够及时动态反映出资产量变化情况，但对城市整体土地资产核算来说，是把城市整体视为一个均质区域，而实际上城市土地交易分布并不均匀，因此缺陷也非常明显，核算结果准确性高低不易判断。但是，对于城市中一些土地利用均质区域，如产业集聚的工业园区，核算其区域土地资产量，基于平均交易地价的区域价值推算法不失为一种可行方法。

（三）基于单宗地价值核算的方法

单宗地价值核算方法是借助计算机辅助技术，通过批量处理的思路对每一宗地价格进行评估，从而确定土地资产量的方法。理论上，市场比较法、收益还原法、成本逼近法、剩余法等基本估价方法均可用于单宗地核算，但实际中限于资料的可获取性，当前易于操作的方法仅有基于交易地价的市场比较法和基于基准地价的基准地价系数修正法。

1. 基于交易地价的市场比较法的核算方法

基于交易地价的市场比较法适用于土地交易市场活跃，交易案例多且分布广泛，土地价格影响因素资料充足的区域开展，尤其对于有条件开展批量估算的土地用途应采用此方法核算土地的资产量。该方法类似于"网格地价法"，但区别在于没有人为的划分50×50米或者20×20米的网格，而是将每一宗地当作一个网格，未打破宗地属性的完整性，以宗地为单元来评价区域因素，这一点较网格地价法更优。该方法在应用中主要有以下几点需要注意：

（1）交易案例的初选，应选择距离核算期日1年以内的案例，平稳市场下可选择2~3年的案例；交易案例在核算区域内尽量均匀分布；对于可调整为正常成交水平的案例，应予以采用，对于不能调整为正常成交水平下的特殊案例应予以剔除。

（2）区域因素的选择可参考《城镇土地分等定级规程》中地价影响因素的选择，为了便于信息采集工作开展、利于计算机批处理，在确保计算结果精度的前提下，可适当取舍一些对地价影响不显著的因素，但是主要因素必须保留。对土地价格具有负面影响的因素，如化工厂、地裂缝等，应给予负权重设定。

（3）个别因素亦是影响土地价格的主要因素，对宗地价格影响较大的因素，例如，商服用地和住宅用地中的宗地面积和形状、容积率等因素，不得舍弃；对地价影响不显著，且难以批量化处理的因素，可适当舍弃。

（4）选择宗地可比实例时，可借助ArcGIS平台批量实现，通过划定供需圈来优化选择，应注意避免因生硬执行"距离最近"原则而造成的案例选取不当、评估结果明显偏离问题。

（5）在该方法中，因素的取舍弹性较大，近距离选择案例可以在一定程度上减小区域因素的差异；个别因素中，容积率和土地用途细类对土地价格影响明显，其他因素的修正幅度均较小（在10%以内）。可以根据因素影响大小，舍去影响较小的一些因素，以减少工作量。

（6）按照相关法规政策的管理要求，土地转让受限于"投资额需达到25%"的条件影响，因此，二级市场上纯土地转让案例较少，基本以在建工程或房地产项目转让为主。该类转让中土地资产的实际转让价值不易剥离，故市场比较法可选案例基本为待开发土地。而城市土地资产量核算对象多为已开发、投入使用的土地。由此形成的问题是：基于市场比较法核算的结果中没有考虑到土地开发对地价带来的影响，并未完全体现开发完成后的土地增值；土地利用条件中，仅考虑了容积率指标，未考虑建筑密度、建筑层数等，未能全面反映宗地实际利用情况对地价的影响。

（7）市场比较法中的各个因素如何修正，修正多少，体现的是对经验与规律的把握。在不同的功能区域，影响地价的因素权重可能不同；一项因素修正也不宜孤立分析，而是需要与其他因素相结合考虑，例如宗地形状，同样为不规则形状的宗地，当土地面积较小时，可能会对地价产生明显影响，但当土地面积很大时，影响程度明显降低。本次核算中通过批量赋值直接给定各因素修正分值的做法，很难达到传统单宗地评估的精度要求。

（8）借助计算机辅助处理技术，其优势在于：一是计算机的参与度高，在保证资料齐全、具体方案确定条件下，计算工作仅需要1~2人短期内便可完成所有测算工作，计算过程的调整、完善，对反馈意见响应及时、灵活。二是考虑的因素全面，基本所有影响地价因素都能参与计算，结果可信度高。三是通过因素的取舍，可以形成不同精度、反映不同内涵的结论，应用范围广。

2. 基于基准地价系数修正法的核算方法

对于土地市场不活跃，交易案例少，市场不成熟的用地类型，例如，公益类性质的土地资产核算，考虑政府公布的基准地价在地价水平方面具有较强的指导性，可以采用基准地价系数修正法，通过计算机辅助技术实现对单宗地的批量估价。西安市在本次核算中对公共管理与公共服务用地采用了该方法。该方法运用的前提，一是所采用的基准地价应具有现势性，核算期日距基准地价基准日一般不超过 3 年；二是需严格按照基准地价规定的修正体系进行，宗地的区域因素和个别因素均需考虑。该方法从需要的宗地资料及工作内容、时间上与基于市场比较法的核算均较为接近，区别仅在于不需要处理交易案例资料。

（四）多元线性回归建模核算法

在本次核算试点中，尝试利用 SPSS 软件建立土地价格与其影响因素之间的数学关系，从结果来看，整体的拟合程度并不高，不够理想。与市场比较法的单宗地核算结果相比，结果的差异较大，有些因素系数与地价之间甚至存在逻辑问题，分析其原因，主要在于以下方面：

（1）有些因素对地价影响的逻辑关系与实际经验不符，是因为 SPSS 软件仅基于数据之间的关系建立多元回归模型，优选的是所有参数与地价结果相关系数最高的模型，为了保证较高的模型拟合度，出现数据逻辑错误比较常见。

（2）建立地价影响因素与土地价格之间的科学模型，需要强大的理论基础，需要借助神经网络等先进技术，不断优化模型，寻找最优答案，本次试点研究中尚难以达到上述要求。

（3）对土地价格影响因素的影响机理、影响程度研究需要有很强的实践经验，有充分的把握，并可以在模型建立时进行合理的人工干预，受时间、精力限制本次核算中这方面没有系统性的深入研究。

（4）同一城市不同区域，地价影响因素及影响程度都不尽相同，本次以整个西安市核算区域为一个主体进行模型拟合，难以取得一个理想结果。同时地价形成还受到历史原因等其他因素的影响，建模中因素考虑不全面，也会影响到结论。

（五）统计抽样方法

在本次土地资产量核算试点中，在单宗地核算的基础上，尝试探讨了抽样方法核算的可能性，基于本次尝试，分析该方法的可操作性和适用性。

1. 简单随机抽样法

简单随机抽样法是最基本的抽样方法，对于调研范围有限、调查对象情况不明，难以分类时，或者总体单位之间特性差异程度小的情况下，采用此法效果较好，但对于复杂的总体，样本的代表性则难以保证，导致结果精度有限。对于土地资产核算工作来说，宗地情况复杂多样，这种方法如果独立使用，可靠性较差，存在较大误差。该方法看似思路简单，实则工作量巨大，对于样地均要采用宗地估价程序，逐一进行估价，涉及专业技术人员投入较多，是一个成本高但成效低的方法。

2. 分层抽样法

分层抽样是在对城市土地价格水平相当了解的基础上，根据区域地价的差异性，将全域细分为多个同质区域，然后在各个同质区域内部进行简单随机抽样或者机械抽样的方法。该方法能有效减少各个区域的变异性影响，并且充分保持了样本与总体结构的一致性。分层抽样的精度仅取决于各个均质区域内部的价格方差，与均质区域之间的差异无关，均质区域内部差异越小，精度就越高，其总体精度比简单随机抽样高。在土地资产量核算中，可根据不同用地类型的地价影响因素不同，划分不同均质区域，选择样本，推算全域土地资产量。分层抽样法涉及的人力、物力和时间投入也比较多，同样需要采用宗地估价程序，对样点地价进行逐一评估，也是一个成本较高的方法。但该方法中划分均质区域的原理与地价监测体系、标定地价体系建设中的监测区段、标定区段设定过程基本类似，因此，该方法可借助于已开展的地价监测和标定地价公示工作完成，以有效降低前期投入。

3. 抽样方法的应用探讨

抽样方法的最大优点在于：可以采用剩余法、收益还原法对样本地价进行评估，反映宗地实际利用情况对地价的影响。如果抽样样本的代表性较强，其结论就可以很好地反映被核算对象实际开发利用状况。但问题在于，对于"个性化突出，没有两宗地完成相同"的土地而言，如何保证样本具有较高的区域代表性，因此所需的分层方法会更加复杂、所需抽取的样本数量也较大。

现行地价监测点的设立与分层抽样法在技术原理上有较大的相似性，但从西安市各用途监测点数量与本次分层抽样论证的所需样点数量来看，数量差异明显,虽然监测地价划分均质区域、寻找标准宗地等处理过程会有效降低抽样所需的样点数量,但是监测点的数量仍然偏少,难以推算出较高精度的全域地价水平。随着地价监测工作的不断推进和完善,监测区段的划分将更为合理、标准宗地更为丰富,该方法可以成为一种省时省力、具有推广性的做法。

第四节　株洲市土地资产量核算试点情况简介

株洲市作为工作基础较好,技术实力较强的中部省份中等城市纳入本次试点,试点实施单位为湖南万源评估咨询有限公司。

试点过程中,在综合考虑精度、效率及基础数据支撑程度的基础上,实践了基于中观尺度的核算实施方法,即在单独划分均质区域,作为基本核算单元的基础上,以基本核算单元内各类型土地的区域平均价与各类型土地面积测算得到土地资产的经济价值,同时采用对核算单元抽样精算、基于核算单元内各宗地的具体用途、基于核算单元的主导用途、基于基准地价等多种方法分别比较、验证,分析方法的可行性。

株洲市本次试点成果的特点在于:注重了精度、效率及本城市现有工作基础的统筹;对试点经验和问题的总结分析有助于同类型城市借鉴。

一、试点范围

(一) 区域范围

本次株洲市纳入土地资产核算的土地总面积为123.66平方千米,具体指经法定程序批准的,中心城区土地利用总体规划确定的,城镇建设用地规模边界内的所有现状建设用地。可参考《株洲市土地利用总体规划(2006—2020年)》中划定的株洲市中心城区城镇建设用地规划边界范围。

(二) 地类范围及实物量

此次土地资产核算试点工作以国有建设用地为核算对象,根据《土地利用现状分类》（GB/T 21010 – 2007），主要包括商服用地、工矿仓储用地、住宅用地、公共管理与公共服务用地、特殊用地、交通运输用地等，水域及水利设施用地暂未列入核算对象。

其中住宅用地、商服用地、工矿仓储用地、公共管理与公共服务用地分别占总面积 42.56%、4.50%、21.77% 和 12.65%；交通运输用地占总面积的 12.54%；特殊用地占总面积的 0.68%；其他用地占总面积的 5.29%。这里的其他用地主要为土地利用变更数据库中定义为建设用地，但在地籍数据库中没有明确的用地属性，经现场核查发现为已进行表土剥离，但尚未建成的土地。

二、技术思路与流程

土地经济价值核算最理想的方法应从微观尺度出发，以宗地为基本单元，通过对各宗地价格的测算，汇总得到核算范围内土地资产经济总的价值量。但是，由于城市内部宗地数量庞大，在缺乏数据库管理系统以及翔实完备数据支撑的前提下，针对资产核算工作开展价格测算工作量巨大，不具有可操作性。此外，直接以宗地为基本核算单元将导致缺乏宗地信息的待建区、规划区等无法开展工作，即便是在已建成区内，也会因为部分零星地块未划入宗地范围内，而导致出现核算单元不完整等问题。因此，确定本次核算采用中观尺度方法，以单独划分的均质区域作为基本核算单元，通过测算核算单元内各类型土地的区域平均价以及各类型土地的面积，二者相乘并汇总求和得到土地资产的经济价值总量，兼顾核算的效率与精度。其中，土地资产核算基本单元是指土地条件、土地利用状况、地价水平基本接近的空间闭合区域，是土地资产核算空间上最小的组成单元。较基准地价评估中的均质地域范围更小，内部土地的相似性更强，地价一致性也更高。基本核算单元内部由多种土地类型组成，但每种类型土地在开发程度、容积率、建筑密度等土地利用状况方面基本一致。

基于上述思路，本次试点的主要技术内容包括：土地资产核算单元划定、土地价格测算、核算单元测算结果验证三大工作模块，技术路线如图 3 – 14 所示。

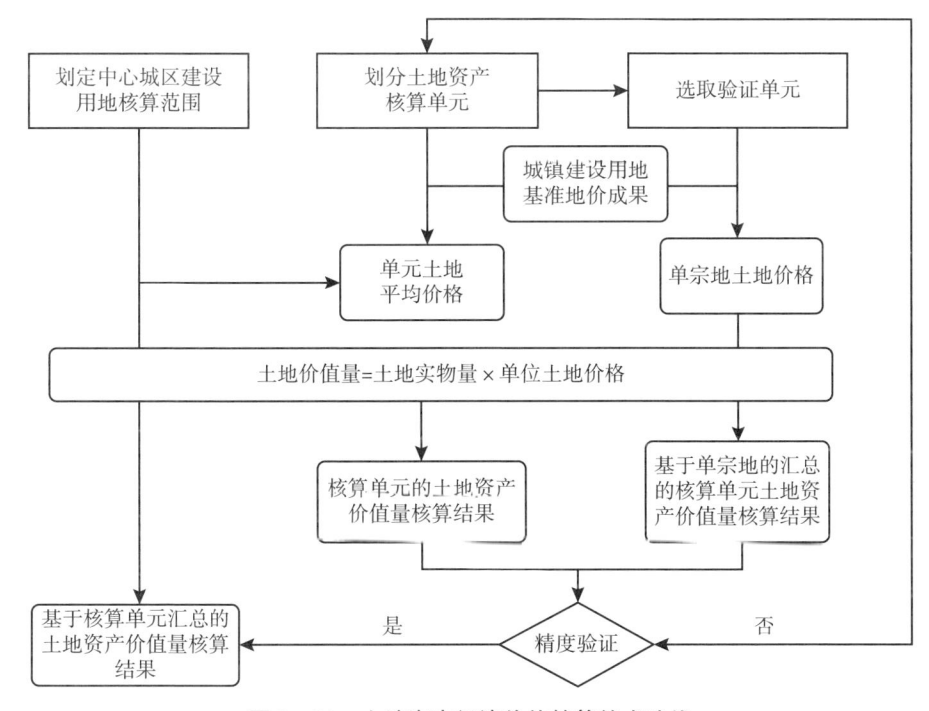

图 3-14　土地资产经济价值核算技术路线

具体技术流程为：

（1）在充分调查城市土地利用现状，综合考虑土地利用总体规划、城市规划以及既有的相关地价成果（基准地价体系、城市地价动态监测体系）等范围边界的基础上，合理确定土地资产量核算范围。

（2）在资料收集与外业调查的基础上，采用多因素综合评价法等方法，选择合适的空间尺度，将土地利用强度、价格水平、基础设施条件等基本一致的区域划分为土地资产基本核算单元。

（3）在充分掌握各核算单元土地利用现状、土地利用强度的基础上，确定土地资产核算单元内地价内涵，并结合样点地价资料及数理统计等方法，测算各核算单元内不同土地用途的价格，计算其土地资产总量。

（4）采用微观测算及抽样验算的方式对土地资产核算单元的资产量进行验证，若存在较大偏差，则重新进行（2）（3）（4）环节，直至所有抽查的核算单元满足精度要求。

(5) 汇总各土地资产核算单元土地资产量值，得到核算范围内的土地资产总量结果。

三、基础数据情况与预处理

（一）基准地价资料

最新株洲市城区基准地价更新成果于 2015 年 3 月 26 日公布实施，估价期日为 2014 年 7 月 1 日。基准地价体系中除常规的商服、住宅、工业各用途级别基准地价外，还包括商服用地区片价、住宅用地区片价及商服用地路线价。其中，商服用地共分为 117 个均质区片，住宅用地分为 121 个均质区片。

（二）监测地价资料

作为国家级监测城市，株洲市城区内具有完善监测地价体系，监测面积约 195 平方公里，其中共设置商业区段 21 个，住宅区段 21 个，工业区段 8 个，商业用地监测点 30 个，住宅用地监测点 43 个，工业用地监测点 18 个。

（三）株洲市土地利用变更数据库资料

株洲市土地利用变更数据库（2014 年）于 2015 年 10 月公布，包括整个株洲市域范围内的土地变更情况，本次试点中主要采用了株洲市中心城区范围内（具体指株洲市土地利用总体规划数据库中城镇建设用地规模边界内）的数据，主要包含涉及中心城区范围的地类图斑层、线状地物层、零星地物层等。

（四）株洲市土地利用总体规划数据库资料

《株洲市土地利用总体规划（2006—2020 年）》数据库是以株洲市实际情况，对株洲市土地利用的部署和要求。该数据库以 2005 年为基期年，2010 年为近期目标年，2020 年为目标年。规划范围为株洲市所辖全部土地，总面积为 111247.55 平方公里。本次试点中采用了株洲市中心城区范围内的土地利用总体规划数据，主要包含涉及中心城区范围的规划用途图层、建设用地管制分区图层等。

（五）株洲市中心城区地籍数据库资料

株洲市中心城区地籍数据库主要包括了基础地理信息、土地权属信息、土地利用信息等数据，本次试点中所采用的地籍数据主要包含涉及中心城区范围的地类图斑层信息、宗地层信息、建筑层信息、所有权权属信息和基础地理信息。

此外，按照《城镇土地分等定级规程》与《城镇土地估价规程》的有关要求，结合株洲市实际情况，调查收集了区域经济发展水平、商服繁华程度、交通条件、基础设施状况、环境条件、产业集聚、规划等地价影响因素等相关资料及土地、房地产市场上各类交易案例及相关资料。

（六）工作底图的准备

基础工作底图的制作是株洲市土地资产核算的重要环节。株洲市土地资产核算工作底图制作所使用的基础数据包括：株洲市土地利用变更调查数据库（2014年）、株洲市中心城区地籍数据库、《株洲市土地利用总体规划（2006—2020年）》数据库、《株洲市城市总体规划（2006—2020年）》（2014年修订）数据库以及覆盖整个株洲市中心城区的高清遥感影像图。根据工作需要对具体数据进行预处理：

（1）对调研搜集到的各类图件进行坐标转换，在西安80坐标系下对地类图斑（土地利用变更数据库）、地籍图（地级数据库）、城市总体规划图（城市规划数据库）、土地利用总体规划图（土地利用总体规划数据库）和遥感影像图做叠置配准处理，并对地类图斑图和地籍图做图层拓扑处理。

（2）以株洲市土地利用变更调查数据库（2014年）为基础，剔除其中的非建设用地，叠加从《株洲市土地利用总体规划（2006—2020年）》数据库中提取的株洲市中心城区城镇建设用地规模边界线，将城镇建设用地规模边界线以外的区域予以剔除后，形成株洲市土地资产核算的基础底图。

（3）以株洲市中心城区地籍数据库为基础，明确各个地类图斑的用地信息，对于地籍数据库中地类信息尚不明确的图斑，综合对比遥感影像图、株洲市城市总体规划用地现状图，并结合实地调查，对所有地类图斑的地类信息进行核实、补充，确保每个图斑地类属性的准确、完整。由于株洲市中心城区地籍数据库尚未覆盖整个中心城区，基础底图中的部分建设用地地类属性尚不明确，在实际操作中也采用同样的方式予以核实补全。

（4）在已核实补充地类属性信息的地籍数据库基础上，在确保城市主次干道、支路等城市道路完整性、连贯性的条件下，将支路以下（或道路红线宽度 12 米以下）的各类附属道路、宅间小路和城市道路红线外的宅间绿地、街头绿地、组团绿地、小游园等绿地以及其他细碎地类图斑与相邻区域的主导用途地类图斑做融合归并处理。在图斑地类信息核实补全与细碎图斑融合归并的基础上，进一步做图层拓扑检查，最终形成株洲市土地资产核算工作底图（如图 3-15 所示）。

(a)

(b)

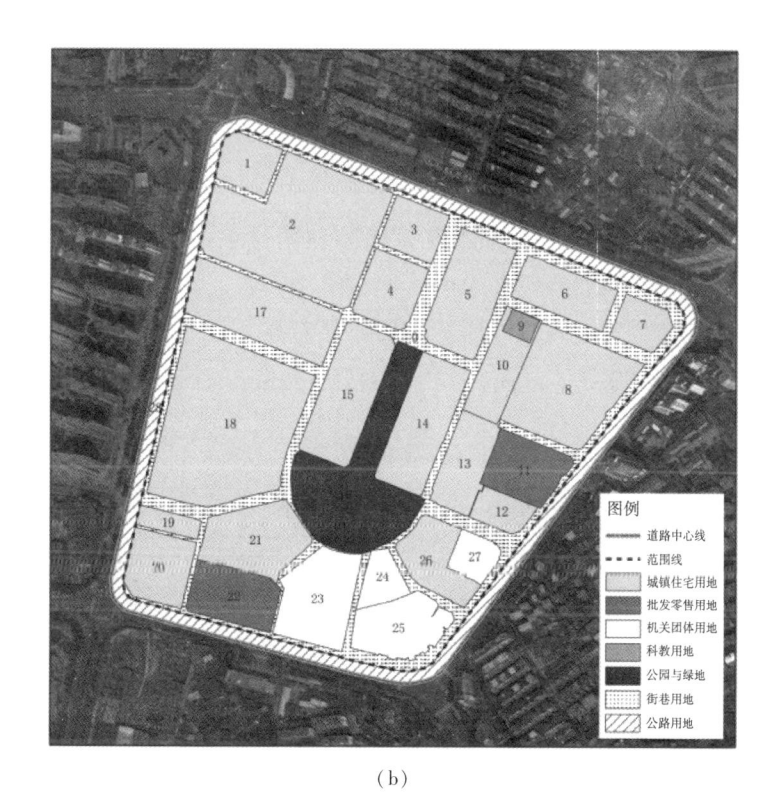

图 3–15　地类图斑融合归并示意图

注：实际工作底图为彩色。

四、土地资产量核算方法

（一）基本核算单元的划分方法

1. 划分思路

基本核算单元划分的方法与土地级别划分的方法一致，即采用多因素综合评价法，测算评价单元的土地质量总分值，并根据土地质量总分值，划分均质区片，作为土地资产基本核算单元。与传统土地级别划分的主要区别在于：

（1）传统土地级别或均质地域的划分一般是针对某种用途来划定的，不同用途土地级别或均质地域所对应的评价指标体系不同，而土地资产基本核算单元内会包含多种土地用途，在该区域内每种用途土地的质量、价格、土地利用状况、利用强度等均相当，因此，土地资产核算单元是各种用途土地级别或均质地域的交集，在建立评价指标体系时，需综合考虑各类地价的影响因素。

（2）由于土地资产基本核算单元是各种用途土地级别或均质地域的交集，因此核算单元的划分数量要多于各类用途均质地域数量总和。对于已完成了均质地域划分、城市地价动态监测区段划分的城市，可以在原有的基础上，结合相关地价水平、地价样点、土地利用状况等资料，对原有均质地域进行进一步的调整、细分，从而得到土地资产基本核算单元。

2. 划分原则

（1）一致性原则。参评因素均一性，即该区段（片）内部影响土地质量各因素差异较小，具有相对一致性。

（2）完整性原则。区段（片）的边界应易于识别，一般以地图上明显的地形线、分水岭、河流、交通线等线性地物分界，且注意保持地籍权属界线完整。

（3）可操作性原则。既要求科学划分区段（片），又要使工作可行，必须适当确定区段（片）数量，且区段（片）界线多取直线，以利于成果应用与实际操作。

（二）基本核算单元内地价的测算方法

土地资产基本核算单元内地价的测算思路与均质地域价格测算的思路一致，对于样点充足的商服、住宅、工业用地，地价测算的技术思路为：第一，在土地资产核算单元划分的基础上，根据市场资料，运用收益还原法、成本法、剩余法等测算样点地价；第二，测算有样点的土地资产核算单元的平均地价（分用途平均地价，下同），并据此建立土地资产核算单元综合分值与土地资产核算单元平均价格的数学模型，以模型推算个别无样点土地资产核算单元的平均价格，进而得到所有土地资产核算单元的土地价格。对于缺乏样点的公共管理与公共服务用地、特殊用地等，地价测算的技术方法可采用行业比价法、参照法、成本法、收益还原法等。

另外，对于已完成了均质地域价格测算、监测地价测算的区域，可根据均质地域价格，利用地价指数等资料，进行期日、个别因素（容积率、开发程度等）等修正而得到土地资产核算单元地价。

（三）核算单元地价测算结果的验证方法

对核算单元进行抽样，选择若干样本作为验证单元，通过对样本单元内全部宗地价格的精确评估，汇总得到验证单元准确的核算结果，对比原中观尺度核算方法的结果，可有效验证核算的误差大小。

经分析，在土地资产基本核算单元划分合理、无误的前提下，核算结果系统误差的大小主要受土地资产核算单元范围的大小、土地价格准确程度两方面的影响，而价格的准确程度也受土地资产核算单元范围大小的影响。因此，在抽样检验时，需要对土地资产核算单元面积进行排列，挑选出 2%~5% 的不同面积规模的土地资产核算单元进行验证，若精度在 90% 以下的，则重新对核算单元范围及其价格进行调整及测算，直到全部抽样的核算单元土地资产总量准确度达到 90% 以上。

（四）基本核算单元内土地资产量测算

采用第一章第三节所述的均质单元核算法（中观）完成了本次株洲市土地资源量核算试点。

五、土地资产量核算实施

（一）相关界定

地价期日：2015 年 12 月 31 日。

土地利用条件：基于现状土地开发利用强度确定；规划区或待建区内的用地类型、土地利用强度等指标根据规划指标设定。

土地使用权性质：考虑土地一次性取得的最大经济价值，在价格测算过程中统一采用出让价格。

年期设定：各用途的法定最高年期。

核算单元地价：单元区域内各用途土地价格（上述内涵下的价格）的

均值。

(二) 核算单元的划分

株洲市城区已完成了均质地域划分、城市地价动态监测体系建设等工作,因此,本次土地资产基本核算单元的划分是在上述成果的基础上,结合相关地价水平、地价样点、土地利用状况等资料,对原有均质地域进行进一步的调整、细分,从而得到土地资产基本核算单元划分结果。具体过程如下:

(1) 整理株洲市城区原均质地域划分成果。其中,商服用地共划分为117个均质地域,住宅用地共划分为121个均质地域,工矿仓储用地共划分为78个均质地域。

(2) 对商服、住宅、工业三类用地均质地域进行空间叠加,生成245个均质单元。

(3) 对245个均质单元进行进一步细分、调整。细分的思路主要是综合考虑土地利用现状、城市总体规划、监测地价及调查的样点地价等资料,对土地利用类型相对一致的区域进行进一步的分割调整,初步得到487个功能相对单一的土地资产核算单元。

(4) 结合土地资产核算单元初步划定的结果,向熟悉株洲市城区城市规划和土地利用管理的相关部门专家征询意见,对土地资产核算单元划定结果进行分析,并进行实地验证,在进一步细分的基础上,最终得到515个土地资产核算单元。

(三) 土地价格与资产量测算

1. 核算单元土地价格的测算

(1) 商服、住宅、工业用地价格的测算。

由于株洲市城区具有翔实的商服、住宅、工业均质地域价格成果、城市地价动态监测成果,因此,对土地资产核算单元内商服、住宅、工业价格的测算,可根据均质地域价格,利用地价指数等资料,通过期日、个别因素(容积率、开发程度等)等修正而得到土地资产核算单元内各类用地在现状利用条件下的价格,具体过程为:

第一，整理原均质地域价格成果，并按空间对应关系，在进行期日修正的基础上，分别测算 515 个土地资产核算单元在原区片地价设定条件下的价格。

第二，分析各土地资产核算单元的土地利用现状情况，根据各单元的土地开发程度、土地利用强度、容积率等资料，对前面测算出的地价按每类用地在该区域的具体利用情况，进行具体修正，得到各土地资产核算单元在现状利用条件下的各类用地的平均价格。

第三，结合城市地价动态监测成果，对核算单元价格进行进一步的调整、校验。对土地资产核算单元价格与区域内监测点价格差距较大的（20%以上），原则上以土地市场交易样点资料对该土地资产核算单元价格进行重新测算，测算过程与基准地价测算过程中均质地域价格测算方法一致。

（2）公共设施、基础设施用地价格的测算。

在综合分析的基础上确定对应的地价参照基准及修正系数，通过修正的方式测算评估。

根据成交案例、株洲市土地评估案例以及各细分用地类型主导行业的收益水平，综合确定用地类型修正系数范围如表 3-7 所示。

表 3-7　　　　　参照用地类型及地价修正系数范围

一级用地	二级用地	参照用途	修正系数
公共管理与公共服务用地	机关团体用地	住宅	0.8~1.0
	新闻出版用地	住宅	0.8~1.0
	科教用地	住宅	0.8~1.0
	医卫慈善生用地	住宅	1.0~1.2
	文体娱乐用地	住宅	0.8~1.0
	公共设施用地	住宅	0.8~1.0
	公园与绿地	住宅	0.6~0.8
	风景名胜设施用地	住宅	1.0~1.2

续表

一级用地	二级用地	参照用途	修正系数
交通运输用地	铁路用地	工业	0.9~1.0
	公路用地	工业	0.7~0.9
	街巷用地	工业	0.6~0.9
	管道运输用地	工业	0.8~1.2
	港口码头用地	工业	1.0~1.2
特殊用地	军事设施用地	住宅	0.7~0.9
	监教场所用地	住宅	0.6~0.8
	宗教用地	住宅	0.6~0.8
	殡葬用地	住宅	1.0~1.2

（3）特殊问题的处理。

①核算单元内各宗地间缝隙的处理。对于建成区，核算单元一般由具体的宗地构成，但受地形、土地利用条件等因素影响，并不能保证所有核算单元内，各宗地的边界无缝对接，因此，会存在少量的"缝隙"。对于该类区域的处理，主要是将"缝隙"平摊到"缝隙"周边的若干宗地上，平摊的大小按照周边宗地的面积比例加权确定。

②交通运输用地的处理。在划定核算单元时，部分交通运输用地未划入核算单元。对于核算单元内部的交通运输用地，可将其视为一个整体（类似宗地）进行处理；对于未划入核算单元的交通运输用地，主要是采用"就近分配"的原则，将交通运输用地面积分摊到邻近的若干个核算单元内。

2. 核算单元土地资产量的核算

以核算单元 ZCHS154 为例，核算单元内土地价格及其资产量过程如下：

（1）ZCHS154 基本情况介绍。

ZCHS154 核算单元内共有宗地 27 宗，另含单元内、外的公路用地，共 29 个评估对象，如图 3-16 所示。

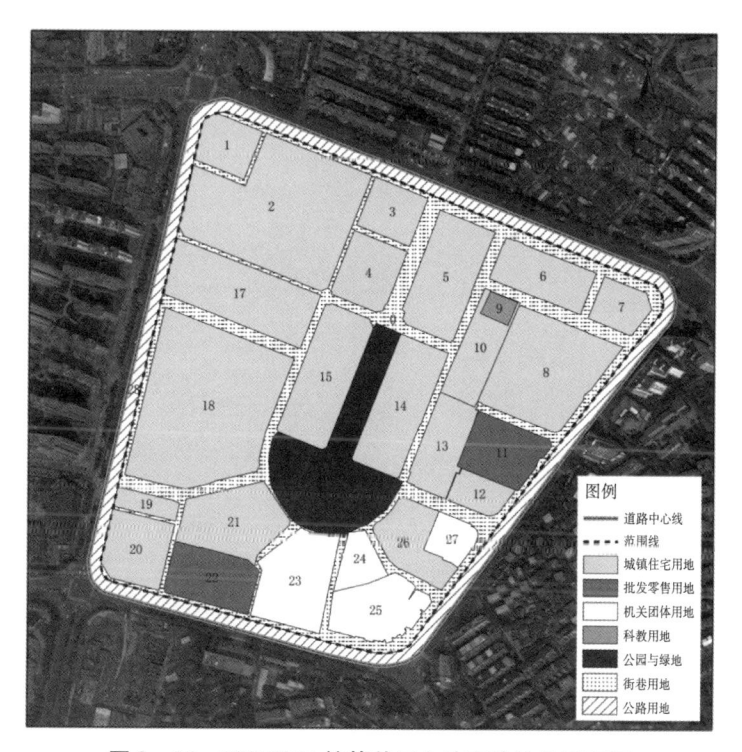

图 3-16　ZCHS154 核算单元土地宗地信息示意图

经汇总，该核算单元内地类构成及各用途土地面积如下：

表 3-8　　　　　ZCHS154 核算单元地类构成及面积

地类名称	宗地数	用地面积（平方米）
城镇住宅用地	19	387599.136491
商服用地（批发零售用地）	2	21516.37685
机关团体用地	4	38404.05627
科教用地	1	1887.974692
公园与绿地	1	31647.0374S
公路用地	1	56348.592982
街巷用地	1	128259.819462
合计	29	665662.994203

(2) 商服、住宅用地价格的测算。

根据株洲市中心城区区片地价成果，可知在 2014 年 7 月 1 日估价时点上，ZCHS154 核算单元所在区域的商服、住宅区片价分别为 5140 元/平方米、3891 元/平方米。通过对该区域内的容积率、开发程度、期日等因素进行修正，初步得到该核算单元商服用地、住宅用地平均价格分别为：5895 元/平方米、4045 元/平方米。与动态监测地价成果对比（商服用地 5962 元/平方米、住宅用地 3938 元/平方米），差距较小，在 5% 以内。

(3) 其他用地价格的测算。

采用参照法，结合该区域及其周边区域的案例情况、土地征拆成本等情况，结合既定的修正系数进行修正。ZCHS154 核算单元参照用地类型及地价修正系数，如表 3-9 所示。

表 3-9　　　ZCHS154 核算单元参照用地类型及地价修正系数

二级用地	参照用途	修正系数	土地价格（元/平方米）
机关团体用地	住宅	0.84	3398
科教用地	住宅	0.81	3276
公园与绿地	住宅	0.65	2630
公路用地	工业	0.80	546
街巷用地	工业	0.80	546

(4) ZCHS154 核算单元土地资产量的测算。

ZCHS154 核算单元地类构成及面积，如表 3-10 所示。

表 3-10　　　　ZCHS154 核算单元地类构成及面积

地类名称	用地面积（平方米）	土地价格（元/平方米）	土地资产量（亿元）
城镇住宅用地	387599.136491	4045	15.6784
商服用地（批发零售用地）	21516.37685	5895	1.2684
机关团体用地	38404.05627	3398	1.3050
科教用地	1887.974692	3276	0.0619

续表

地类名称	用地面积（平方米）	土地价格（元/平方米）	土地资产量（亿元）
公园与绿地	31647.03745	2630	0.8323
公路用地	56348.592982	546	0.3077
街巷用地	128259.819462	546	0.7003
合计	665662.994203	/	20.1539

3. 核算单元结果验证

（1）验证单元选取。

对核算对象全部515个基本核算单元进行面积统计（如图3-17所示），各单元平均面积为295306平方米，以100000平方米间隔进行分组，则0~100000平方米大小的核算单元数量最多，达到总数的47.6%。

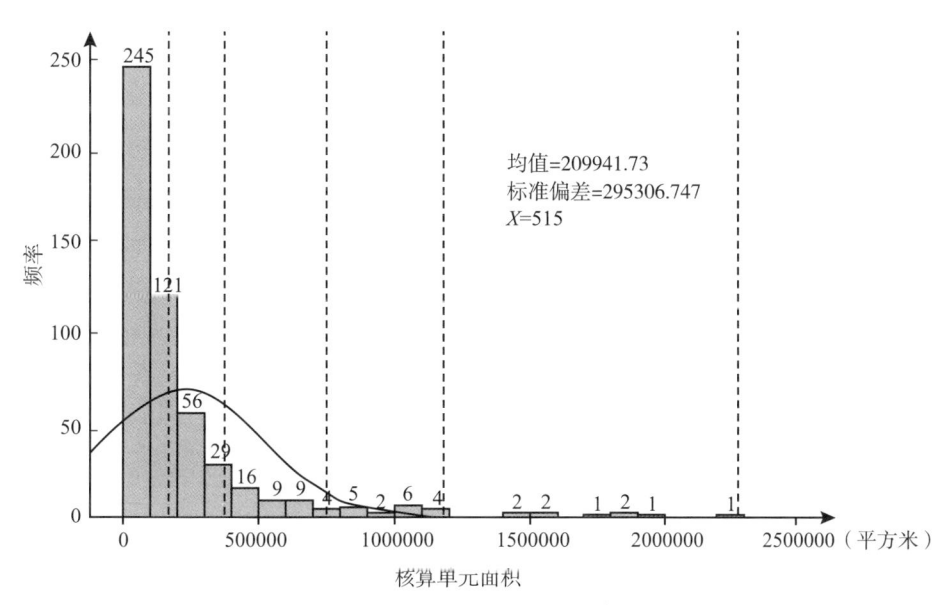

图3-17 株洲市中心城区土地资产核算单元面积统计

如图3-18所示，采用自然间断点法将515个核算单元划分为0~152852平方米、152853~370501平方米、370502~733038平方米、3733039~

1179920 平方米和 1179921~2265180 平方米 5 个区间，对应级别Ⅰ~Ⅴ，在其中各选取 3 个作为验证单元，共计 15 个，占总数的 2.91%。验证单元的选取一般要求在空间分布上尽量均匀、单元内部宗地数量和土地利用类型丰富、土地利用现状符合规划。

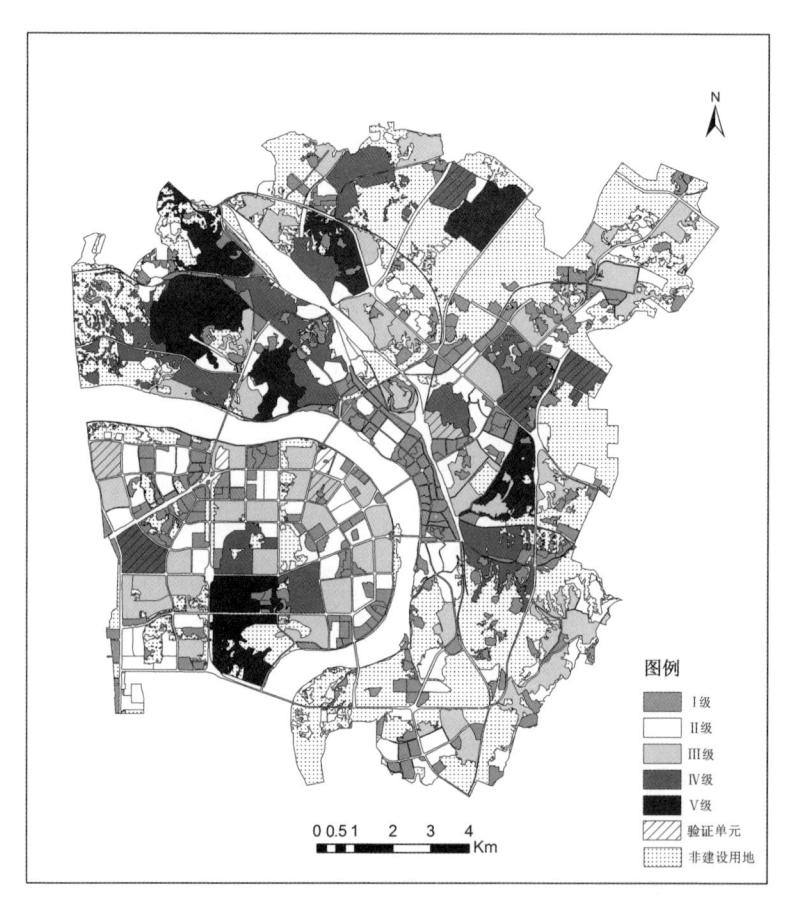

图 3-18　株洲市中心城区土地资产核算单元与验证单元分布

（2）验证单元资产量测算。

以宗地为单元，测算各验算对象的土地资产量 $V_{i验}$，将其作为标准值，与基于土地核算单元区域平均价格计算的土地资产量 V_i 进行对，计算核算精度 ρ，结果如表 3-11 所示。15 个验算对象的 ρ 值均大于 90%，符合精度要求，进而对515个核算单元的计算结果进行汇总统计，可得到株洲市中心城区土地资产核算结果。

表3-11　　　　　　　　土地资产核算单元经济价值验证

序号	土地资产核算单元编号	面积（平方米）	宗地数（个）	土地类型数量（个）	V_i（亿元）	$V_{i验}$（亿元）	ρ（%）
1	ZCHS336	1844809	13	5	30.1854	32.7745	92.1
2	ZCHS348	1711874	72	7	76.1887	84.1864	90.5
3	ZCHS423	1464277	47	6	15.1143	16.4464	91.9
4	ZCHS080	1179917	37	6	14.1868	15.3205	92.6
5	ZCHS205	1178817	65	9	40.1844	44.1586	91.0
6	ZCHS330	826021	48	8	34.7898	37.2881	93.3
7	ZCHS154	405731	29	7	20.1539	21.3268	94.5
8	ZCHS163	700574	32	5	9.1897	9.8707	93.1
9	ZCHS186	432641	33	6	21.6879	23.6767	91.6
10	ZCHS152	261123	12	7	9.1868	10.1962	90.1
11	ZCHS164	190374	14	6	19.5749	20.5187	95.4
12	ZCHS195	892857	6	5	11.875	12.8796	92.2
13	ZCHS469	104600	9	6	13.041	13.3753	97.5
14	ZCHS199	225233	13	6	15.8798	17.1303	92.7
15	ZCHS149	92370	8	4	2.1489	2.24311	95.8

（四）测算结果分析

按土地利用现状一级类进行划分，住宅用地资产量占绝大比例，其次为公共管理与公共服务用地，特殊用地资产量最小，各类用地资产量占比如图3-19所示。

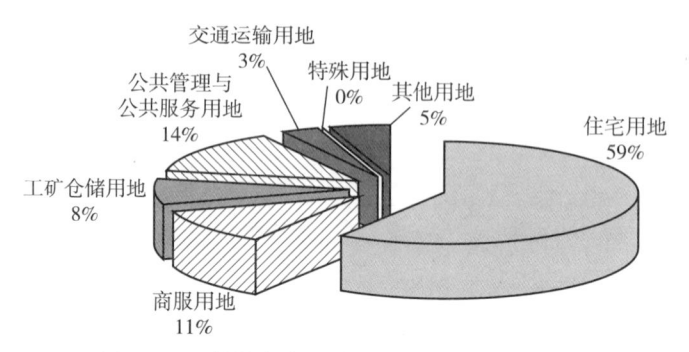

交通运输用地 3%
公共管理与公共服务用地 14%
特殊用地 0%
其他用地 5%
住宅用地 59%
工矿仓储用地 8%
商服用地 11%

图 3-19 株洲市中心城区土地资产价值量比例

六、核算方法的分析讨论

（一）核算精度的影响因素分析

株洲市土地资产核算实践研究中，通过人工划分 515 个核算单元，采取中观尺度的核算方法，对中心区建设用地资产量进行测算，核算单元平均分布面积 0.21 平方公里。划分的基本核算单元是土地价格的均质区域，同一核算单元内同种用地类型的不同宗地都具有相近的价格，大大缩减了逐宗地测算的工作量。虽然确定了各核算单元的主导功能，但并未对不同地类进行归并处理，不会改变面积统计的准确性。通过与 15 个验证单元逐宗地精确测算结果的对比验证，可进一步详细分析导致两种核算尺度误差产生的具体因素。采用 SPSS 软件对验证单元核算准确度、单元面积、单元内宗地数量，以及单元内土地类型数量进行相关分析，分析结果如表 3-12 所示。

表 3-12　　　　　验证单元核算精度影响因素相关分析结果

			准确度 ρ	面积	宗地数	地类数
Kendall'tau-b(K)	ρ	相关系数	1.000	-0.486**	-0.325*	-0.277
		sig.（单侧）	—	0.006	0.046	0.089

注：** 表示在置信度（单侧）为 0.01 时，相关性是显著的；* 表示在置信度（单侧）为 0.05 时，相关性是显著的。

结果表明，核算精度与核算单元的面积、宗地数量、地类数量均呈负相关关系，即核算单元面积越大、内部包含宗地数量和地类种数越多，该核算单元的核算精度越低。其中，宗地面积与核算精度的相关性最强，在置信度为 0.01 时显著相关，其次为包含宗地数量，置信度在 0.05 时显著相关，而地类数量对核算精度的影响不显著。由于核算单元内土地的价格是核算单元范围内的平均地价，因此，核算单元面积越大，则宗地数、地类种数一般也会越高，能充分反映各宗地特性的个别因素就越会被平均化，进而价格也会趋于宏观化，与单宗地的评估价格对比，精度也会降低。另外，宗地数量增多，理论上不会影响地价的精度，但是对宗地进行单宗地评估时，不可避免的会产生"系统"误差（即由于采用了不同估价方法或不同估价师评估结果会有差异），宗地数量越多，"系统"误差的可能则越大，也会影响地价的精度。

（二）简易核算方法实施的可行性分析

采取中观尺度的均质区域作为基本核算单元，虽然可以节省单宗地测算的大量工作，但仍需要针对其包含的每种用地类型分别计算区域平均价格。若对地类进行归并，将各核算单元范围内占比最高的地类确定为唯一主导用地类型，则仅需要进行 515 次价格计算。而在底图制作及数据库处理方面，也避免了对地籍数据库中细碎图斑、宅间小路、地块间空隙的融合归并处理，进一步节省了工作量。此外，还可选取宏观尺度，以不同土地级别或均质地域为基础，直接套用基准地价进行土地资产量计算。不同简化方法的核算结果对比显示：基于核算单元主导功能核算的株洲市中心城区建设用地资产量与核算单元内部分地类核算的结果仅相差 6.5%，说明核算结果在大量节省工作量的前提下仍具有较高可靠性。而采用均质地域内各地类直接套用其所在区域的区片价格的计算方法，核算出的土地资产量明显偏低。可见，基于核算单元主导功能的核算方法是一种更为快速可行的简便核算途径，但此种核算方法最大的弊端在于进行了地类的归并。各核算单元主导功能仅确定至一级地类，而其中非主导的其他用地类型则被一同归并，导致各地类统计面积发生变化，其对应的价值核算结果也有出入。因此该方法仅在需要快速得出某一地区土地资产总量的情况下适用。

第五节　山东省土地资产量核算试点成果简介

山东省作为工作基础较好，技术实力较强的东部典型省份，纳入本次省级核算试点，试点实施单位为山东省土地调查规划院。

试点完成了省域及市县（东营市东营区、滨州市市域）两个尺度上的土地资产核算。在省域尺度上，根据不同的价格形式采用了宏观或中观层次的核算方法，对价格和面积要素的技术处理模式，改变了该类方法的理论精度水平；在市县区域尺度上，引入了宗地微观层次上的空间属性，但基于DEM模型的价格要素处理方法能达到的精度效果不够理想。在核算对象上，除城镇国有建设用地外，对局部地区（济南市历城区）开展了农用地的土地资产核算探索。

成果的特点：全面调研和收集了山东省各类土地价格（基准地价、监测地价、交易地价）与不同来源（城镇地籍调查、土地利用变更调查、地价监测、不动产登记、城市建设用地节约集约利用评价）的土地面积、空间分布资料，深入分析了全省土地资源和价格两类调查体系中现行成果的质量、相互衔接性及其对省、市两个尺度上土地资产量核算工程的可支撑程度。在现有的客观数据条件下，探索了土地资产量核算规模化实施的多种方法，并进行了方法的优选比较与验证分析。试点做法与经验总结对于后期确定全国土地资产核算的工作模式与技术方法具有借鉴和启发作用，同时摸清了土地资源与价格两类调查基础工作现状与土地资产核算专项工作需求之间的差距，对适时完善现行基础工作具有重要意义。

一、试点范围

省级尺度的核算范围为山东全省的城镇国有建设用地（2832508.35 公顷[①]），涉及17个地级市（含2个副省级城市），137个县级行政区（包括51

[①] 2016年度城镇地籍调查数据更新汇总工作中的"土地利用现状数据"。土地利用现状数据与土地变更调查中的201（城市用地）、202（建制镇用地）范围内面积控制总数一致。

个市辖区、28个县级市和58个县），具体地类包括商服用地、住宅用地、工业用地、采矿用地、风景名胜及特殊用地、港口码头用地、公路用地、管道运输用地、机场用地、水工建筑用地、水库水面、铁路用地等。市县尺度的核算范围为东营市东营区（区县级）和滨州市（市级）两个区域的城镇国有建设用地。同时，在济南市历城区初步探索了农用地土地资产核算。

二、基础数据情况

（一）土地面积数据

依据现行调查体系和工作设置，反映核算单元面积和空间位置属性的数据可来源于以下五种渠道：城镇地籍调查数据、土地利用变更调查数据、城镇地价动态监测面积、不动产登记面积、城市建设用地节约集约利用评价中的土地面积调查数据。在对全省情况调研梳理的基础上，总结分析各类数据成果的特征与可用性如下：

（1）城镇地籍调查数据（或称城镇土地利用现状数据）。按照《城镇地籍调查规程》的要求，此类数据应较为翔实并进行年度动态更新，但在实际工作中，迫于技术基础、工作量、资金投入等各方面原因，现有成果并未达到理想状态，面积统计数据虽然按年度更新，但空间数据更新迟缓，多数地区不能实现图表数据联动。全省最新的城镇土地利用现状数据汇总表仅以县级行政区为单元提交，虽然各地类面积数据明确，但并无准确的空间位置信息，不能与反应区位差异或更高精度的地价信号相衔接。

（2）土地利用变更调查数据。土地变更调查工作是在日常变更工作的基础上，每年集中开展一次，统一时点是当年12月31日。由于具备较为完善的调查方式和手段，更新及时并每年形成变更调查数据库，具备较为完整准确的调查单元空间信息。但该项调查对地类的区分较为粗略。以建设用地为例，仅区分为城市、建制镇、采矿用地、风景名胜及特殊用地、公路用地、铁路用地、管道运输用地、机场用地、港口码头用地、水工建筑用地、水库水面等，而对城市、建制镇内具体的商服用地、住宅用地、工业用地、公共管理和公共服务用地等价格差异较大的地类并未进行更为详细的区分。

(3) 地价动态监测面积。自 2009 年起山东省开展了城市地价动态监测工作，工作范围是各监测城市的建成区。监测区段内各类用途土地面积可以从地价监测备案数据中获取。目前全省仅 17 个设区市的建成区开展了本项工作，数据覆盖范围明显不足。

(4) 不动产登记面积。按照《不动产登记暂行条例》的要求，不动产登记信息具体翔实，且具有准确性和权威性，是最为理想的基础数据来源。但实际工作中，由于信息保密要求高，且不动产登记数据库尚处于建设进程中，存在大范围数据缺失情况，特别是对于不动产统一登记制度建立之前已发证的存量建设用地信息。

(5) 城市建设用地节约集约利用评价中的土地面积调查数据。2014 年 6 月国土资源部下发了《国土资源部关于部署开展全国城市建设用地节约集约利用评价工作的通知》，要求各省（区、市）80% 以上地级市、60% 以上县级市要开展城市节约集约用地评价工作。山东省 17 个地级市和所有 28 个县级市全部参与该项工作，开展了中心城区建设用地集约利用潜力评价的有 45 个城市。根据《城市建设用地节约集约利用评价操作手册》的要求，需要调查的中心城区范围内土地利用信息较为具体，至少包括符合《土地利用现状分类》(GB/T 21010 - 2007) 或《城市用地分类与规划建设用地标准》(GB 50137 - 2011) 要求的商业、居住、工业、教育、行政办公、城市道路与交通设施、广场、公园绿地等各类用地，形成的调查信息理论上可以支撑较高精度的土地资产核算工作。但目前存在着较大的局限性：一是全省开展的城市有限，不能满足未参评城市以及全省的土地资产量的核算需要；二是资料的时效性无法保证，现行成果数据对应的时点为 2014 年 12 月 31 日，相关数据未能更新；三是已开展工作城市的评价范围不包含建制镇以及中心城区之外的建设用地数据，实际应用中有较大的数据缺口。

综合上述工作与数据情况，其特点及局限性简要总结如表 3 - 13 所示。

表 3 - 13　　　　　土地面积数据来源及特点、局限性分析

土地面积数据	特点	局限性（缺点）
城镇地籍调查（城镇土地利用现状）数据	年度更新，各用途土地面积数据明确	无对应的空间位置信息

续表

土地面积数据	特点	局限性（缺点）
土地利用变更调查数据	年度更新，除城市、建制镇外，其他空间上的各地类面积及空间属性数据完备、明确	在城市、建制镇内，不能细分商业、居住、工业等各具体用途的面积与空间属性数据
地价监测面积	动态更新，各监测区段内各类用途土地面积获取容易、面积数量准确	地价监测工作覆盖范围较小
不动产登记面积	动态更新，理论上，数据翔实，最具权威性和准确性	实际工作尚处于起步建设阶段，预计数据库完备需要较长时期
城市建设用地节约集约利用评价中的土地面积调查数据	固定时点，城市中心区范围内各用途土地面积数据明确	开展城市较少、覆盖范围有限，时效性难以满足要求

（二）土地价格数据

1. 基准地价

山东省国土资源厅于 2017 年 6 月 1 日下发了《关于做好 2016 年度城镇基准地价更新成果汇交工作的通知》，要求全省各地市汇交基准地价更新成果。试点期间，收集了全省包括 2 个副省级城市，15 个地级市，137 个县级行政区（包括 51 个市辖区、28 个县级市和 58 个县），776 个建制镇的基准地价更新成果，基准地价评价面积 22398.15 平方公里。基准地价成果至少包括商服、住宅、工业各用途的级别分布图及级别地价表。

2. 交易地价

收集了 2012~2016 年山东省土地一级市场共计 65241 宗土地交易案例资料。由于案例的具体空间坐标数据不能批量获取，本次仅选取东营区和滨州市作为重点测算单元进行案例的空间与价格等属性信息的匹配。其中共收集滨州市交易案例 1759 宗，东营区 591 宗。

3. 监测地价

山东省国土资源厅于 2017 年 6 月 1 日下发了《关于上报城市地价动态监测工作开展情况的通知》，要求各地市上报汇交地价监测成果。试点期间，收集了山东省全部监测城市的地价监测成果，具体包括全省 17 个监测城市的监测范围及标准宗地布设图、各类用地的监测区段分布图、1334宗标准宗地的相关信息、各类监测地价信息等，并完成坐标匹配，将价格、面积信息与空间挂接。

（三）其他数据

主要包括土地等别、土地征收取得成本、土地开发费用、工业用地出让最低限价，全省各区县的社会、经济指标等。

其中，土地等别及工业用地出让最低价标准依据国土资源部《关于发布实施〈全国工业用地出让最低价标准〉的通知》（2006年）以及《关于调整部分地区土地等别的通知》（2008年）确定；土地征收取得成本依据山东省人民政府《关于调整山东省征地区片综合地价标准的批复》（2015年）确定；土地开发费用依据各地上报的基准地价成果中"三通一平"费用确定；耕地占用税依据山东省人民政府《关于贯彻〈中华人民共和国耕地占用税暂行条例〉有关问题的通知》（2008年）规定；青苗补偿费依据各地市确定的补偿标准确定。

通过山东省统计信息网及17个城市上交的城市建设用地区域评价相关成果，搜集到测算单元对应的常住总人口、地区生产总值（当年价）、社会消费品零售额、工业总产值、利税总额、社会固定资产投资总额、城乡建设用地人口密度现状值、建设用地地均固定资产投资现状值、建设用地地均地区生产总值现状值及产业结构比例等数据。

三、核算思路与方法

土地资产量核算过程是分析确定特定区位土地价格和土地面积的过程，土地价格和土地面积要素需通过空间区位信息连接。同时鉴于现实中不同用地类型的价格差异性较大且用地类型较多，因此，对于价格信号稀少的非经营性用地，还涉及价格的确定问题。上述内容是本次试点中的核心技术环节。

在具体的核算方法上，山东省全省省域的核算主要采用了区域价格平均法，在求取测算单元的平均价格时，基于不同价格体系选取了不同精度的标准：利用基准地价测算时，以级别为基本核算单元，使用了中观尺度的核算方法；利用交易地价测算时，以行政区为基本核算单元，使用了宏观尺度的核算方法；利用监测地价测算时，以监测区段为基本核算单元，使用了中观尺度的核算方法。其中，由于交易地价和监测地价数据基础情况不理想，覆盖范围狭窄，仅在局部区域内（滨州市和东营市东营区）进行了探索性尝试，其核算结果的精度和实际意义远低于基于基准地价的核算结果。核算条件对比见表 3 – 14。

表 3 – 14　　　　山东省全省和局部区域土地资产核算条件对比

核算条件	全省	市级及区县级（滨州市及东营市东营区）
区域范围	省域（2832508.35 公顷）	滨州市（158565.15 公顷） 东营市东营区（45073.23 公顷）
基本核算单元划分	以基准地价中的土地级别为单元	以行政区整体为单元
数据条件	城镇土地利用现状数据、土地变更调查数据、地价数据	土地利用现状数据、地价数据
土地类型	按现状用途分类	按现状用途分类
开发强度	设定容积率	实际容积率
地价类型	基准地价、监测地价和交易地价等	
核算方法	中观核算（基准地价、监测地价和交易地价核算法）、其他模型推算法	微观核算（市场比较法和其他模型推算）

四、土地资产量核算实施要点

（一）相关界定

1. 核算试点

山东省土地资产量核算基准日为 2016 年 12 月 31 日，将不同时点的价格进行期日修正。

2. 核算对象

山东省范围内的城镇国有建设用地，同时探索开展个别地区的农用地核算。

(二) 关键技术问题处理

1. 无地价信号覆盖区域的价格推算

以基准地价为基础的测算中,在测算区域围内划分200×200米的网格,与基准地价图叠加,位于基准地价覆盖范围内的,直接采用基准地价级别价格;位于覆盖范围外的,以格网中心点与基准地价级别边界的距离建立数学关系模型,推算各网格点地价。模型建立中,以工业出让最低价标准和征地区片综合地价标准作为最低控制线,网格点的推算地价取值不低于控制线。

以交易地价为基础的测算中,以东营市东营区和滨州市为例,由于交易样点数量不足及分布不均衡,因此需增加样点密度、补充无具体交易案例区域的地价样点。具体做法是设定标准宗地,利用基准地价、地价监测点、征地综合区片价等现有成果对标准宗地进行价格评估,以评估价与交易价共同作为样点地价。

以监测地价为基础的测算中,以东营市东营区为例,直接采用地价监测工作中的监测区段价格进行测算,无须进行推算。但在进行全省核算时,需利用省内已开展地价监测城市的监测地价成果,通过各类影响因素分析,建立数学模型,推算其他地区的价格。

2. 非经营性地类土地价格的显化

依据机会成本理论和城市区位理论,非经营性用地同样存在作为经营性用地产生的潜在收益,由于土地利用受周围环境影响较大,相邻区域中不同类型用地价格之间具有较高的相关性。因此,通过与相邻区域的商业、住宅和工业用地价格类比确定非经营性用地价格,具有一定的合理性和可行性。本次核算中,对机关团体用地、新闻出版用地、科教用地、医卫慈善用地、文体娱乐用地和公共设施用地,考虑其区位条件通常较好,故参照同区域商业、住宅、工业用地的平均价格确定其潜在价值。对于公园绿地和风景名胜用地、交通运输用地、特殊用地、水域及水利设施用地等,由于其节约集约化程度较低,且分布通常远离城区,参照同区域工业用地价格确定。

3. 各用途土地面积、空间分布及其与地价对应关系的处理

利用2016年度土地利用现状变更调查数据,提取出城市、建制镇、采矿

用地、风景名胜及特殊用地、港口码头用地、公路用地、管道运输用地、机场用地、水工建筑用地、水库水面、铁路用地等在内的各类建设用地图层，形成建设用地空间分布矢量信息图层，用于确定各类建设用地面积。由于现有变更调查数据无法准确识别城市、建制镇内部商业、住宅、工业等各类用地的面积和空间分布情况，进而无法与地价数据形成对应关系，需从《山东省城镇土地利用现状表》中获取各城镇内部分用途的地类统计面积。同时，假定各城镇中商服、住宅、工业用地等用地类型的面积占比在城市和建制镇范围内均匀分布，将城市、建制镇内网格内的地价按照此面积比例进行加权平均，作为各网格的地价取值。

（三）基于三类价格的核算结果分析

本次试点中，在市县级尺度上，分别基于三类价格进行了资产量核算，核算结果呈现"监测地价＞交易地价＞基准地价"的特点，其中基于交易地价与基准地价的核算结果差异相对较小，而基于监测地价的核算结果差距较大。其原因既有价值定位上的内在差异，也有通过模型推算价格过程中形成的系统偏差。总体而言，试点结论显示，省级土地资产核算宜主要基于基准地价开展，交易地价和监测地价用于全域覆盖资产量核算的基础相对薄弱，目前仅可在局部地区作为辅助验证方法。

（四）基于不同来源土地面积数据的核算结果分析

在分析获取土地面积和空间信息的五种方法后，本次全省土地资产核算中采用了来源于城镇地籍调查的统计数据与土地利用变更调查的空间信息和统计数据相结合的方式解决土地用途、面积及空间位置对应关系的问题。但关于商服、住宅、工业各类建设用地面积占比均匀分布的假设条件与现实规律存在不符，并未做到严格意义上的土地用途、面积、空间位置、价格一一对应，方法存在改进空间。

在滨州市和东营市东营区，采用了基于城市建设用地节约集约利用评价成果中城镇土地利用现状图中的用途属性数据以及不动产登记中的宗地层矢量数据进行试算，结果均存较大差异，综合评价认为，此方法在现阶段的适用性较差。

（五）农用地核算方法初探

2017 年，济南市开展了历城区农用地定级估价工作。核算试点以此为基础，依据其级别面积与级别价格，核算了农用地资产总量。纳入核算的具体地类包括耕地、园地、林地（此三类面积占比近 98%），沟渠、设施农用地、坑塘水面以及农村道路总体占比不大。三种主要用途之外的其他农用地均按最低农用地价格进行估算。

第六节　四川省土地资产量核算试点成果简介

四川省作为中西部经济发展水平的相对较好的典型省份，纳入本次省级核算试点，试点实施单位为四川省国土勘测规划研究院。

试点完成了全省国有建设用地的土地资产核算，主要采取了以区县为基本核算单元的宏观核算法，在局部区域增加尝试了以土地级别为基本核算单元的中观核算方法。

成果的特点：基本摸清了四川省省内土地资源调查、地价体系建设等基础工作与基础资料的现状；研究探索了基础资料不完善情况下，在省域尺度上规模化实施土地资产量核算的可操作性方法。核算成果精度整体不高，但反映的情况、难点具有一定代表性，所提出的解决思路与做法具有参考意义。试点经验有助于客观评估在全国开展土地资产量核算工程的难度，并进一步合理设计工作与技术路线。

一、试点范围

核算范围、具体地类与山东省类同，完成了四川省全省城镇国有建设用地面积[①]为 423965.4 公顷的土地资产核算，涉及 21 个市和自治州，183 个县（区、市），具体地类包括商服用地、住宅用地、工矿仓储用地、公共管理与

---

① 2016 年度城镇地籍调查数据更新汇总工作中的"土地利用现状数据"。

公共公服用地等。

二、基础数据情况

（一）土地面积数据

涉及土地面积的资料来源主要包括土地利用总体规划、城市总体规划、城市建设用地集约利用评价成果以及土地利用变更调查数据库等。经调研分析，上述各类资料的特征及可用性如下。

1. 土地利用规划数据

《土地利用总体规划》中土地面积主要体现县（区、市）全域规划的农用地、建设用地、其他土地各类用地数据，其中建设用地可区分城镇用地、建制镇用地、农村居民点用地、采矿及其他独立建设用地、交通运输用地、水利设施用地及其他建设用地，通过《土地利用总体规划》可以获取规划范围内各类用地的面积及其占比，且同时包括规划基年及规划目标年的数据同，但在建设用地范畴内，无法按具体用途区分用地面积，难以与土地价格数据进行匹配，故无法采用。

2. 城市、乡镇总体规划数据

《城市总体规划》以城市规划区域为范围，可以充分反映商服、住宅、工业、公共管理与公共服务设施、物流仓储、道路与交通设施等各类用途条件下的现状土地面积和规划土地面积数据，不仅可以用于核算现状条件下的土地资产量，还可核算规划条件下的潜在土地资产量。但《城市总体规划》中不包含乡镇信息，收集获取全省范围内183个县（区、市）的《城市总体规划》及其下辖乡镇总体规划资料须由各地规划部门提供文本及图件，资料收集周期长、难度大；且各地规划的制定时间不统一，所反映的数据时点不同，无法满足统一核算的需求。

3. 城市集约利用评价数据

如第五节所述，此类数据具体、翔实，但按照目前工作要求与进展，整体覆盖率低，无法达到全省核算的目的。四川省内已开展该项工作，取得成果的城市共32个，其中18个地级以上的城市、14个县级市。

4. 土地利用变更调查数据

土地利用变更调查数据库中的城镇地价数据汇总表，包含了城市、建制镇内部细分用途的地籍面积数据，且国土部门可从省级层面一次性提供，但没有与之配套的完整空间信息。在区县级行政单元内部，不能与地价信息进行具体空间位置上的匹配。

(二) 地价数据

1. 基准地价资料

四川省全省多地制定和完善了基准地价体系，且基准地价易于获取，覆盖范围较广，与全省土地资产核算实施契合度较高，故可将其作为确定价格要素的依据。本次试点共收集到 96 个基准地价尚能使用的城市（具体列表略）。

2. 土地交易案例

收集 2015~2017 年四川省各用途国有建设用地交易宗地数共 26563 宗，但无法落实每一宗交易案例的具体位置，且信息相对完善的交易数据主要分布在中心城区，覆盖度极低。从全省层面看，数量稀少的单宗交易价格为点状数据，以此推算面状结果数据有失客观，故不宜通过土地市场交易数据确定核算中的价格要素。

3. 地价动态监测资料

四川省省内仅有成都、宜宾两个国家级地价动态监测城市，监测地价无法支撑全省的土地资产量核算。

(三) 其他资料

收集到 2017 年《四川省统计年鉴》（涉及社会、人口、经济等多项指标），以及四川省 183 个县（区、市）的统计数据（具体列表略）。

三、核算思路与方法

综合分析不同来源的土地面积及价格数据，基于数据的可支撑程度，在本次全省土地资产量核算中，以基准地价成果为依据，在具体核算单元内，以土地级别面积为权重，分别确定商服、住宅、工业等各类用地的区域平均价；采用城镇地籍调查数据中的土地利用现状数据作为面积的确定依据；在成都市、德阳市、南充市的局部区域采用来源于城市集约利用评价数据的土地面积和空间信息，与级别基准地价匹配后进行资产量核算。

四、土地资产量核算实施要点

（一）相关界定

1. 核算时点

四川省土地资产量核算基准日为 2016 年 12 月 31 日，将不同时点的价格进行期日修正。

2. 核算对象

四川省范围内的城镇国有建设用地，具体用途包括商服用地、住宅用地、工矿仓储用地、公共管理与公共公服用地等。

3. 土地使用年期

法定用途出让最高年限。

4. 土地利用条件

按基准地价土地利用条件设定。

5. 土地开发程度

按基准地价土地开发程度设定。

（二）地价的处理

1. 期日修正处理

由于收集的基准地价基准日多数与土地资产核算的基准日不同，因此需进行地价期日修正。地价指数的编制主要依据了中国城市地价动态监测的公开成果。

2. 基准地价无覆盖区域或基准地价超期区域的地价推算

除 96 个城市的基准地价外，全省尚有 75 个城市无可用的基准地价数据。在采集、分析全省各城市 2016 年 60 个社会、经济指标及其与地价水平内在关系的基础上，建立线性回归模型和随机森林模型对各城市地价水平进行推算，经检验、优选后，确定各城市各用途的地价水平。

3. 非经营性用地的地价确定

（1）公服用地地价。基准地价尚在使用期限内的 96 个城市中，仅个别城市存在公服用地基准地价。本次参照此类城市现有地价体系的设置，测算现有公服用地与同区域商业用地基准地价的比值，以此推算其他地区的公服用地地价。

（2）其他用地地价。特殊用地、交通运输用地、水域及水利设施及其他用地节约集约化程度低，且主要分布于城市郊区，用地效益与工业用地相近，因而参照同区域工业用地地价进行核算。

（3）乡镇地价。通过分析测算城市现行基准地价体系中，各用途末级地价与该用途城市平均地价的比值，结合模型推算出的各城市相应用途平均地价，确定无基准地价城市所辖乡镇的地价。

（三）土地面积的处理

在用于资产量核算的土地面积处理方面：

第一种思路是以土地利用变更调查数据库中城镇地籍数据汇总表中的现状国有建设用地数据为准，此数据并未矢量化形成空间上的一一对应，因此只适用于全省宏观层面的土地资产量核算。对少量具有分用途国有建设用地数据的乡镇，则按对应用途进行面积认定；对多数没有分用途国有建设用地数据的乡镇，将乡镇的国有建设用地面积数据纳入城区工业用地末级基准地价覆盖范围参与核算。

第二种思路是在具备空间数据支持的前提下，通过多图层叠加的模式建立各均质区域内各用途土地价格与面积的对应关系，以基准地价级别为基本核算单元，开展中观尺度的核算，提高核算精度。具体操作如下：

将城市建设用地集约评价中形成的矢量数据与同区域土地利用变更调查数据库中提取的国有建设用地图层叠加；进一步将城市集约评价数据库中国有建设用地的现状用途属性与国有建设用地图层挂接，得到有现状用途属性的国有建设用地空间数据；再分别与该地区各用途的基准地价级别范围叠加，得到各用途、各级别的国有建设用地数据。

由于采用的地价为同一套基准地价，面积要素是两种核算思路的关键。第二种面积确定方式中，虽然进一步区分了不同级别上的土地价格与土地面积，在核算精度上有所改进，但数据库叠加中，也因不同来源的数据口径存在一定差异，叠加后形成少量空白区，因此最终的核算面积小于第一种方式。总体而言，第二种核算思路目前存在诸多问题，只适宜部分地区在基础资料及技术条件成熟时予以使用。

第四章
土地资产基础数据库及应用分析平台建设

第一节 系统概况

基于土地资产平台建设方案（见本书第二章第二节）的设计思路，本书在对城乡地价调查、土地资源调查、不动产登记、地理国情普查、经济调查等专项业务工作、多源数据进行深入了解和分析的基础上，参照土地利用数据库、城镇地籍数据库、国土资源信息核心元数据等数据库建设的相关标准和规范，遵守相关业务标准及软件工程规范，开展需求分析、系统设计，完成了主要系统功能的开发、测试与部署等阶段性工作。系统基于.NET 开发平台，结合 ArcGIS 地理信息系统，采用 C/S 与 B/S 混合模式、多层体系架构设计，基于主干内部网络和开发共享网络环境，为基础数据的集成管理与应用分析提供了技术支持和操作工具。

土地资产平台将分散的城市监测地价、基准地价、标定地价、交易地价以及土地成本构成的核心要素等土地宏观经济数据，进行整合集成，初步建立了多视角、多层级、跨周期的海量资产数据库，形成相应数据更新机制，实现了海量数据的快速查询分析，使用空间数据与图表元素拟合进行了数据可视化，将回归分析与数据挖掘相关算法与系统相结合，使系统具有初级机器学习的能力，结合自然资源资产管理体制改革需求，实现国土资源系统内部信息的共享交换与互联互通。

土地资产平台建设总体满足正确性、稳定性、可靠性、可扩展性、灵活性及友好性等技术特点，系统可管理不同类型数据，面向不同层级用户，分类提供差别化使用方案，具有较好的应用服务能力。

一、系统环境

土地资产平台以 Visual Studio 作为开发工具，C#作为开发语言，数据库平台采用网络数据库 Oracle，GIS 平台采用 ArcGIS。

（一）主要技术环境

（1）利用统一建模语言（UML）进行软件的分析和设计。采用 UML 使设计者构建系统时，从流程分析、系统需求、对象模型化定义到对象设计的整体开发过程完全标准化，以便于从全局和整体把握系统需求，方便系统的扩展和维护。

（2）C/S 和 B/S 组合方式，面向组件和面向用户技术构建系统。土地资产平台开发采用 C/S 和 B/S 混合结构，基于 C/S 模式开发更加灵活高效，满足系统灵活拓展的需求；基于 B/S 结构能够实现及时高效的数据上报、信息传输和发布共享。

（3）.NET 体系架构为主的开发框架。土地资产平台开发过程中，以微软.NET 体系架构为主要开发框架。在.NET 环境下，基于.NET Framework 开发，利用组件技术实现系统功能。系统在设计过程中要保证软件在不同系统的兼容性，例如，Windows 平台包括 Windows 7，Windows XP，系统分为 32 位和 64 位，系统需要兼容该类平台，保证系统运行的稳定性。

（4）基于 GIS 平台的二次开发。土地资产数据的空间表达需借助第三方工具，空间数据主要采用 ArcGIS Engine 进行二次开发，同时支持基于 OGC 标准发布的地图服务作为底层数据。

（5）在线服务接口调用实现。在线服务接口包括土地基础数据底层存储平台和地价监测业务系统提供的服务接口，两者提供接口所采用的服务标准不同：与土地基础数据底层存储平台的交互主要通过存储平台发布的服务形式进行，其接口为 Restful 接口；对地价监测系统服务调用主要通过调用其发布的 Web 服务接口实现。

(二) 访问路径设计

(1) 权限访问。直接操作系统的用户，例如，数据处理员、系统分析员、系统管理员等，均可通过软件自定义的角色和用户权限对系统进行访问。

(2) 地址访问。其他业务系统通过系统发布 API 调用的方式实现访问。调用过程本身是适度的，有特定用途和功能的，同时，API 发布也需特定的访问地址，该地址只针对能够访问的业务系统开放。

(3) 接口访问。当系统所有用户与土地基础数据存储系统的相关数据进行交互时，需要通过存储系统提供的登录接口实现。

二、技术流程与方法

围绕土地资产平台建设的目标与任务，本书在深度需求调研的基础上，开展设计与研发工作，总体技术路线如图 4-1 所示。

土地资产平台开发过程遵循包含迭代过程的 RUP 开发方法，每一轮开发过程都是一次迭代，每一轮开发过程内部遵循 RUP 规范。工作过程中总体可分为五大阶段，即需求分析、概要设计与详细设计、系统开发、软件测试、技术支持与系统维护。

三、系统技术特征

(一) 灵活性

在数据结构、数据采集和数据查询统计方面，土地资产平台重点实现了用户的可定制性和专业化。在数据结构层面，系统实现了所有业务结构的定制性，可根据用户需求及技术规范的变化自主进行数据结构的设定，以满足后期拓展内容和调整结构的服务需求；在数据采集方面，采用共享文件交换的方式，结合数据结构的自定义，实现了各类数据的数据入库等操作；在数据查询统计方面，实现了半专业化的条件组合定义。

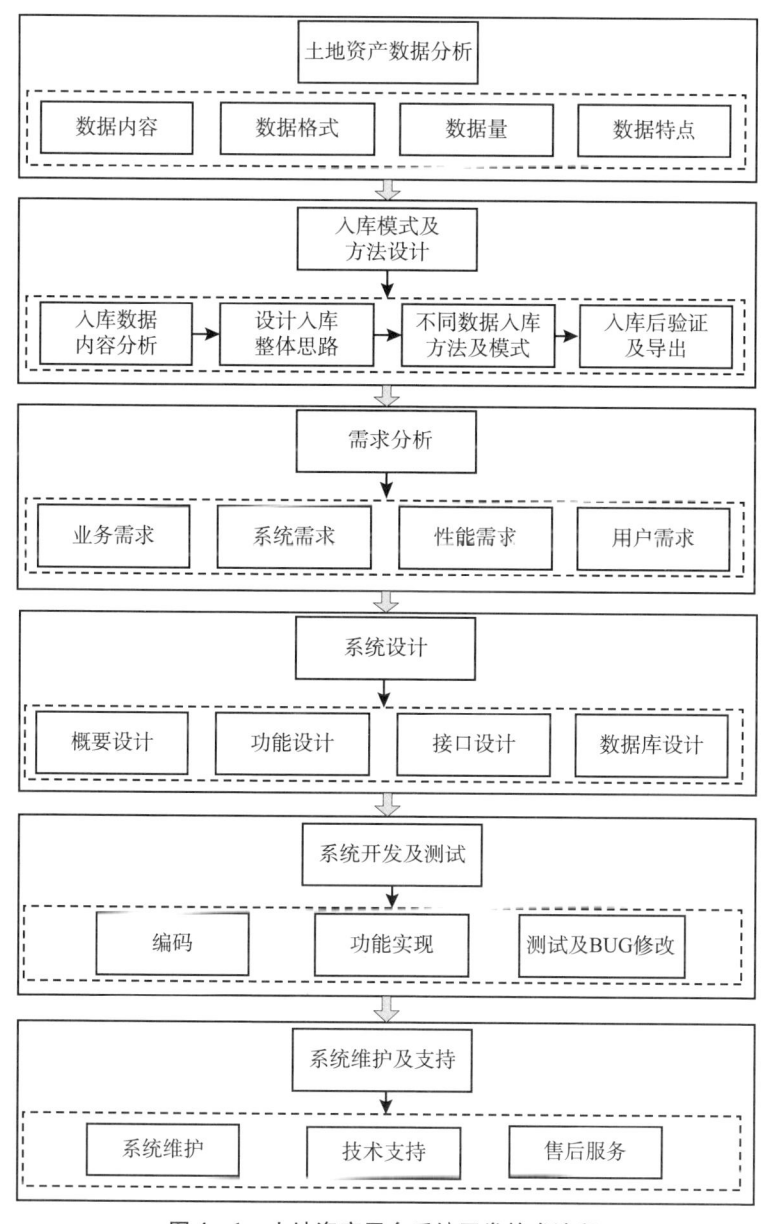

```
土地资产数据分析
├─ 数据内容   数据格式   数据量   数据特点

入库模式及方法设计
├─ 入库数据内容分析   设计入库整体思路   不同数据入库方法及模式   入库后验证及导出

需求分析
├─ 业务需求   系统需求   性能需求   用户需求

系统设计
├─ 概要设计   功能设计   接口设计   数据库设计

系统开发及测试
├─ 编码   功能实现   测试及BUG修改

系统维护及支持
├─ 系统维护   技术支持   售后服务
```

图4-1 土地资产平台系统开发技术流程

在数据查询统计和空间拟合专题分析功能层面实现用户的快捷访问和专业定制两种方式。

（二）高度集成性

土地资产平台能够集成各类土地资产调查、核算数据，支持与城市地价动态监测系统、基准地价备案系统、土地成本采集与管理系统的关联调用，支持跨不同子系统及数据库的数据调用分析；并设计预留端口，为与土地交易数据、评估数据、标定地价，以及其他土地资源调查、地籍调查等数据进行关联分析创造条件。同时，可在平台中融合土地调查与评价相关数据，社会、经济等宏观数据，实现整合分析。数据集成包括文件交换、在线服务调用等多种方式。系统集成方法主要包括：

（1）与公共互联网环境运行的土地资产业务系统数据集成，主要采用标准化数据交换和服务调用方式。标准化数据交换是通过中间格式进行数据交换的方式实现数据复制与集成；服务调用方式则通过调用不同业务系统发布的 Web 服务接口，获取数据。

（2）与内部存储网络上运行的土地基础数据底层存储系统集成时，遵循存储系统接口协议，基于 Rest 服务接口形式完成数据存储系统在模型中的调用和数据协调。

（三）可扩展性

土地资产平台具有极高的数据容纳能力，较高的兼容性和可扩展性，为外部扩展应用提供相应接口，并支持通过注册加载使用第三方组件工具，保证系统的可扩展性。系统内网版可实现与国家级土地调查数据库、土地基础业务平台、土地基础数据集成管理系统等已有成果的衔接，能够按照国土资源主管部门相关单位授权要求调用相关数据；系统支持基于天地图的属性数据、空间数据相关操作要求。

（1）通过数据结构元数据管理，结构自适应导入和跨网络数据获取等功能，土地资产数据库实现了较强的集成和整合分析能力。

（2）系统提供与土地基础数据库衔接的接口，满足基础数据库对数据分析模型的规范性要求，在此基础上，可逐步增加数据分析模型。

（3）作为基础数据库平台，系统可以进行上下级功能扩展，主要体现为板块上的拓展。

（四）强安全性

土地资产平台保障长期安全运行，软件及信息资源满足可靠性设计要求。系统平台兼顾安全保护和保密措施，保证数据传输可靠，防止数据丢失和损坏，确保数据永久安全。同时，系统对不同的用户赋予不同的角色和权限，根据用户特征，设计业务操作办理结点。

四、系统技术性能

（一）多源数据支持

支持海量数据查询和统计分析，支持数据的快速浏览、查询、统计、输出等。系统内网版本支持通过内部存储网络采集、调用、下载数据；系统外网版本支持通过互联网实现上述操作。支持与相关业务系统通过不同方式进行数据的关联调用和分析。

（二）配置标准化

系统开发均严格按照国家软件开发相关规范要求和系统安全性要求，系统性能符合相关国家标准；系统采用的信息分类编码、数据接口标准严格执行行业标准；组件化系统开发模式，具备支持各个功能模块的增加、删除、扩展、抽取以及第三方组件的嵌入功能。

（三）数据兼容性

系统支持建立包括各类土地资产数据成果的统一的、综合性的数据资源目录；支持可定制的多维数据专题分类管理；支持统一文件数据归档和回迁管理；支持对数据类型和数据属性的授权管理；支持通过各类接口实现一体化数据调用和共享；支持工具和模型动态注册管理和共享使用。

（四）应用场景广泛性

系统从横向和纵向两个范围，提供多种应用场景，服务各类用户。纵向上看，上下级之间可以进行数据的交换，并通过相关定制功能灵活配置；从横向上看，可以为其他部门和公众提供数据共享访问的能力。从内容甄别、发布渠道、功能定制等各方面服务于同部门上下级之间、部门之间、部门与公众之间的数据访问。

（五）运行高效稳定性

系统支持多用户并发访问，满足 7×24 小时的不间断稳定运行要求，在最大并发访问情况下，在外网版本和内网版本不同运行环境下，在数据上传下载、查询验证，图形操作等响应时间，均能满足多用户并发访问的性能要求。

（六）数据挖掘深度性

数据应用分析除了能够满足于常规的业务分析和成果表达外，同时具有多种数据分析模型工具，并可以灵活应用，服务知识发现与决策。

系统通过提供多种算法工具为用户进行数据分析、评价、预测提供支持。包括：

（1）数据预处理。包括实现数据的标准化、归一化、去零值等操作。

（2）回归工具。包括一元（多元）线性回归、逻辑回归、多层神经网络回归、支持向量机回归等。

（3）分类方法。包括 K 均值聚类、决策树分类、支持向量机分类等分类模型嵌入。

（4）分析方式。包括图表数据分析，相关性分析，面板数据分析等。

第二节 系统功能

本节对土地资产平台系统功能进行介绍。重点描述系统的功能目标，主要功能模块、功能详细设计、数据库设计等内容。

第四章 土地资产基础数据库及应用分析平台建设

一、功能概述

（一）系统功能目标

土地资产平台基于以下重点方向，实现对数据的集成管理、快速处理、应用服务和社会公布。主要目标如下：

1. 实现对各类土地资产基础数据资源的集成管理

以统一的信息资源目录体系为核心，综合利用链接、导入或者汇交等方式将各类数据集成到土地资产平台，构建形成"物理分散、逻辑集中"的虚拟总库，向各类上层业务应用提供统一服务。

2. 为海量空间数据分析提供快速处理环境和技术

进行高效快速的空间数据分析，对各类海量数据统计分析。业务系统可以根据标准接口，提交快速处理任务，通过土地资产基础数据并行处理工具，从集成管理系统快速抽取，并启动相关的分析模型（叠加分析），进行快速处理，也可以对已经纳入平台的数据资源在线进行分析、预览和导出分发。

3. 面向业务应用提供多层次的统一服务

平台以综合数据目录为基础，对各类数据进行统一封装，面向业务化应用的目录浏览、数据预览、集成展示、快速分发等需求，统一对外提供快速索引、查询、浏览和统计等服务，提供快速分发和集成展示功能，实现数据资源的通用服务和调用。

基于上述目标，土地资产平台包括数据管理子系统、数据交换子系统、数据发布子系统、应用分析子系统共四个部分。

（二）系统总体功能框架

系统总体功能框架图如图4-2所示。

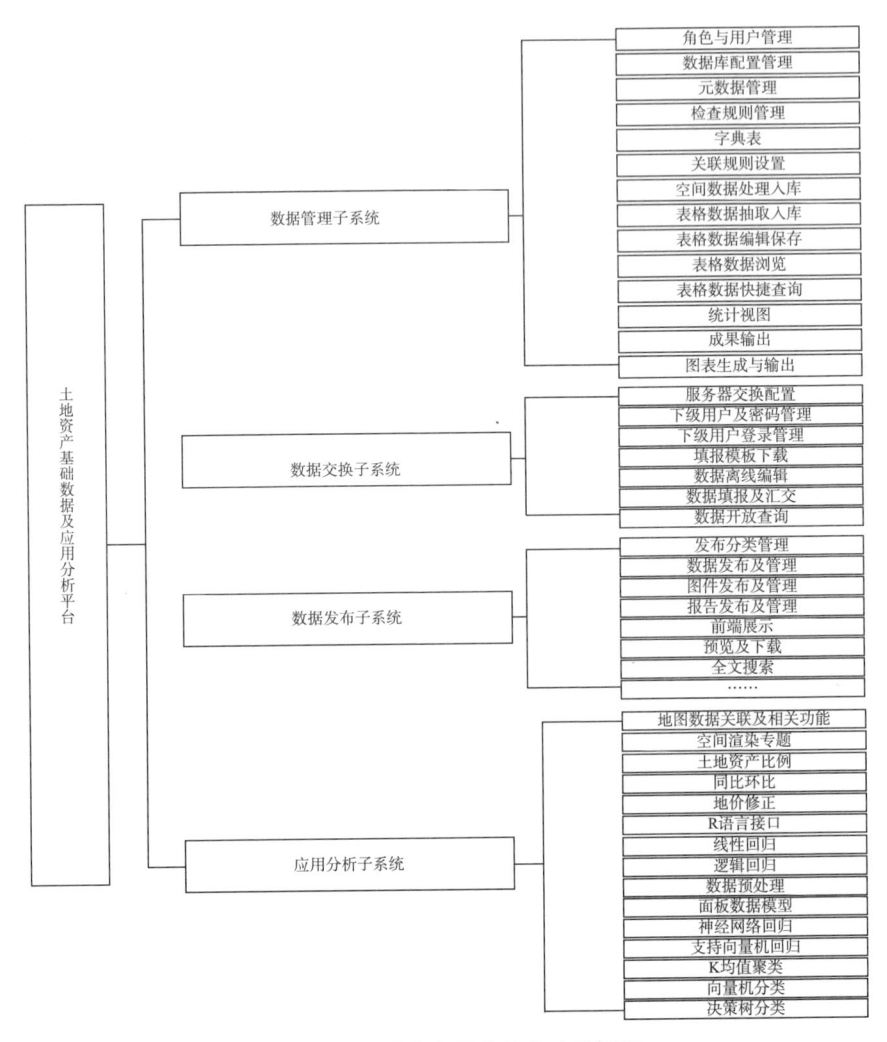

```
土地资产基础数据及应用分析平台
├── 数据管理子系统
│   ├── 角色与用户管理
│   ├── 数据库配置管理
│   ├── 元数据管理
│   ├── 检查规则管理
│   ├── 字典表
│   ├── 关联规则设置
│   ├── 空间数据处理入库
│   ├── 表格数据抽取入库
│   ├── 表格数据编辑保存
│   ├── 表格数据浏览
│   ├── 表格数据快捷查询
│   ├── 统计视图
│   ├── 成果输出
│   └── 图表生成与输出
├── 数据交换子系统
│   ├── 服务器交换配置
│   ├── 下级用户及密码管理
│   ├── 下级用户登录管理
│   ├── 填报模板下载
│   ├── 数据离线编辑
│   ├── 数据填报及汇交
│   └── 数据开放查询
├── 数据发布子系统
│   ├── 发布分类管理
│   ├── 数据发布及管理
│   ├── 图件发布及管理
│   ├── 报告发布及管理
│   ├── 前端展示
│   ├── 预览及下载
│   ├── 全文搜索
│   └── ……
└── 应用分析子系统
    ├── 地图数据关联及相关功能
    ├── 空间渲染专题
    ├── 土地资产比例
    ├── 同比环比
    ├── 地价修正
    ├── R语言接口
    ├── 线性回归
    ├── 逻辑回归
    ├── 数据预处理
    ├── 面板数据模型
    ├── 神经网络回归
    ├── 支持向量机回归
    ├── K均值聚类
    ├── 向量机分类
    └── 决策树分类
```

图 4 - 2　土地资产平台基本功能框架

二、主要功能介绍

本部分内容所采用的展示数据均为测试数据,非实际对应数据。

(一) 数据管理子系统

数据管理子系统 (如图 4 - 3 所示) 主要功能包括土地资产的用户权限

管理、系统配置、数据配置、结构定义等系统管理功能，同时包括元数据管理、数据集成、数据采集，以及数据的编辑、浏览、查询、统计，空间数据挂接等数据管理功能。

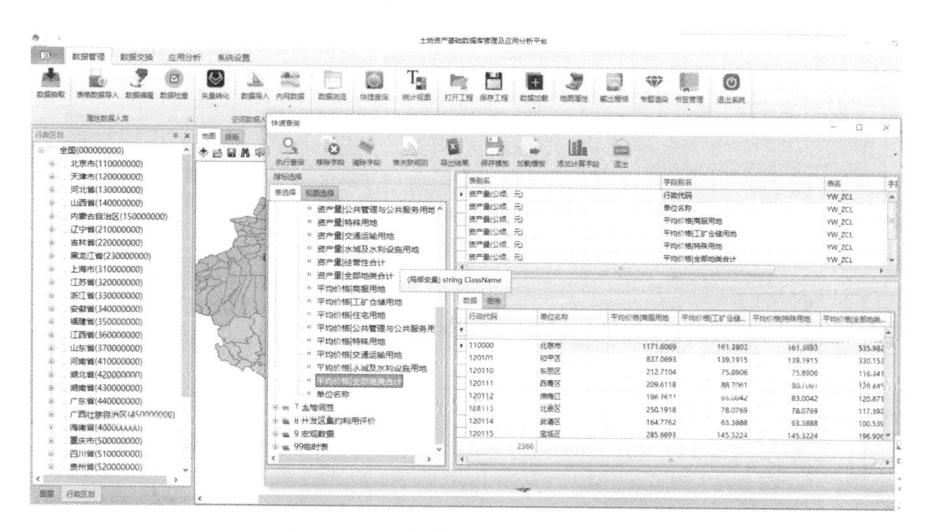

图 4-3 数据管理子系统运行界面

1. 数据结构定义

由于土地资产调查核算监管专项工作处于起步探索阶段，在诸多方面尚未形成明晰、固化的业务需求与流程，因此，对土地资产平台的开发有着较高的灵活性和可拓展性要求。土地资产平台的初期框架与功能应能够适应各类相关基础数据在类型与结构方面可能产生的变化，以及纳入系统管理的数据源范围的拓展，例如：现行地价监测工作由城市向农村范围的延伸，土地资源调查数据在内容和精度上的丰富与完善等。这就要求在数据库业务表格和数据库版块上要体现数据结构调整的灵活性、数据源集成功能的可拓展性。当数据结构发生变化，数据表结构需增减内容时，用户能够通过自定义的方法完成。为满足此类需求，系统平台需具备灵活的表格添加、构建索引、表结构调整等功能。

我们通过表分组设定、表结构定义、序列与触发器定义、检查规则定义等一系列功能，实现数据结构的动态可调整。通过表分组设定，将纳入系统的各类表格进行分组归类，方便进行查询和管理。通过序列与触发器设置，满足相关数据索引的自定义（如图4-4所示）。在相关函数按钮辅助下填写规则脚本，设置规则名称，通过用户自定义方式实现对表内和表间数据逻辑检查规则的确定（如图4-5所示）。

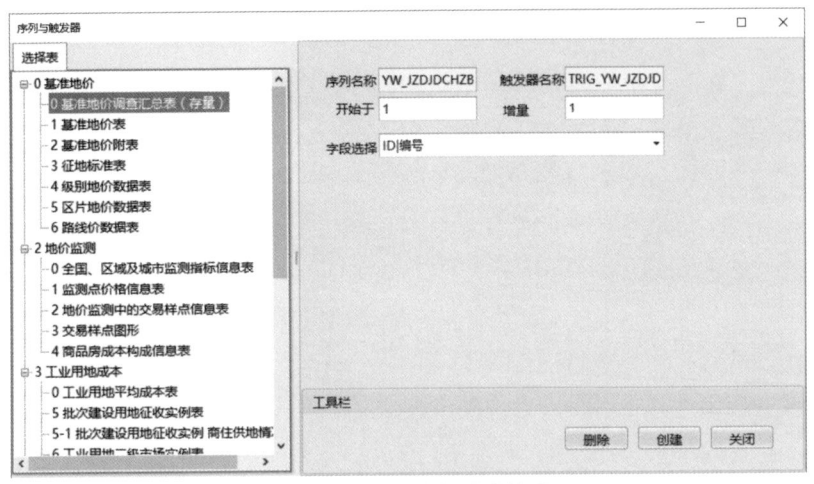

图4-4　序列与触发器功能界面

图4-5　自定义设置表间检查规则界面

2. 数据采集

数据采集主要包括数据抽取，表格数据导入，数据编辑，数据检查，空间数据转化与导入等功能。

（1）数据抽取。即通过调用其他业务系统在线提供的 Web 服务，根据输入的参数，例如，年度、季度、行政单位等，获取对应的数据，实现逻辑上的衔接。目前，系统在功能层面上实现了数据抽取实施的可操作性，在具体设计上，实现了对中国城市地价监测系统实时数据的提取、显示、导出，并在平台上集成分析。

（2）表格数据导入。将按照中间交换格式标准整理后的数据直接导入数据库中，同时可以支持批量导入。

（3）数据编辑。通过数据编辑窗体，对相关数据进行添加、删除、修改等常规编辑功能，对属性数据的编辑可实现基于规则的批量处理。

（4）空间数据转化与导入。可将 SHP 数据导入到 Oracle 空间数据库中，系统具有空间数据集管理，以及地价监测图形 WTK 坐标转换等功能。

3. 数据浏览与快捷查询

利用数据浏览功能可以快速浏览导入数据库中的各类数据，并同时执行筛选，过滤和导出等功能。可以实现数据过滤、高级过滤、快捷浏览、数据导出、字段筛选、字段次序调整、多级排序、布局保存等功能（如图 4-6 所示）。

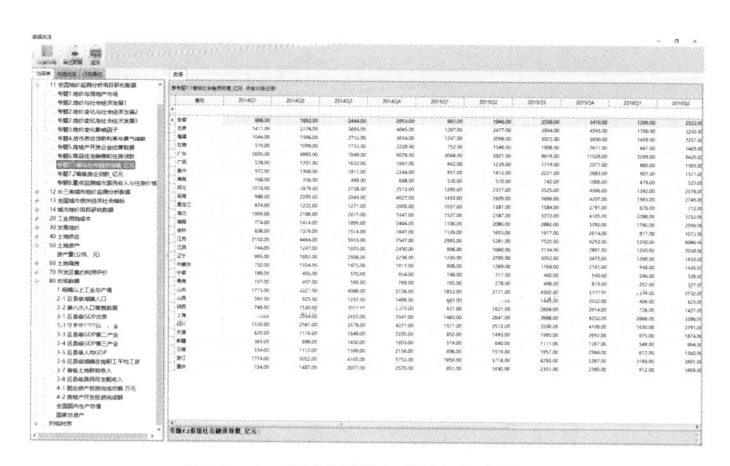

图 4-6　数据浏览与快捷查询界面

快捷查询功能可针对一个或者多个表（多表需要预先建立关联关系）进行，按照用户自定义指标进行快速查询，同时系统支持对不同空间区域统计口径的快速过滤浏览，例如，四大区域板块、六大地理分区、九大规划区域，以及省市县等不同层级的行政单元，如图4-7所示。

图4-7 快捷查询功能界面

4. 统计视图

统计视图可以记录简单查询和设置复杂统计条件得到的各类临时表，并可以直接根据之前生成的统计视图查看结果和生成图表等功能。系统采用向导方式引导用户选择表、选择统计字段、修改别名显示、设置条件、建立统计视图、查询结果等。

5. 底图设置

底图（如图4-8所示）可根据需要设置为空白地图、本地地图和天地图在线形式。也可以使用数据加载功能添加其他在线地图资源。

（二）数据交换子系统

数据交换子系统通过独立的客户端运行（如图4-9所示）。主要包括填报模板配置与下载、数据录入与检查、数据汇交、数据入库、数据查询下载等功能。

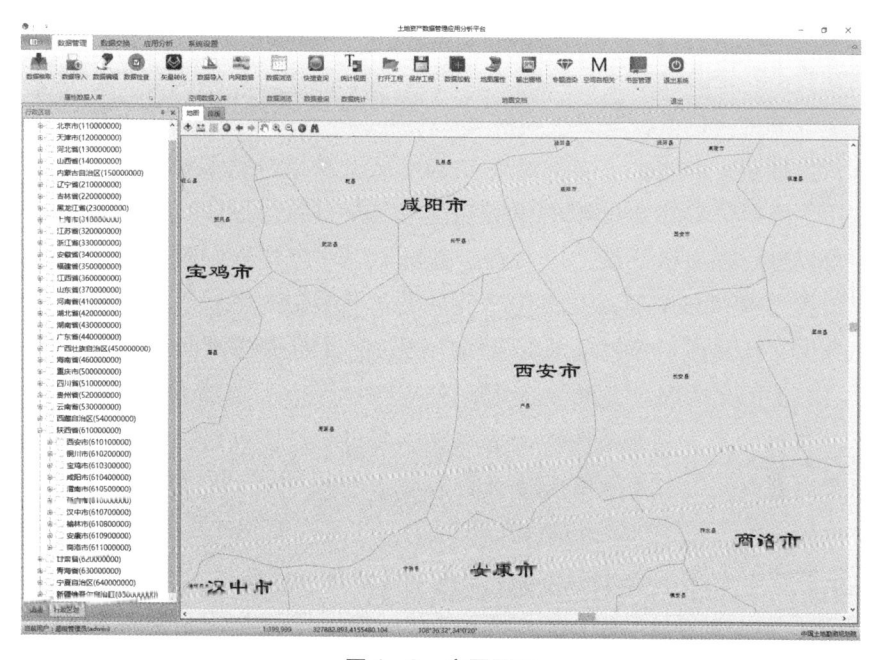

第四章 土地资产基础数据库及应用分析平台建设

图 4-8 底图页面

图 4-9 数据交换子系统客户端界面

数据交换分为服务器端和客户端两部分，服务器端嵌入在平台主程序中。数据交换子系统通过如下操作流程实现数据的汇交、管理、编辑、查询等功能。上级单位通过系统配置，将需要汇交的数据制定模板，下级单位则通过该模板填报需要的数据。当下级单位需要从上级单位获取本单位的数据时，首先由上级单位将部分数据开放，然后下级单位通过自身代码获取相关数据，进而可以进行查询和下载。

1. 数据交换配置管理

数据交换配置主要包括各层级用户权限配置的密码管理、数据汇交模板设置、数据汇交情况、查询开放设置等。

2. 模板下载与数据录入

依据已有的用户级别和权限，可以执行下载模板和数据汇交等功能。数据模板是系统主程序在服务器端配置好的，需要用户填报的表格及结构。对于土地资产数据表，通过统一的字段设置，系统提供标准表模板的下载，从而为实现土地资产数据上报提供技术路径。数据模板下载后，通过新建填报库，在指定生成位置自动生成空的 MDB 数据库，用户即可在此 MDB 数据库上进行数据录入等操作。

新建填报库后，打开填报库，系统的"填报数据"选项卡中将出现需要填报的表格名称，执行数据录入，可以进行数据添加、编辑、删除等操作。

3. 数据检查、汇交与查询

数据检查是保障逻辑正确性的关键环节，通过内置数据逻辑检查规则，实现数据在线检查，确保采集和计算数据的一致性和准确性，从数据源头上把住数据质量关，减少中央端人工数据检查工作量。数据录入检查无问题，通过数据汇交功能，将该填报库上传到服务器端。

用户登录服务器后，可以通过"数据查询获取"功能得到该用户辖区范围内、服务器端允许查询的数据。依据树状结构信息显示，可以查询的表名和其字段名，通过双击字段添加查询内容，同时可以对数据结果可以进行导出（如图 4-10 所示）。

图4-10 数据检查与汇交界面

(三) 数据应用分析子系统

应用分析子系统(如图4-11所示)是实现土地资产数据应用和管理的重要模块。通过应用分析系统功能,充分挖掘土地价格、土地资产与其他专题数据间的内在关联和客观规律,以土地成本、土地价格、宏观经济指标等综合数据为基础,开展多层次全覆盖的土地资产量测算与分析,研究定量化决策支持模型,服务于管理需求。数据应用分析子系统包括地图专题渲染功能和统计数据应用分析功能。

图4-11 应用分析子系统界面

1. 地图专题渲染

将数据表或者系统表中的内容通过某一关键字段（如行政代码）进行挂接，对表中的内容在地图上进行专题分类渲染，进而为数据分析提供可视化成果，辅助判断不同区域的数据特征。专题渲染包含三种方式：

（1）颜色分级。根据选中的字段（该字段应为数值型）选择级别，系统自动将该字段对应的值的范围分为 N 个值域，每个值域采用不同色度进行表征，更好的显示区域特征差异（如图 4-12 所示）。

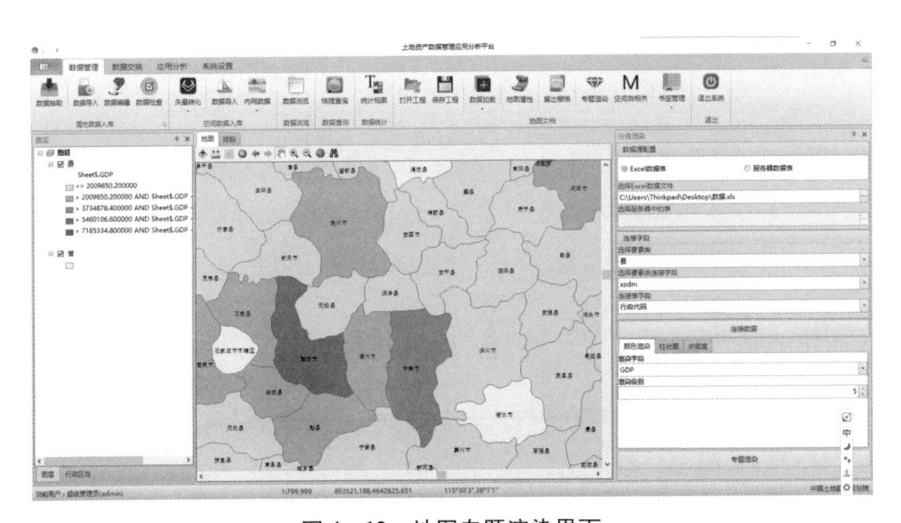

图 4-12　地图专题渲染界面

（2）柱状图。根据自主选择的数值型字段，将该数值对应的柱状图显示在地图上。柱状图的大小反映字段内容的大小，可以更好地反映区域的数量的差异。

（3）点密度。根据选中字段值的大小生成数量不同的点，显示在地图上，字段值大则点密度大，字段值小的点密度小，更好地显示区域分布差异。

2. 基于 R 语言技术的回归分析

系统支持基于 R 语言二次开发的线性回归分析、多项式回归分析和相关性分析模型（如图 4-13 所示）。

图 4-13　多项式回归分析示例数据结果界面

3. 多途径的分类、聚类模型

系统模型可实现对数据的 K 均值聚类、决策树分类等处理。

4. 回归和预测模型

基于神经网络和支持向量机的回归模型使得系统初步具有机器学习的能力，这两种模型同样适用于各种分类、评价及回归分析。

（1）神经网络回归预测。土地资产平台嵌入神经网络回归预测模型（如图 4-14 所示），可以实现基于时间序列的数据回归计算。例如，可以学习预测基于时间序列的某地土地资产变化数据，基于时间序列的地价变化数据等。系统实现了多元神经网络的回归和预测，与基于时间序列的回归模型不同，本功能实现了训练和测试的分步实施。

（2）支持向量机（SVM），即支持矢量网络回归预测。SVM 是一个由分类超平面定义的判别分类器。即给定一组带标签的训练样本，算法输出一个最优超平面对新样本（测试样本）进行分类。目前，已实现的系统功能中采取了简化模式，默认采用高斯核函数，只支持数值计算。

图 4-14　神经网络回归预测数据测试结果显示界面

(四) 数据发布子系统

数据发布子系统可将整理好的数据成果、报告成果、图件成果通过网络进行发布，实现数据的公开和共享，具体包括新闻通告、各类成果的发布与管理，客户端的预览与下载等。该子系统包括两部分：一是面向公众的前端访问页面；二是后端的数据发布管理平台。

1. 前端访问

依托在线浏览器打开主界面。发布内容分为数据、图件、报告、新闻公告等。还可以通过全文搜索，利用关键字搜索相关的数据、报告或者图件。

数据发布子系统，分类别发布的数据列表展示。当单击某一特定的数据链接后，打开详细信息页面。页面中可以预览和下载相关数据表格。在系统中通过关键字搜索相关的内容，则分页显示所有内容列表。点击查看可以打开相对应的预览界面。具体如图 4-15 所示。

图 4－15　数据发布子系统界面

2. 后台管理

后台管理需要登录操作，主要功能包括：类别维护、图件发布、图件管理、数据发布、数据管理、报告发布、报告管理、发布新闻、新闻管理等。

（1）类别维护功能。主要用于针对数据、图件、报告，建立不同特征的二级类别，以便进行更好的组织。例如：发布数据，可以建立基准地价、交易地价、土地资产等多个类别，在发布数据前端主界面上会自动出现相应类别。

（2）发布和管理功能。发布功能的系统管理操作相同，在功能界面上，输入相关信息，上传附件，保存，可以同时实现互联网的发布。对发布后的相关内容可以进行浏览和删除。

参考文献

[1] 蔡运龙，等.中国耕地的症结与治本之策［J］.中国土地科学，2004（3）.

[2] 蔡运龙，霍雅勤.中国耕地价值重建方法与案例研究［J］.地理学报，2006（10）：1084-1092.

[3] 岑福康，等.特大型城市国有建设用地价格体系理论与实践［M］.上海：同济大学出版社，2014：6.

[4] 柴强.房地产估价理论与方法［M］.北京：中国建筑工业出版社，2015：368-375.

[5] 陈改英，闫树刚.中国城市土地资产总量测算若干问题探讨［J］.北京农学院学报，2003（18-01）：21-23.

[6] 陈会广，曲福田，陈江龙.山东省耕地资源价值评估研究［J］.中国人口·资源与环境，2003，13（1）：25-30.

[7] 陈玥，杨艳昭，闫慧敏，等.自然资源核算进展及其对自然资源资产负债表编制的启示［J］.资源科学，2015，37（9）：1716-1724.

[8] 崔蕾.SPSS 的多因素分析房地产税基批量评估方法研究［D］.北京：首都经济贸易大学，2014.

[9] 崔宇，张素文.基于信息熵的长沙市城镇基准地价研究［J］.安徽农业科学，2013，41（10）：4654-4655，4658.

[10] 单胜道，尤建新.收益还原法及其在林地价格评估中的应用［J］.同济大学学报（自然科学版），2003（11）：1374-1377.

[11] 封志明, 杨艳昭, 陈玥. 国家资产负债表研究进展及其对自然资源资产负债表编制的启示 [J]. 资源科学, 2015, 37 (9): 1685-1691.

[12] 封志明, 杨艳昭. 从自然资源核算到自然资源资产负债表编制 [J]. 中国科学院院刊, 2014, 29 (4): 449-456.

[13] 冯士雍, 倪佳勋, 邹国华. 抽样调查理论与方法 [M]. 北京: 中国统计出版社, 2015.

[14] 葛家澍. 资产概念的本质、定义与特征 [J]. 经济学动态, 2005 (5): 8-12.

[15] 耿建新, 胡天雨, 刘祝君. 我国国家资产负债表与自然资源资产负债表的编制与运用初探——以SNA2008和SEEA2012为线索的分析 [J]. 会计研究, 2015 (1): 15-24.

[16] 耿建新, 王晓琪. 自然资源资产负债表下土地账户编制探索——基于领导干部离任审计的角度 [J]. 审计研究, 2014 (5): 20-25.

[17] 顾德夫. 规范对土地资产的会计核算 [J]. 上海会计, 1999 (1).

[18] 国家统计局. 中国国民经济核算体系 (2002) [M]. 北京: 中国统计出版社, 2003.

[19] 国土资源部办公厅. 关于部署开展2016年度城乡地价调查与监测工作的通知 [Z]. 2016.

[20] 国土资源部土地利用管理司, 中国土地勘测规划院. 城市地价动态监测理论与实践总论 [M]. 北京: 地质出版社, 2001.

[21] 国务院. 国营企业决算报告编送办法 [Z]. 1955.

[22] 国务院发展研究中心农村经济研究部. 集体所有制下的产权重构 [M]. 北京: 中国发展出版社, 2015.

[23] 何光裕. 开展国有资产全面价值核算的探讨 [J]. 财会通讯, 1992, 6 (146): 33-34.

[24] 贺国英. 土地资源、土地资产和土地资本三个范畴的探讨 [J]. 国土资源科技管理, 2005 (5).

[25] 贺锡苹, 张小华. 耕地资产核算方法与实例分析 [J]. 中国土地科学, 1994 (8-6).

[26] 胡蓉, 邱道持, 谢德体. 我国耕地资源的资产价值核算研究 [J].

西南大学学报（自然科学版），2013，35（11）：127-132.

[27] 黄郭城，刘卫东. 关于城市公益性用地价格评估的思考 [J]. 价格月刊，2006（5）：24-25.

[28] 黄溶冰，赵谦. 自然资源核算——从账户到资产负债表：演进与启示 [J]. 财经理论与实践，2015，36（193）：74-77.

[29] 黄贤金. 江苏省耕地资源价值核算研究 [J]. 江苏社会科学，1999（4）：55-60.

[30] 积极探索编制自然资源资产负债表（林业部分）的评估方法 [J]. 绿色财会，2015（2）：3-6.

[31] 孔繁文，高岚. 挪威的自然资源与环境核算 [J]. 林业经济，1991（4）：47-51.

[32] 孔含笑，沈镭，钟帅，等. 关于自然资源核算的研究进展与争议问题 [J]. 自然资源学报，2016，31（3）：363-376.

[33] 冷宏志，朱道林. 土地资产管理理论与务实 [M]. 北京：中国财政经济出版社，2008：78.

[34] 李翠珍，孔祥斌，孙宪海. 北京市耕地资源价值体系及价值估算方法 [J]. 地理学报，2008，63（3）：321-329.

[35] 李佳，南灵. 耕地资源价值内涵及测算方法研究 [J]. 干旱区资源与环境，2010，24（9）：10-15.

[36] 李金昌，钟兆修，和贤杰，等. 资源核算论 [M]. 北京：海洋出版社，1991.

[37] 李金昌. 环境价值与经济核算 [J]. 环境保护，1992（2）：21-24.

[38] 李金华. 论中国自然资源资产负债表编制的方法 [J]. 财经问题研究，2016（7）：3-11.

[39] 李景刚，欧名豪，张效军，等. 耕地资源价值重建及其货币化评价——以青岛市为例 [J]. 自然资源学报，2009（11）：1870-1880.

[40] 李凌. 土地资产管理 [M]. 北京：北京大学出版社，2011.

[41] 李扬，张晓晶，常欣，汤铎铎，李成. 中国主权资产负债表及其风险评估（上）[J]. 经济研究，2012（6）：4-19.

［42］李扬，等. 中国国家资产负债表 2013——理论、方法与风险评估［M］. 北京：中国社会科学出版社，2015.

［43］联合国，欧盟委员会，等. 2008 国民账户体系（System of National Accounts 2008）［M］. 北京：中国统计出版社，2012.

［44］刘黎明. 土地资源学［M］. 北京：中国农业大学出版社，2004.

［45］刘书楷，曲福田. 土地经济学［M］. 北京：中国农业出版社，2008.

［46］刘书楷. 土地经济学［M］. 北京：中国矿业大学出版社，1993.

［47］刘欣超，翟琇，赛希雅拉，等. 草原自然资源资产负债评估方法的建立研究［J］. 生态经济，2016（4）：28–36.

［48］陆红生. 土地管理学总论［M］. 北京：中国农业出版社，2007.

［49］罗少峰. 构建广州市全新地价体系［J］. 科技创新导读，2011（13）.

［50］马场元. 土地资产的变动和景气循环——日美土地资产之比较［J］. 域外土地，2001（9）：39–46.

［51］马骏，张晓蓉，李治国，等. 化解国家资产负债中长期风险［EB/OL］.（2012–06–12）［2016–08–15］. http：//economy. lsnews. com. cn/system/2012/06/12/010307093. shtml.

［52］毛洪迅. 对土地资产核算的探讨［J］. 四川大学学报（社会科学版），2000（5）：53–54.

［53］孟杨. 自然资源资产审计对象与范围探析［J］. 经济研究导刊，2015，14（268）：265–266.

［54］莫延军. 关于进一步明确规范土地资产核算的思考［J］. 苏盐科技，2002（2）：40–41.

［55］秦海荣. 土地资源、土地财产与土地资产辨析［M］. 土地市场与土地资源优化配置论文集，北京：农业科技出版社，1994：210.

［56］秦伟，朱清科. 绿色 GDP 核算中森林保育土壤价值的研究进展［J］. 中国水土保持科学，2006，4（3）：109–116.

［57］曲福田，等. 土地价格及分配关系与农地非农化经济机制研究——以经济发达地区为例［J］. 中国农村经济，2001（12）.

[58] 上海市规划和国土资源管理局. 上海市 2013 年基准地价更新成果 [R]. 2013.

[59] 上海市土地调查理论与方法研究课题组. 农村地区地籍更新与完善土地登记制度研究报告 [R]. 上海: 上海市地籍事务中心, 2014.

[60] 邵丹. 国有企业土地使用权会计问题研究 [D]. 北京: 首都经济贸易大学, 2007.

[61] 沈悦, 刘洪玉. 房地产资产价值与国家财富的关系研究 [J]. 清华大学学报 (哲学社会科学版), 2004, 19 (1): 51 - 59.

[62] 施建刚, 刘金灿, 冯玉冰, 杨安琪. 我国城市工业园区土地资源、资产、资本三资一体管理研究——以上海市工业园区为例 [M]. 上海: 同济大学出版社, 2015: 6 - 7.

[63] 史丹, 胡文龙, 等. 自然资源资产负债表编制探索——在遵循国际惯例中体现中国特色的理论与实践 [M]. 北京: 经济管理出版社, 2015.

[64] 孙陶生, 王耀, 魏丹斌, 等. 土地资产管理导论 [M]. 北京: 经济管理出版社, 1997.

[65] 覃事娅, 尹惠斌, 熊鹰. 基于不同价值构成的耕地资源价值评估——以湖南省为例 [J]. 长江流域资源与环境, 2012, 21 (4): 466 - 471.

[66] 陶微. 铁路企业土地资产货币化核算分析 [J]. 财政监督, 2015 (11): 42 - 44.

[67] 王德起. 土地资产管理论 [M]. 北京: 首都经济贸易大学出版社, 2009.

[68] 王峰. 基于 GIS 的城镇定级估价和网格地价模型的探讨与分析 [D]. 合肥: 合肥工业大学, 2007.

[69] 王妹娥, 程文琪. 自然资源资产负债表探讨 [J]. 现代工业经济和信息化, 2014 (9): 15 - 17.

[70] 王兴元. 城镇土地资产总价值测算及其利用效益综合评价 [J]. 中国软科学, 2000 (10).

[71] 吴克宁, 史原轲, 路婕. 农用地分等定级估价成果在征地补偿中的应用 [J]. 资源与产业, 2006, 8 (3): 50 - 52.

[72] 吴跃民. 城市地价空间分布的流场理论研究 [J]. 湘潮 (下半

月),2008(7):76-77.

[73] 吴跃民. 地价与城市土地资源节约集约利用研究 [M]. 长春:吉林科技出版社,2008.

[74] 夏方舟,李洋宇,严金明. 产业结构视角下土地财政对经济增长的作用机制——基于城市动态面板数据的系统 GMM 分析 [J]. 经济地理,2014,34(12):85-92.

[75] 向书坚,郑瑞坤. 自然资源资产负债表中的资产范畴问题研究 [J]. 统计研究,2015,32(12):3-11.

[76] 肖侠. 上市公司土地资产计量研究——会计信息质量视角 [J]. 同济大学学报(社会科学版),2013,24(1):117-124.

[77] 谢高地,鲁春霞,冷允法,等. 青藏高原生态资产的价值评估 [J]. 自然资源学报,2003(2):189-196.

[78] 谢文伟,李凤英. 浅议第二次全国土地调查——与第一次全国土地调查之比较 [J]. 科技信息,2007(5):55.

[79] 熊剑,黄力平. 资产核算的疑难——土地价值确认问题 [J]. 暨南学报(哲学社会科学版),2000,22(1):72-80.

[80] 徐渤海. 中国环境经济核算体系(CSEEA)研究 [D]. 北京:中国社会科学院研究生院,2012.

[81] 薛智超,闫慧敏,杨艳昭,封志明. 自然资源资产负债表编制中土地资源核算体系设计与实证,2015,37(9):1725-1731.

[82] 杨灿,等. 国民经济核算教程(国民经济统计学)[M]. 北京:中国统计出版社,2015.

[83] 杨海龙,杨艳昭,封志明. 自然资源资产产权制度与自然资源资产负债表编制 [J]. 资源科学,2015,37(9):1732-1739.

[84] 杨家亮. 荷兰非金融资产负债表核算 [J]. 中国统计,2016(8):11-12.

[85] 张金亭. 城市网格基准地价评估方法 [D]. 武汉:武汉大学,2011.

[86] 张良悦,赵翠萍,程传兴. 地方政府土地违规为何屡禁不止?——地方政府债务的视角 [J]. 世纪经济文汇,2012(6):78-91.

[87] 张颖. 环境资产核算及资产负债表编制——国际经验及前沿 [M]. 北京: 知识产权出版社, 2015: 138-147.

[88] 张友棠, 刘帅, 卢楠. 自然资源资产负债表创建研究 [J]. 财会通讯, 2014 (4): 6-9.

[89] 张月蓉. 土地资产收益流失于管理 [M]. 北京: 中国农业科技出版社, 1993: 5-6.

[90] 中华人民共和国财政部令第76号——财政部关于修改《企业会计准则——基本准则》的决定, 2014-07-23.

[91] 周诚. 土地经济学原理 [M]. 第1版. 北京: 商务印书馆, 2003.

[92] 周贵荣, 王铮. 城市化地区的土地资源核算 [J]. 自然资源, 1997 (5).

[93] 周建春. 耕地估价理论与方法研究 [D]. 南京: 南京农业大学, 2005.

[94] 周建春. 中国耕地产权与价值研究——兼论征地补偿 [J]. 中国土地科学, 2007, 21 (1): 4-8.

[95] 周小平, 柴铎, 王情, 等. 中国耕地保护补偿标准核算方法的理论推导与实证检验 [J]. 中国土地科学, 2014 (9): 3-10.

[96] 朱道林, 杜挺. 中国耕地资源资产核算方法与结果分析 [J]. 中国土地科学, 2017, 31 (10): 23-31.

[97] 朱道林, 赵松, 陈庚, 等. 国有建设用地资产核算方法研究 [J]. 中国国土资源经济, 2015 (9).

[98] Alpanda S. Taxation, Collateral Use of Land, and Japanese Asset Prices [J]. Empirical Economics, 2012, 43: 819-850.

[99] Australian Bureau of Statistics. Land Account: Queensland, Experimental Estimates [EB/OL]. (2013-08-28) [2015-06-15]. http://www.abs.gov.au/ausstats/abs@.nsf/lookup/4609.0.55.003Media%20Release12013.

[100] Barbier E B. Frontiers and Sustainable Economic Development [J]. Environment, Resource and Economy, 2007, 37: 271-295.

[101] Bartelmus P, Stahmer C, Tongeren J V. Integrated Environmental and Economic Accounting: Framework for a SNA Satellite [J]. Review of Income and Wealth, 1991, 37 (2): 111-148.

[102] Bartelmus P. Do We Need Ecosystem Accounts? [J]. Ecological Economics, 2015, 118: 292-298.

[103] Bartelmus P. SEEA – 2003: Accounting for Sustainable Development? [J]. Ecological Economics, 2007, 61 (4): 613-616.

[104] Bourassa S C, Hoesli M, Scognamiglio D, Zhang S. Land Leverage and House Prices [J]. Regional Science and Urban Economics, 2011, 41: 134-144.

[105] Clawson M. Methods for Measuring the Demand for and Value of Outdoor Recreation [M]. Washington: Resources for the Future, 1959.

[106] Cowper C, Comisari P. Recording Land in the National Balance Sheet [C]. Wiesbaden: Information Paper for the London Croup Meeting, 2009.

[107] Davis M A, Heathcote J. The Price and Quantity of Residential Land in the United States [J]. Journal of Monetary Economics, 2007, 54: 2595-2620.

[108] European Communities. The European Framework for Integrated Environmental and Economic Accounting for Forests – IEEAF [C]. Luxembourg: Office for Official Publications of European Communities, 2002, 102.

[109] Garland J M, Goldsmith R W. The National Wealth of Australia [J]. Review of Income and Wealth, 1959, 8 (1): 323-364.

[110] Haila A. Land as a Finical Asset: The Theory of Urban Rent as a Mirror of Economic Transformation [J]. Antipode, 1988, 20: 79-100.

[111] Holub H W, Tappeiner G, Tappeiner U. Some Remarks on the System of Integrated Environmental and Economic Accounting of the United Nations [J]. Ecological Economics, 1999, 29 (3): 329-336.

[112] Marks – Bielska R. Factors Shaping the Agricultural Land Market in Poland [J]. Land Use Policy, 2013, 30: 791-799.

[113] Nakajima T. Asset Prices Fluctuations in Japan: 1980 – 2000 [J]. Japan and the World Economy, 2008, 20: 129-153.

[114] Nkonya E, Anderson W. Exploiting Provisions of Land Economic Productivity Without Degrading Its Natural Capital [J]. Journal of Arid Environments, 2015, 112: 33-43.

[115] Nordhaus W D, Tobin J. Is Growth Obsolete? [M]. New York: Columbia University Press for NBER, 1972.

[116] Ogawa K, Kitasaka S, Yamaoka H, Iwata Y. Borrowing Constraints and Role of Land Asset in Japanese Coporate Investment Decision [J]. Journal of the Japanese and International Economies, 1996, 10: 113.

[117] Olewiler N. Environmental Sustainability for Urban Areas: The Role of Natural Capital Indicators [J]. Cities, 2006, 23: 184 – 195.

[118] Prudham W S, Lonergan S. Natural Resource Accounting (Ⅰ): A Review of Existing Frameworks [J]. Canadian Journal of Regional Science, 1993, 16 (3): 363 – 386.

[119] Quigley J M, Swoboda A M. Land Use Regulation with Durable Capital [J]. Journal of Economic Geography, 2010, 10: 9 – 26.

[120] Rosenthal R W. External Economies and Cores [J]. Journal of Economic Theory, 1971, 3 (2): 182 – 188.

[121] Smith K V. Non-market Valuation of Environmental Resources: An Interpretive Appraisal [J]. Land Economics, 1993, 69 (1): 1 – 26.

[122] State Environmental Protection Administration, World Bank. International Experiences with Environmental and Economic Accounting [EB/OL]. 2006, http://site resources.world bank.org/INTEAPREGTOPENVIRONMENT/Resources/Green accounting international experience Final EN.pdf.

[123] UN, EU, FAO, et al. System of Environmental – Economic Accounting 2012: Central Framework [C]. New York: United Nations, 2012.

[124] Ustaoglu E, Castillo P, Jacobs – Grisioni C, Lavalle C. Economic Evaluation of Agriculture Land to Assess Land use Changes [J]. Land Use Policy, 2016, 56: 125 – 146.

[125] Viglizzo E F, Paruelo J M, Laterra P, et al. Ecosystem Service Evaluation to Support Land – Use Policy [J]. Agriculture, Ecosystems and Environment, 2012, 154: 78 – 84.

[126] Wu J, Xu W, Alig R J. How do the Location, Size and Budget of Open Space Conservation Affect Land Values? [J]. Journal of Real Estate Financial

Economics, 2016, 52: 73 - 97.

[127] Yamazaki R. Empirical Testing of Real Option – Pricing Models Using Land Price Index in Japan [J]. Master Thesis of Massachusetts Institute of Technology, 2000.